汽车保险与理赔

主　编　李　青
副主编　金碧辉

ZHEJIANG UNIVERSITY PRESS
浙江大学出版社

图书在版编目（CIP）数据

汽车保险与理赔 / 李青主编. —杭州：浙江大学出版社，2015.8
ISBN 978-7-308-14891-7

Ⅰ.①汽… Ⅱ.①李… Ⅲ.①汽车保险—理赔—中国—高等职业教育—教材 ② Ⅳ.F842.63

中国版本图书馆 CIP 数据核字（2015）第 162936 号

汽车保险与理赔
主　编　李　青
副主编　金碧辉

责任编辑　陈静毅
责任校对　赵黎丽
封面设计　十木米
出版发行　浙江大学出版社
（杭州市天目山路 148 号　邮政编码 310007）
（网址：http://www.zjupress.com）
排　　版　杭州中大图文设计有限公司
印　　刷　杭州杭新印务有限公司
开　　本　787mm×1092mm　1/16
印　　张　18
字　　数　438 千
版 印 次　2015 年 8 月第 1 版　2015 年 8 月第 1 次印刷
书　　号　ISBN 978-7-308-14891-7
定　　价　36.00 元

浙江大学出版社发行部联系方式：0571—88925591；http://zjdxcbs.tmall.com

前言

PREFACE

自改革开放以来，特别是1986年以后，随着保险市场供给主体不断增加和有序竞争的保险体系初步形成，我国保险业务获得迅速发展。1980年，我国财产保险行业保费收入仅4.61亿元，2014年已经达到7203亿元，年均复合增长率为25%，财产保险行业保费收入明显快于宏观经济的增长速度。

在我国财产保险保费收入中，机动车辆保险为财产保险的第一大险种。汽车保险业务已经成为财产保险公司的“吃饭险种”，其经营的盈亏，直接关系到整个财产保险行业的经济效益。可以说，汽车保险业务的效益已成为财产保险公司效益的“晴雨表”。

1987年机动车辆保险保费收入首次超过企业财产保险保费收入，其后逐步增加，1997年占财产保险保费收入的55.33%，到2000年进一步上升为63.93%，至2012年则达到75.13%。2014年前5个月，车险占整个财产保险保费收入的比重达到72.60%。截至2013年年底，我国民用汽车保有量为1.37亿辆，全行业共承保汽车1.2亿辆，汽车投保率从2007年的64.40%提高到87.34%。也就是说，在汽车年产销量世界第一的中国市场上，有近90%的汽车都购买了车险，车险已经与停车费、加油费一同计入了购车者的刚性支出，必将进一步促进财产保险市场发展。

“汽车保险与理赔”是汽车服务相关专业的专业核心课程之一。本书遵循工学结合的人才培养模式，内容的取舍和排序遵循职业性原则。本书参照《中国保险行业协会机动车辆商业保险示范条款》和《中国人民财产保险股份有限公司机动车保险条款》，以过程性知识（实践知识）为主，以适度够用的陈述性知识为辅，按照从实践到理论的顺序组织每个知识点，并配套设计相应的项目实训工单。学生通过完成项目实训工单，融“教、学、做”一体化，加强实操技能的训练，深化知识点的理解和掌握。

本书的编写凝结了武汉交通职业学院汽车保险教学团队（李青、金碧辉、林玲、史婷、谢计红）的大量心血，并汲取了武汉工程职业技术学院汽车保险专业教师（唐璐）的宝贵经验。本书由李青担任主编，金碧辉担任副主编。全书共分六个学习单元。学习单元一由李青编写，学习单元二由唐璐编写，学习单元三由林玲编写，学习单元四由史婷编写，学习单元五由金碧辉编写，学习单元六由李青、谢计红编写。

本书内容完整，语言精练，深入浅出，实用性强，既可作为高职高专汽车类专业教学用书，也可作为保险、公估公司新进员工的岗前培训用书。

本书在编写过程中，参考借鉴并选用了有关的教材、论文、资料，谨在此一并表示衷心的感谢！由于编者水平有限，本书难免有不妥与疏漏之处，敬请广大读者和同行批评指正。

编　者

2015 年 6 月

目 录

CONTENTS

学习单元一 保险基本知识

1

【学习目标】

知识目标

1. 掌握风险的定义、要素与分类，了解风险与损失以及不确定性与可测定性之间的关系。
2. 掌握风险管理的定义、程序及方法。
3. 掌握保险的定义，掌握可保风险的定义及条件，了解风险管理与保险的关系。
4. 掌握汽车保险的定义、职能、作用、特征、要素、原则及汽车保险合同的相关知识。

能力目标

1. 建立风险意识，能利用风险管理理念为汽车保险服务提供理论支持。
2. 能对汽车进行风险分析及管理，能判别可保风险。
3. 能正确处理保险合同的订立、生效、变更与终止等问题。
4. 明确汽车保险的特征、作用及原则，合理运用汽车保险保护车主利益。

项目一 风险与风险管理

【项目描述】

车主购买汽车后，由于车辆用途不同、驾驶者驾驶习惯等原因，导致车辆在使用过程中的事故风险存在差异性。分析车辆使用中可能存在的风险，规避车辆使用过程中的风险，是保险从业人员必备的基本能力。

【导入案例】 53 岁的龚先生刚拿到驾驶执照，购买了一辆广汽传祺 GS5 轿车，新车购置价为 12.38 万元，该车停在龚先生所住小区露天停车位，一般用于上班代步和自驾旅游。

【项目分析】

本项目通过介绍风险与保险的相关知识，使学生掌握风险、风险管理、可保风险等基本概念，把握风险的特征及基本分类，了解风险管理的程序、各种风险处理方式，以及风险因素、风险事故和损失的概念，掌握可保风险的要件及保险与风险、风险管理的关系，从而对车主所面临的风险进行有效管理。

【知识平台】

一、风险

风险是人类生存过程中不可避免的现象，人们生活在一个充满风险的世界之中，无论是从空间上讲，还是从时间上讲，风险都是不以人们的意志为转移的，是始终存在的，它是发生不幸事件的可能性，是损失发生的不确定性和可能性。

(一)风险的定义

关于风险的定义，学术界至今没有统一的说法。这里概要列出几种观点：风险为可测定的不确定性；风险是指某种不幸事件发生的不确定性；风险是指某种损失的不确定性；风险是在一定情况下对未来结果的客观疑虑；风险是人们对客观存在的有遭受损害的可能性的疑惑。

为了强调风险的“损失”、“不确定性”和“可能性”，本书给予风险的定义是：风险是指因人们未来行为的决策及客观条件的不确定性，而导致损失事件发生的一种可能性。

为全面理解上述定义，应注意以下几点：

第一，风险与人们的行为决策有关。

第二，客观条件的变化是风险的重要成因，虽不可控，但人们可认识、掌握其规律并做出预测，这也是风险管理的重要前提。

第三，风险是引起“损失的事件”，“损失”包括财产损失和人员损失。

第四，风险的不确定性包括：发生与否的不确定性、发生时间的不确定性、发生状况及其结果的不确定性。这种不确定性，是针对实际结果与预期结果的变动程度而言的。变动程度越大，风险越大。

第五，可能性是指客观的存在，与不确定性存在一定的区别，如表 1-1 所示。

表 1-1　风险(可能性)与不确定性的区别

区　别	风　险(可能性)	不确定性
可否量化	可量化。其发生概率已知或通过努力可知，可采用概率分析法分析各种风险发生的概率及影响	不可量化。只能通过假定某些因素发生后的假设分析，来判断不确定因素对项目的影响
可否保险	可以保险	不可以保险

续表

区　别	风　险(可能性)	不确定性
概率的可获得性	发生概率已知,或可以测定,用概率分布来描述	发生概率未知
影响大小	可量化,可防范以降低损失	不可知事件,影响更大

(二)风险的特征

1.客观性

风险是独立于人们主观意识之外的客观存在,不以人们的意志为转移。无论是自然界的洪水、飓风等自然灾害,还是社会经济领域中的战争、火灾等,都客观存在于人们的生存空间,且它们的发生具有规律性。随着科学技术的进步和经营管理水平的提高,人们认识、管理、掌控风险的能力将日益增强,可以减少风险发生的频率和损失程度,但由于导致风险发生的不确定性因素也会随着科技进步发生变化,风险的可能性仍然客观存在,风险不可能完全排除。所以风险的存在是客观的、必然的。

2.普遍性

风险无处不在,渗透到人们社会生活和生产的方方面面。随着科技进步和社会发展,新的风险不仅在量上增加,而且带来的损失也越来越大。当今社会,小到个人,大到企业、国家,都面临各种各样的风险。风险渗透到社会生活的每个角落,具有普遍性。

3.损失性

风险是引致损失的事件发生的一种可能性,因此凡是风险都会给人们的利益造成损失。保险承保的风险是指只有损失可能而无获利可能的风险,即"无损失,无保险"。保险是消除风险发生的后果,对损失进行经济补偿。

4.不确定性

风险虽然是客观存在的,但它的发生是偶然的,具有不确定性。如在公路上行驶的车辆,都面临发生交通事故的风险,且必然发生交通事故,但由于驾驶员、路况、汽车性能等因素,存在是否发生交通事故、何时发生、发生原因及损失程度如何等不确定性。因此风险的不确定性具体表现在三个方面:

(1)空间上的不确定性;

(2)时间上的不确定性;

(3)损失程度上的不确定性。

只有具备不确定性的风险,才有可能成为保险公司承保的风险。

5.可测性

风险的不确定性说明风险是一种随机现象,就个别风险现象而言风险是不可预知的,但就风险总体而言,随机现象一定会服从某种概率分布。也就是说,对一定时期内特定风险发生的频率和损失概率,可以根据数理统计原理进行预测、衡量和评估。所以说,风险存在的客观性和风险发生的不确定性,构成了保险风险的条件,而可测性为保险经营的稳定性奠定了基础。

6.发展性

随着科技进步、社会发展,一些旧的风险逐步消失了,如免充气轮胎的使用,大大降低了轮胎爆胎的危险性。但人类在创造和发展物资资料生产的同时，也创造和发展了风险。尤其是当代高新技术的开发与应用，使风险的发展性更为突出，如汽车发展带来的空气污染。风险的发展为保险的发展创造了发展空间。

（三）风险的要素及要素之间的关系

1. 风险的要素

风险的三要素是：风险因素、风险事故和风险损失。

（1）风险因素

风险因素指引起风险事故发生，或者增加风险事故发生的可能性，以及在事故发生后造成损失扩大或加重的因素。例如：粗心大意、木结构的房屋、冰冻的街面和不卫生的环境分别是失窃、火灾、车祸和疾病等风险事故的风险因素。

风险因素很多，概括起来可分为三类：

①实质风险因素

实质风险因素是指引起风险事故发生的有形因素，是由自然力量或物质条件所构成的风险因素，是增加风险事故损失的实质条件。物质条件所构成的风险因素，例如闪电、暴雨、汽车电子系统、汽车构造材料、发动机等。

②道德风险因素

道德风险因素是指与道德品行相关的潜在主观条件产生的风险因素，属于无形因素。如不诚信、恶意行为（事故发生时处于某种目的不努力施救）等，导致风险事故发生或扩大发生损失的程度，甚至导致人身伤亡等。

③心理风险因素

心理风险因素是另一种无形的风险因素，是指人们主观上的疏忽或过失，导致增加风险事故发生的机会，或者扩大损失程度。例如人离开时将贵重物品放在汽车内，无意中诱使小偷的盗窃行为发生。

（2）风险事故

风险事故，又称风险事件，是指造成损失的直接原因或条件，是使风险造成损失的可能性转化为现实性的媒介。也就是说风险因素是通过风险事故的发生来导致损失的，例如失窃、火灾、车祸、爆炸等都是风险事故。

风险事故是损失发生的直接原因，而风险因素是损失发生的间接原因。风险事故和风险因素的区分有时并不是绝对的，判定的标准就是看是否直接引起损失。例如暴风雨：如果是毁坏房屋、庄稼等，暴风雨就是风险事故；如果是造成路面积水、能见度差、道路泥泞，引起连环车祸，暴风雨就是风险因素，车祸才是风险事故。

（3）风险损失

风险损失是指非故意的、非计划的和非预期的经济价值的减少。这个定义包含两个重要的要素，两者缺一不可：一个是非故意的、非计划的和非预期的要素；另一个是经济价值要素。经济价值要素可以用货币单位予以衡量，例如“折旧”、“馈赠”，虽然都能满足第二要素，即经济价值的减少，但不符合第一要素，所以不能成为损失。

损失在保险行业中可分为直接损失和间接损失。直接损失是指风险事故对承保风险的财产本身造成的损失，如车辆碰撞事故中的车损；间接损失是指由于直接损失而引起的损失，间接损失包括费用损失、收入损失与责任损失等，如车损后维修耗时所导致的误工、收入减少等。

2. 风险因素、风险事故与风险损失之间的关系

风险因素、风险事故与风险损失三者之间存在因果关系，即风险因素引发风险事故，风险事故导致风险损失，如图 1-1 所示。

图 1-1　风险三要素之间的关系

例如，高速公路上积水引发小轿车发生侧滑撞车事故，导致小轿车撞毁，其中风险因素是高速公路上积水，风险事故是撞车，风险损失是小轿车撞毁。

必须指出的是，风险因素、风险事故与风险损失之间的上述因果关系并不具有必然性，即风险因素并不一定引起风险事故和损失，风险事故也不一定导致损失。因此，尽管风险因素客观存在，人们还是有可能减少和避免事故的发生，或在事故发生后减少或避免损失。

（四）风险的分类

1. 按风险的性质分类

（1）纯粹风险

纯粹风险指只有损失机会而无获利可能的风险。如发生交通事故时车辆受损，车辆不可能因为受损而获利。自然灾害和意外事故，以及人的生老病死等，均属此类风险。

（2）投机风险

投机风险是指既有损失机会又有获利可能的风险。例如商业行为上的价格投机、股票买卖、博彩等就属于此风险。

2. 按风险产生的环境分类

（1）静态风险

静态风险是指自然力的不规则变动或人们行为的错误或失当所导致的风险。静态风险一般与社会的经济、政治变动无关，在任何社会经济条件下都是不可避免的。

（2）动态风险

动态风险是指社会经济的或政治的变动所导致的风险。比如，人口的增加、资本的增长、技术的进步、产业组织效率的提高、消费者爱好的转移、政治经济体制的改革等，都可能引起风险。

静态风险与动态风险的区别如表 1-2 所示。

表 1-2　静态风险与动态风险的区别

	静态风险	动态风险
风险损失	对于个体和社会来说，都是纯粹损失	对于一部分个体可能有损失，但对另一部分个体则可能获利，从社会总体上看也不一定有损失，甚至受益
影响范围	通常只影响少数个体	影响范围比较广泛，往往带来连锁反应
发生特点	在一定条件下具有一定的规律性，服从概率分布	无规律可循
性质含量	一般为纯粹风险	包含纯粹风险和投机风险，比如商业萧条时期，商品大量积压，遭受各种意外事故所致损失的机会就大，此为纯粹风险

3.按风险的对象分类

(1)财产风险

财产风险是指导致一切有形财产毁损、灭失或贬值的风险。如车辆在道路上行驶过程中发生交通事故导致的车辆损失。

(2)责任风险

责任风险是指个人或团体因行为上的疏忽或过失,造成他人的财产损失或人身伤亡,依照法律、合同或道义应付的经济赔偿责任的风险。如驾驶机动车不慎撞人,造成对方伤残或死亡。

(3)信用风险

信用风险是指在经济交往中,权利人与义务人之间,由于一方违约或违法行为给对方造成经济损失的风险。如国际贸易中因进口商破产、潜逃、单方面毁约等造成出口商货款损失的风险等。

(4)人身风险

人身风险是指可能导致人的伤残死亡或损失劳力的风险。如疾病、交通意外事故、自然灾害等风险,都会造成经济收入的减少或支出的增加,影响本人及其赡养的亲属经济生活的安定。

4.按风险产生的原因分类

(1)自然风险

自然风险是指由于自然现象或物理现象造成损失机会的风险,如风暴、山洪、森林火灾、雷电、地震等不可抗力的自然灾害。自然风险具有形成的不可控性、形成的周期性、引起后果的共沾性等特点。

(2)社会风险

社会风险是指由于个人或团体的行为对社会生产及人们生活造成损失的风险,如偷盗、纵火、过失行为。

(3)政治风险

政治风险是指政治局势的变化、战争、内乱等与世界各国政治格局及形势相关的风险,如因输入国发生战争、革命、内乱而终止货物进口,使债权人可能遭受损失的风险。因政治原因或订约双方所不能控制的原因产生的风险,也称国家风险,在保险实际中由国家指定专门机构经营。

(4)经济风险

经济风险是指企业在进行营利性经济活动过程中,由于对市场判断失误或投资不当等原因造成企业经济利益损失的风险。

二、风险管理

(一)风险管理的概念

风险管理是指经济单位通过对风险的认识、衡量和分析,采用合理的经济和技术手段,主动地、有目的地、有计划地对风险进行识别、估测、评价、控制,以最小的成本达到最大的安全保障,对风险进行有效控制和减少负面影响的管理方法。

风险管理是研究风险发展规律和风险控制技术的一门管理学科,其概念包含三个要点:

一是指明风险管理的主体是经济单位，即个人、家庭、企业和政府单位；

二是指明风险管理强调的是人们对各种风险的认识、控制和处理的主动行为；

三是指明风险管理的目标是以最小的成本达到最大的安全保障。

（二）风险管理的基本程序

1. 风险识别

风险识别是风险管理的初级阶段。它是指对经济单位所面临的以及潜在的风险加以判断、归类以及鉴定风险性质的过程。

识别风险的主要方法有生产工艺流程法、资产财务分析法和风险列举法。驾驶机动车辆主要面临的是自然灾害和交通事故可能造成的财产损失或人员伤亡的风险，往往采用风险列举法进行财产细分，列举可能涉及的人员，分析存在的风险因素及在风险事故中可能发生的损失。

2. 风险估测

风险估测是指在风险识别的基础上，通过对所收集大量的详细损失资料加以分析，运用概率论和数理统计，估计和预测风险发生的概率和损失幅度，使风险定量化。

3. 风险评价

风险评价是指在风险识别和风险估计的基础上，把风险发生的概率、损失严重程度，结合其他因素综合考虑，评估发生风险的可能性及其危害程度，并与公认的安全指标比较，确定系统的危险等级，然后根据系统的危险等级，决定是否需要采取控制措施，以及控制措施采取到什么程度。

4. 风险控制

风险控制是指根据风险评价结果，为实现风险管理目标，对风险管理技术的选择和实施的过程。往往通过定性、定量分析风险及比较风险处理费用，来选择风险管理技术。风险管理技术分为控制性和财务性两大类。前者的目的是降低损失频率和减少损失幅度，重点在于改变引起意外事故和扩大损失的各种条件。后者的目的是以提供基金的方式，消化发生损失的成本，即对无法控制的风险所做的财务安排。

5. 风险管理效果评价

风险管理效果评价是指风险管理技术适用性及其收益性情况的分析、检查、修正和评估。由于风险具有可变性，人们的认识水平也具有阶段性，风险管理技术又处于不断完善的过程之中，而风险管理的目标是以最小的成本达到最大的安全保障，对风险进行有效控制和减少负面影响。因此，对风险的识别、估测、评价乃至技术的选择，就必须进行定期的检查、修正，使选择的风险管理技术能够适应情况变化的需要，从而保证管理技术的最优使用，取得与整体目标一致的效果。

（三）风险管理的方式

1. 避免风险

避免风险是指设法回避损失发生的可能性，它是风险处理的一种消极手段。往往是通过放弃某一计划或方案来避免可能存在的风险带来的损失。

采用避免技术通常在两种情况下进行：一是某特定风险所致损失频率和损失幅度相当高时；二是在处理风险时其成本大于其产生的效益时。避免风险虽简单易行，但意味着利润的丧失，且避免的采用通常会受到限制。例如，试图避免某种风险也许是不可能的，即人的生老病死以及世界性经济危机、能源危机都是不可避免的。又如，采用避免在经济上是不适当的，即无经营就无风险，但无经营就无利润，所以从经济角度看采用避免是不适当的。

2. 预防风险

预防风险是指风险损失发生前为了消除或减少可能引发损失的各种因素而采取的处理风险的具体措施，其目的在于通过消除或减少风险因素而达到降低损失发生频率的目的。损失预防通常在损失频率高且损失幅度低时采用。

损失预防措施一般有两种：一是工程物理法，是指损失预防措施侧重于风险单位的物质因素的一种方法，如在居民区增加车库，增加防盗装置的设置等，减少车辆失窃风险；二是人类行为法，是指损失预防侧重于人们行为教育的一种方法，如交通安全教育、消防教育等。

3. 自留风险

自留风险是指风险的自我承担，即经济单位自我承受风险损害后果的方法，包括主动自留与被动自留。通常在风险引起的损失频率和幅度低、损失在短期内可预测且最大损失不影响企业或单位的财务稳定情况下采用。

4. 抑制风险

抑制风险是指在损失发生时或之后为缩小损失幅度而采取的各项措施。例如，安装自动喷淋系统和火灾报警器等。损失抑制通常在损失幅度高且风险又无法避免和转嫁的情况下采用。损失抑制的一种特殊形态是割离，通过风险单位割离将经济单位割离成许多独立的小单位，从而达到缩小损失幅度的目的。

5. 转嫁风险

转嫁风险是指经济单位为避免承担风险损失，有意识地将损失或与损失有关的财务后果转嫁给其他经济单位承担的风险管理方式。风险转嫁的方式有两种：一是保险转嫁，向保险公司投保，以缴纳保险费为代价，将风险转嫁给保险人承担；二是非保险转嫁，包括用于投机风险的出让转嫁和转包有风险的经营活动的合同转嫁。

（四）风险管理与保险

转嫁风险是风险管理的一种有效方法。而保险转嫁是最常用的风险转嫁方式。保险是集合具有同类风险的众多单位或个人，以合理计算分担金的形式，实现对少数成员因该风险所致经济损失的补偿性行为。保险的本质是多数单位或个人为了保障其经济生活的安定，在参与平均分担少数成员因偶发的特定风险事故所致损失的补偿过程中形成的互助共济价值形式的分配关系。

正确认识保险与风险管理的关系，可以科学地利用保险为风险管理服务，充分发挥保险在风险转移中的作用。

1. 保险与风险管理研究的对象都是风险

风险的存在是保险产生和发展的基础，但风险的存在与发生，其性质、形态都远比保险内容复杂、广泛得多。因此，风险管理高于保险，其范围也广于保险。保险仅是风险管理手段之一。保险只着眼于可保风险的分散、转嫁，而风险管理是将各种风险独立出来考虑，从全局的观点进行综合治理。研究风险管理，需要有保险学、经营学、管理学的理论及其他专业技术知识。而用保险学的理论进行风险管理的研究，也丰富了风险管理科学的内容。

2. 风险管理理论的发展促进了保险理论和实践的发展

风险管理使人们有意识地去认识风险、控制风险、减少风险、转嫁风险。风险管理的这一积极意义，对保险有很大影响。保险公司面临着多种风险，从不同方面受到风险发展的要求，保险公司应注意总结风险管理中长期积累的经验，借鉴风险管理的方法，更好地为保险客户提供各项服务。

3. 保险与风险管理是相辅相成、相得益彰的关系

保险公司对风险管理有丰富的经验和知识，企业与保险人合作，会使企业更好地了解风险，并通过对风险的系统分析，提出哪些需要保险，以及保什么险种等，从而促进了企业的风险管理；另一方面，由于企业加强和完善了风险管理，就需要保险提供更好的服务，以满足企业的发展要求，从而促进了保险的发展。

三、可保风险

保险在风险管理中占有重要地位，但不是任何风险都可以向保险人投保的。保险人所承保的风险是有条件的，是可保风险。

1. 可保风险的定义

可保风险是指可被保险公司接受的风险，或可以向保险公司转嫁的风险。

2. 可保风险的条件

(1)风险必须是纯粹风险。

保险人承保的风险，一般是纯粹风险，只有损失机会，没有获利可能，例如火灾保险。而对投机风险，例如股市风险，保险人是不承保的。

(2)风险必须是偶然的。

风险的偶然性是对个体标的而言，比如对某个人、某个企业等。偶然性包含两层意思：一是对个体标的不可能发生的风险是不包括在内的；二是对个体标的必然发生的风险，保险人是不予承保的。

(3)风险必须是意外的。

风险的意外性包含两层意思。一是风险的发生或风险损害后果的扩展都不是投保人的故意行为。投保人故意行为引发的风险事件或扩大损失后果均为道德风险，保险人是不予赔偿的。二是风险的发生是不可预知的，因为可预知的风险往往带有必然性。比如适航的海轮在海上出险是不可预知的，而不适航的海轮由于出险概率相当大，在海上出险可以说是可预知的，因此，保险人就不予承保。若船东瞒过保险人投保了，出险时一经查出，保险人也不负赔偿责任。

(4)风险必须是大量标的均有遭受损失的可能性。

这一条件是要满足保险经营的大数法则要求。也就是说，某一风险必须是大量标的均有遭受损失的可能性，但实际出险的标的仅为少数，且不存在同时发生的可能性。只有这样的风险，其某一合理时期的期望保费才可计算，进而才能计算出合理的保险费率，让投保人负得起保费，保险人也能建立起相应的赔付基金。如果某种风险只是一个或少数几个所具有就失去了保险的大数法则的基础，保险人承保这类风险等于下注，进行投机。

(5)风险应有发生重大损失的可能性。

风险的发生会导致重大或比较重大的损失可能性，才会有对保险的需求。如果导致的

损失的可能性只局限于轻微损失的范围，就不需要通过保险来获取保障，因为经济上是不合算的。另外，损失在时间、地点、原因和金额上应该是明确的或确定的，否则理赔时会出现问题。

3. 可保风险与不可保风险

不可保风险是指属于该类风险的人有极高的死亡概率或财产损失巨大，以致承保人无法按照正常的大数法则分散风险，只能拒保的风险。通常认为，下列事项属于不可保的风险。

人身险中：①被保险人在犯罪活动中所受的意外伤害；②被保险人在寻衅斗殴中所受的意外伤害；③被保险人在醉酒、吸食或注射毒品后发生的意外事故。

财产保险中：①战争、敌对行为、军事行动、武装冲突、罢工暴动；②被保险人及其代表的故意行为可纵容所致；③核反应、核辐射以及放射性污染；④地震、暴雨、洪水、台风、暴风、龙卷风、雪灾、雹灾、冰凌泥、石流、崖崩、滑坡、水暖管爆裂、抢劫、盗窃；⑤保险标的本身缺失，保管不善导致的变质、霉烂、受潮、虫咬、自然磨损、损耗、自燃、烘熔所造成的损失；⑥保险财产遭受承保危险引起各种间接损失；⑦由于行政或执法行为所造成的损失；⑧不属于保险责任范围内的损失。

目前，可保风险与不可保风险的划分，主要是从商业保险的角度考虑的。但可保风险与不可保风险间的区别并不是绝对的。例如地震、洪水这类巨灾风险，在保险技术落后和保险公司财力不足、再保险市场规模较小时，保险公司根本无法承保这类风险，它的潜在损失一旦发生，就可能给保险公司带来毁灭性的打击。但随着保险公司资本日渐雄厚，保险新技术不断出现，以及再保险市场的扩大，这类原本不可保的风险已被一些保险公司列在保险责任范围之内。可以相信，随着保险业和保险市场的不断发展，保险提供的保障范围将越来越大。

【项目实施】

结合本项目导入案例，根据所学知识，完成如表 1-3 所示的任务实施工单。

表 1-3　任务实施工单

序号	任务实施对象	任务实施步骤	任务实施结果
1	驾驶员风险分析	1. 年龄、性别、性格、脾气	
		2. 是否饮酒、抽烟	
		3. 生活习惯	
		4. 道德品行	
		5. 驾驶习惯	
2	车辆风险分析	1. 车辆使用性能	
		2. 车辆使用性质	
3	行驶风险分析	1. 道路交通事故类型	
		2. 人身损害	

【想一想，练一练】

一、名词解释

风险　静态风险　动态风险　纯粹风险　投机风险　风险事故　风险管理　可保风险

二、简答题

1. 风险的基本特征是什么？
2. 风险的三要素是什么？
3. 风险的种类有哪些？
4. 风险管理的基本程序是什么？
5. 如何选择合适的风险管理方法？
6. 什么是可保风险？成为可保风险需具备哪些条件？

项目二　保　险

【项目描述】

车主购买汽车后，针对汽车使用中可能存在的风险，将通过保险这种很好的风险转移方式，以固定的小支出来换取确定的大保障，规避车辆使用过程中的风险。

【导入案例】　李先生于2013年10月购买了一辆价值100万元的宝马轿车，在某保险公司购买了交强险、车辆损失险、第三者责任险、玻璃单独破碎险、全车盗抢险和不计免赔特约险等险种。2013年12月，该车辆在小区内被人砸坏，李先生立刻报警并电话告知保险公司，因损坏严重，李先生为此支付了修理费近10万元。公安部门立案侦查后，发现该停车点监控不到位，并未破案。李先生向保险公司理赔，但保险公司拒赔。无奈之下，李先生只能委托律师进行诉讼维权。

【项目分析】

本项目通过介绍保险与保险合同的相关知识，使学生掌握保险、保险合同等基本概念，熟悉保险的职能、原则，把握保险合同的主客体关系、构成要素，从而能正确处理保险合同的订立、生效、变更与终止等问题。

【知识平台】

一、保险

（一）保险的定义

《中华人民共和国保险法》（2009年修订）中给出的保险定义是：保险是指投保人根据合

同约定，向保险人支付保险费，保险人对于合同约定的可能发生的事故因其发生所造成的财产损失承担赔偿保险金责任，或者当被保险人死亡、伤残、疾病或者达到合同约定的年龄、期限等条件时承担给付保险金责任的商业保险行为。

（二）保险的要素

保险的要素主要包括五个方面的内容。

1. 可保风险的存在

可保风险是指符合保险人承保条件的特定风险。一般来说可保风险应具备的条件包括：

（1）风险必须是纯粹风险，即风险一旦发生成为现实风险事故，只有损失的机会而无获利的可能；

（2）风险必须是偶然的；

（3）风险必须是意外的；

（4）风险必须是大量标的均有遭受损失的可能性；

（5）风险应有发生重大损失的可能性。

2. 大量同质风险的集合与分散

保险的过程，既是风险的集合过程，又是风险的分散过程。保险人通过保险将众多投保人所面临的分散性风险集合起来，当发生保险责任范围内的损失时，又将少数人发生的损失分摊给全部投保人，也就是通过保险的补偿或给付行为分摊损失，将集合的风险予以分散。保险风险的集合与分散应具备两个前提条件：

（1）风险的大量性

风险的大量性一方面是基于风险分散的技术要求；另一方面也是概率论和大数法则的原理在保险经营中得以运用的条件。如果风险是属于少数或个别，就无所谓集合与分散，且风险损失发生的概率难以测定，大数法则无法有效发挥作用。

（2）风险的同质性

所谓同质风险是指风险单位在种类、品质、性能、价值等方面大体相近。不同质的风险，损失发生的频率与幅度是有差异的，这也就使风险无法进行统一集合与分散。

3. 保险费率的厘定

保险在形式上是一种经济保障活动，而实质上是一种特殊商品的交换行为，因此，制定保险商品的价格，即厘定保险费率，便构成保险的基本要素。

保险商品的交换行为又是一种特殊的经济行为，保险费率厘定是保险产品定价的基础，费率厘定过高，会抑制保险需求；费率厘定过低，则保险供给得不到保障，这些都不能成为合理的费率。为保证保险双方当事人的利益，保险费率的厘定要遵循公平性原则、合理性原则（针对某险种的平均费率而言）、稳定性原则、适度性原则和弹性原则，依据概率论、大数法则的原理进行计算。

4. 保险准备金的建立

保险准备金是指保险人为保证其如约履行保险赔偿或给付义务，根据政府有关法律规定或业务特定需要，从保费收入或盈余中提取的与其所承担的保险责任相对应的一定数量的基金。为了保证保险公司的正常经营，保护被保险人的利益，各国一般都以保险立法的形式规定保险公司应提取保险准备金，以确保保险公司具备与其保险业务规模相应的偿付能力。

《中华人民共和国保险法》(2009 年修订)第九十七条至第一百条明确规定:“保险公司应当按照其注册资本总额的百分之二十提取保证金,存入国务院保险监督管理机构指定的银行,除公司清算时用于清偿债务外,不得动用。”“保险公司应当根据保障被保险人利益、保证偿付能力的原则,提取各项责任准备金。保险公司提取和结转责任准备金的具体办法,由国务院保险监督管理机构制定。”“保险公司应当缴纳保险保障基金。保险保障基金应当集中管理,保险保障基金筹集、管理和使用的具体办法,由国务院制定。”

财产保险准备金表现为未到期责任准备金、未决赔款准备金等形式。

5.保险合同的订立

保险合同是体现保险关系存在的形式,是保险双方当事人履行各自权利与义务的依据。

(三)保险的职能

保险职能是指保险内在固有的功能,它是由保险的本质和内容决定的。一般认为,保险的职能有基本职能和派生职能之分。

1.保险的基本职能

保险的基本职能就是保险的原始职能与固有职能,它不因时间的推移和社会形态的不同而改变。保险的基本职能包括补偿损失职能和经济给付职能。

(1)补偿损失职能

保险的补偿损失职能是指保险在特定风险损害发生时,在保险的有效期和保险合同约定的责任范围以及保险金额内,按其实际损失数额给予赔付。这种赔付原则使得已经存在的社会财富因灾害事故所致的实际损失在价值上得到补偿,在使用价值上得以恢复,从而使社会再生产过程得以连续进行。保险的补偿损失职能,只是对社会已有的财富进行再分配,而不能增加社会财富。因为从社会角度而言,个别遭受风险损害的被保险人所得,正是没有遭受损害的多数被保险人所失,它是由全体投保人给予的补偿。这种补偿既包括财产损失的补偿,又包括责任损害的赔偿。

(2)经济给付职能

由于人的价值是很难用货币来计价的,所以财产保险与人身保险是两种性质完全不同的保险。人身保险是经过保险人和投保人双方约定进行给付的保险。因此,人身保险的职能不是损失补偿,而是经济给付。

2.保险的派生职能

随着保险内容的丰富和保险种类的增多,保险的职能也有新的发展,在保险基本职能的基础上产生出派生职能。保险的派生职能主要有防灾防损职能和融资职能两项。

(1)防灾防损职能

防灾防损是风险管理的重要内容,保险本身也是风险管理的一项重要措施。保险企业为了稳定经营,要对风险进行分析、预测和评估,明确可以承保的风险、可以进行时空分散的风险等,相应地通过人为的事前预防减少损失。由此,保险派生了防灾防损的职能。防灾防损作为保险业务操作的环节之一,始终贯穿在整个保险工作之中。

(2)融资职能

保险的融资职能就是保险融通资金的职能或保险资金运用的职能。保险的补偿与给付的发生存在一定的时差性,这就为保险人进行资金运用提供了可能。同时,保险人为了使保险经营稳定，必须壮大保险基金，这也要求保险人对保险资金进行运用。因此，保险又派生了融资的职能。而且，资金运用业务与承保业务并称为保险企业的两大支柱。保险融资的来源主要包括资本金、总准备金或公积金、各项保险准备金以及未分配的盈余。保险融资的内容主要包括银行存款、购买有价证券、购买不动产、各种贷款、委托信托公司投资、经管理机构批准的项目投资及公共投资、各种票据贴现等。

二、保险合同

(一)保险合同的定义

《保险法》规定，保险合同是投保人与保险人约定保险权利义务关系的协议。

投保人是指与保险人订立保险合同，并按照合同约定负有支付保险费义务的人。

保险人是指与投保人订立保险合同，并按照合同约定承担赔偿或者给付保险金责任的保险公司。

(二)保险合同的主体

保险合同的主体分为保险合同当事人、保险合同关系人和保险合同辅助人三类。

1.保险合同当事人

(1)保险人

保险人也称承保人，是指经营保险业务，与投保人订立保险合同，收取保费，组织保险基金，并在保险事故发生或者保险合同届满后，对被保险人赔偿损失或给付保险金的保险公司。

保险人具有以下三个特征：一是保险人仅指从事保险业务的保险公司，其资格的取得必须符合法律的严格规定；二是保险人有权收取保险费；三是保险人有履行承担保险责任或给付保险金的义务。

(2)投保人

投保人是指与保险人订立保险合同，并按照合同约定负有支付保险费义务的个人或单位。在人身保险合同中，投保人对被保险人必须具有保险利益；在财产保险合同中，投保人对保险标的要具有保险利益。

投保人必须具备以下三个条件：一是具备民事权利能力和民事行为能力；二是对保险标的必须具有保险利益；三是承担支付保险费的义务。

2.保险合同关系人

(1)被保险人

被保险人是指受保险合同保障并享有保险金请求权的人。

被保险人具有以下特征：一是被保险人是保险事故发生时遭受损失的人。在人身保险中，被保险人是其生命或健康因危险事故的发生而遭受直接损失的人；在财产保险中，被保险人必须是财产的所有人或其他权利人。二是被保险人是享有保险金请求权的人。三是被保险人的资格一般不受限制，被保险人可以是投保人自己，也可以是投保人以外的第三人；被保险人可以是无民事行为能力人，但在人身保险中，只有父母才可以为无民事行为能力人投保以被保险人死亡为给付保险金条件的保险。

(2)受益人

受益人是指在人身保险合同中由被保险人或者投保人指定的享有保险金请求权的人，投保人、被保险人或者第三人都可以成为受益人。

受益人具有以下特征：一是受益人享有保险金请求权；二是受益人由被保险人或者投保人指定；三是受益人一般没有资格限制，受益人无需受民事行为能力或保险利益的限制，但是若投保者为与其有劳动关系的人投保人身保险时，不得指定被保险人及其近亲属以外的人为受益人。

3.保险合同辅助人

(1)保险代理人

保险代理人是根据保险人的委托，向保险人收取佣金，并在保险人授权的范围内代为办理保险业务的机构或者个人。

保险代理是一种特殊的代理制度，表现在以下三方面：第一，保险代理人与保险人在法律上视为一人；第二，保险代理人所知道的事情，都假定为保险人所知的；第三，保险代理必须采用书面形式。

保险代理人既可以是单位，也可以是个人，但须经国家主管机关核准具有代理人资格。

保险代理机构包括专门从事保险代理业务的保险专业代理机构和兼营保险代理业务的保险兼业代理机构。

(2)保险经纪人

保险经纪人是基于投保人的利益，为投保人和保险人订立保险合同提供中介服务，并依法收取佣金的机构。

(3)保险公估人

保险公估人是指接受保险当事人委托，专门从事保险标的评估、勘验、鉴定、估损理算等业务的单位。

(三)保险合同的客体

客体是指在民事法律关系中主体履行权利和义务时共同指向的对象。保险合同的客体是保险利益。保险利益是指投保人或被保险人对保险标的所具有的法律上承认的利益。

保险利益与保险标的的含义不同，两者之间相互依存。保险标的是指保险合同中所载明的投保对象，保险合同当事人双方权利与义务所指的对象，是保险保障的目标实体，也是保险利益的物质形式。特定的保险标的是保险合同订立的必要内容，保险标的存在则投保人或被保险人的经济利益存在。

(四)保险合同的内容

1.保险合同条款

保险合同条款是指规定保险人与被保险人之间的基本权利和义务的条文，是保险公司对所承保的保险标的履行保险责任的依据。

保险合同条款根据内容一般分为基本条款和附加条款。基本条款主要是关于保险合同当事人和关系人权利与义务的规定，以及按照其他法律规定要记载的事项。附加条款是保险人按照投保人的要求增加承保风险的条款。

2.保险合同内容

保险合同应当包括下列事项：

(1)保险人的名称和住所；

(2)投保人、被保险人的姓名或者名称、住所，以及人身保险的受益人的姓名或者名称、住所；

(3)保险标的；

(4)保险责任和责任免除；

(5)保险期间和保险责任开始时间；

(6)保险金额；

(7)保险费以及支付办法；

(8)保险金赔偿或者给付办法；

(9)违约责任和争议处理；

(10)订立合同的年、月、日。

投保人和保险人可以约定与保险有关的其他事项。受益人是指人身保险合同中由被保险人或者投保人指定的享有保险金请求权的人。投保人、被保险人可以为受益人。保险金额是指保险人承担赔偿或者给付保险金责任的最高限额。

(五)保险合同的形式

1.投保单

投保单是投保人向保险人申请订立保险合同的书面要约，记载“声明事项”，是保险合同的重要组成部分。

2.暂保单

暂保单又称临时保单。它是正式保单发出前的临时合同，暂保单的法律效力与正式保单完全相同。暂保单的有效期限较短，一般只有30天，当保险单或保险凭证出具后，暂保单将自动失效。保险人可以在保险单出具前终止暂保单，但必须提前通知被保险人。

3.保险单

保险单简称保单。它是投保人与保险人之间保险合同行为的一种正式书面形式，是保险人向被保险人履行赔偿或给付的依据。

4.保险凭证

保险凭证也称小保险，是保险人向投保人签发的证明保险合同已经成立的书面凭证，是一种简化的保险单，法律效力与保险单相同。

5.批单

批单是保险合同双方当事人对于保单的内容进行修改或变更的证明文件。批单是保险合同的重要组成部分。批单的内容与保险合同内容冲突的，以批单为准；多次批改签发的批单，应以最后批改的批单为准。批单的形式有两种：一种是在原保险单或保险凭证上批注(背书)；另一种是出具一张变更保险合同内容的附贴便条。

(六)保险合同的订立、成立、生效与履行

1.保险合同的订立

保险合同的订立是指投保人与保险人之间基于意思表示一致而做出的法律行为。保险合同订立的程序为：

(1)要约。保险合同的要约通常由投保人提出。

(2)承诺。保险合同的承诺也叫承保，它是由保险人做出的。

当投保人逐一填好投保单所列事项，经保险人审查签章承保后，保险合同随之成立。

2.保险合同的成立与生效

(1)保险合同的成立。保险合同的成立是指投保人与保险人就保险合同条款达成协议。

(2)保险合同的生效。保险合同对当事人双方发生约束力，即合同条款产生法律效力。

保险合同的成立不等于生效。许多保险合同约定，在其成立后的某一时间内生效，因此，在合同成立后并不立即生效前发生保险事故的，保险人不承担保险责任。

3.保险合同的履行

(1)投保人的义务

一是缴纳保费的义务，是投保人最重要的义务。

二是通知义务，危险增加或保险事故发生时的通知义务。

三是避免损失扩大的义务。

(2)保险人的义务

一是责任范围的确定。责任范围的确定包括以下内容：基本责任，按合同的基本条款对被保险人所承担的责任；附加责任，是附加于保险人基本责任范围之上的责任，一般不能单独承保；除外责任，在保险责任范围之外，保险人不予承担的责任。规定除外责任是为了避免保险人遭受巨额损失，限制对非偶然事故的赔偿。除外责任包括除外地点、除外风险、除外财产、除外损失。

二是履行赔偿给付义务。赔偿给付义务包括赔偿金的主要构成、赔偿或给付金额、施救费用、检验估价等合理费用。

(七)保险合同的变更与终止

1.保险合同主体的变更

(1)保险合同当事人的变更

一般指投保人、被保险人的变更，故又称保险合同的转让、保险单的转让。

(2)保单转让的程序

在一般情况下，财产保险保单转让必须得到保险人的同意。货物运输保险允许保单随着保险标的的转让而自动转移，不需征得保险人的同意。人身保险保单的转让一般不需要经过保险人的同意即可转让，但在转让后必须通知保险人。

2.保险合同内容的变更

保险合同内容的变更，是指在主体不变的情况下，改变合同中约定的事项。

保险合同订立后，投保人可以提出变更合同内容的要求，但须经保险人同意，办理变更手续，必要时加缴保费。

3.保险合同效力的变更

(1)保险合同的无效

保险合同的无效指保险合同虽然已经订立，但在法律上不发生任何效力。分约定无效与法定无效，全部无效与部分无效，自始无效与失效等。

(2)保险合同的解除

保险合同的解除指当事人基于合同成立后所发生的情况，使合同无效的一种单方面的行为。

(3)保险合同的复效

保险合同的复效指保险合同的效力在终止以后又重新开始。

4.保险合同的终止

(1)保险合同因期限届满而终止

这是保险合同终止最普遍、最基本的原因。

(2)保险合同因解除而终止

一是法定解除。法律规定的原因出现时,保险合同当事人一方依法行使解除权,消灭已经生效的保险合同关系。

二是约定解除。一旦出现双方当事人约定的解除条件时,一方或双方即有权解除保险合同。

三是任意解除。法律允许双方当事人都有权根据自己的意愿解除合同。

(3)保险合同因违约失效而终止

保险合同因违约失效而终止,是指因被保险人的某些违约行为的发生,保险人有权使合同无效而终止保险合同。

(4)保险合同因履行而终止。

保险合同因履行而终止,是指保险事故发生后,保险人完成全部保险金额的赔偿或给付义务之后,保险责任即告终止。如财产保险中,被保险财产被火灾焚毁,被保险人获得全部保险赔偿后,合同即告终止。

(八)保险合同的争议处理

1.保险合同的解释原则

保险合同解释是指在保险合同的条款或者内容存在争议时,当事人对保险合同使用的语言文字有不同认识的,依据法律规定的方式或者约定成俗的方式,对保险合同的内容或文字的含义予以确定或说明。

(1)文义解释原则

文义解释原则即按照合同条款通常的文字含义并结合上下文来解释。文义解释必须要求被解释的合同字句本身有单一而且明确的含义。

(2)意图解释原则

对于无法运用文义解释方式的情况,通过其他背景资料进行逻辑分析来判断合同当事人订约时的真实意图,由此解释保险合同条款的内容。意图解释只适合用于合同的条款不精当,语义混乱,不同的当事人对同一条款所表达的实际意思理解有分歧的情况。

(3)有利于被保险人的解释原则

《保险法》第三十条规定:“采用保险人提供的格式条款订立的保险合同,保险人与投保人、被保险人或者受益人对合同条款有争议的,应当按照通常理解予以解释。对合同条款有两种以上解释的,人民法院或者仲裁机构应当作出有利于被保险人和受益人的解释。”

必须注意的是,这种解释不能随意使用。只能在对合同条款有两种以上解释的情况下才能使用此原则。

(4)批注优于正文、后加的批注优于先加的批注的解释原则

保险合同双方当事人因各种条件变化进行磋商后,采用批注、附加条款、加贴批单等形式对原合同条款进行修正。当修改与原合同条款相矛盾时,采用批注优于正文,后加的批注优于先加的批注的解释原则。

(5)补充解释原则

补充解释原则是指当保险合同条款约定内容有遗漏或不完整时,借助商业习惯、国际惯

例等对保险合同的内容进行务实、合理的补充解释。

2.保险合同争议的解决方式

保险合同订立后，双方当事人在履行合同过程中，围绕缴费、责任归属、赔偿等问题容易产生争议。保险合同争议处理的方式有协商、调解、仲裁和诉讼四种。其中诉讼是解决争议最激烈的方式。

三、保险的基本原则

（一）保险利益原则

《保险法》第十二条规定："保险利益是指投保人或者被保险人对保险标的具有的法律上承认的利益。"保险利益原则（也称可保利益原则）是指投保人或被保险人对于保险标的具有法律意义上的认可、经济上的利害关系。即投保人与投保标的之间存在具有法律上认可、经济上有价、能够确定的利益关系，这也是判断保险合同是否有效的根本依据。

保险利益原则适用于人身保险和财产保险。人身保险是以人的寿命和身体为保险标的的保险。人身保险的投保人在保险合同订立时，对被保险人应当具有保险利益。财产保险是以财产及其有关利益为保险标的的保险。财产保险的被保险人在保险事故发生时，对保险标的应当具有保险利益。被保险人是指其财产或者人身受保险合同保障，享有保险金请求权的人。投保人可以为被保险人。

遵循保险利益原则的目的，是便于衡量损失的赔偿金额，避免保险纠纷的发生，规避投保人投保目的不是为了被保险人得到经济保障，仅仅为了谋取保险金而投保的道德风险和赌博行为。

（二）最大诚信原则

最大诚信原则是指保险当事人在订立、履行保险合同的过程中要诚实守信，不得隐瞒有关保险活动的任何重要事实，是保险合同的基本原则。

《保险法》第十六条规定："订立保险合同，保险人就保险标的或者被保险人的有关情况提出询问的，投保人应当如实告知。投保人故意或者因重大过失未履行前款规定的如实告知义务，足以影响保险人决定是否同意承保或者提高保险费率的，保险人有权解除合同。""投保人故意不履行如实告知义务的，保险人对于合同解除前发生的保险事故，不承担赔偿或者给付保险金的责任，并不退还保险费。投保人因重大过失未履行如实告知义务，对保险事故的发生有严重影响的，保险人对于合同解除前发生的保险事故，不承担赔偿或者给付保险金的责任，但应当退还保险费。保险人在合同订立时已经知道投保人未如实告知的情况的，保险人不得解除合同；发生保险事故的，保险人应当承担赔偿或者给付保险金的责任。保险事故是指保险合同约定的保险责任范围内的事故。"

《保险法》第十七条规定："订立保险合同，采用保险人提供的格式条款的，保险人向投保人提供的投保单应当附格式条款，保险人应当向投保人说明合同的内容。对保险合同中免除保险人责任的条款，保险人在订立合同时应当在投保单、保险单或者其他保险凭证上作出足以引起投保人注意的提示，并对该条款的内容以书面或者口头形式向投保人作出明确说明；未作提示或者明确说明的，该条款不产生效力。"

可见，最大诚信原则对保险合同双方当事人均有约束，这主要是由保险信息不对称和保险合同的特殊性决定的。

最大诚信原则的内容包括告知、保证、弃权和禁止反言等。告知是投保人的义务，立法形式有无限告知和询问回答告知两种。保证是保险合同的基础，通常分默示保证和明示保证两种，是指保险人在保险合同中要求投保人或被保险人承诺不做某事，或者担保某一事项的真实性。弃权和禁止抗辩是对保险人的要求。所谓弃权，是指保险人放弃法律或保险合同中规定的某项权利，如拒绝承保的权利、解除保险合同的权利等。所谓禁止抗辩，与弃权有紧密联系，是指保险人既然放弃了该项权利，就不得向被保险人或受益人再主张这种权利。

（三）近因原则

近因是指造成保险标的损失的最直接、最有效、起决定作用的原因，而不是指时间上或空间上最接近的原因。近因原则是指保险人承担赔偿或给付保险金的条件，是造成保险标的损失的近因，必须属于保险责任。即保险事故的发生与损失之间必须存在直接的因果关系。

近因的认定方法包括由原因推断结果的顺序法和由结果推断原因的逆推法两种。在保险实践中，产生损失的原因可能是单一的，也可能是多方面的；既可能是承保风险，也可能是除外风险或保单中未提及的风险。

近因原则在理赔实践中的运用，可以归纳为四大类：单一原因、多数同时发生的原因、多数连续发生的原因和多数间断发生的原因。

1. 单一原因

单一原因是指事故发生所致损失的原因只有一个，显然该原因即为损失的近因。如果这个近因属于保险风险，保险人应对损失负责赔偿；如果属于除外责任，则保险人不予以赔付。

2. 多数原因同时发生

多数原因同时发生，是指造成保险事故的风险原因有时为两个以上并同时出现，而且这些原因对保险标的的损失均有直接的、实质的影响。如果多种原因全部属于保险责任范围，保险人全部承担赔偿责任。但是如果在多个原因中，有的是在保险责任范围内，而有的又属于除外责任，此时，保险人是否承担赔偿责任要根据损失是否可以进行划分来确定。能划分开的，保险人仅仅承担所保风险导致的损失；如果无法划分的，保险人可与投保人协商赔付。

3. 多数原因连续发生

多数原因连续发生是指损失的发生是由具有因果关系的连续事故所致，保险人是否承担赔付责任，要区分两种情况。第一，如果这些原因中没有除外风险，则这些保险风险即为损失的近因，保险人应负赔付责任。第二，如果这些原因中既有保险风险，又有除外风险，则要看损失的前因是保险风险还是除外风险。如果前因是保险风险，后因是除外风险，且后因是前因的必然结果，则保险人应承担赔付责任；相反，如果前因是除外风险，后因是保险风险，且后因是前因的必然结果，保险人则不承担赔付责任。

4. 多数原因间断发生

多数原因间断发生是指造成损失的风险事故先后出现，但前因与后因之间不相关联，即后来发生的风险是另一个新爆发又完全独立的原因造成的，而不是前因造成的直接或自然的结果。这种情况的处理与单一原因的处理原则相同，保险人的赔偿责任仅取决于各个保险事故是否属于保险人的责任范围。

(四)损失补偿原则

损失补偿原则是指保险合同生效后，如果发生保险责任范围内的损失，被保险人有权按照保险合同的约定，获得全面、充分的赔偿；保险赔偿是弥补被保险人由于保险标的遭受损失而失去的经济利益，被保险人不能因保险赔偿而获得额外的利益。

1. 损失补偿的基本原则

以实际损失为限、以保险金额为限和以被保险人对保险标的的保险利益为限，是实施损失补偿的基本原则。保险人按照合同规定，以货币、实物或修复标的形式赔偿被保险人所受的损失。

保险金额是指保险人对投保标的的承保金额或订入保险合同中的保险价值，保险价值是指投保人在投保时保险标的用货币计量的实际价值，它是保险人计算保险费的依据和承担补偿或给付责任的最大限额。

2. 代位原则

代位原则是损失补偿的派生原则，适用于财产险，不适用于人身险。是指保险人依照法律或按照合同的约定履行赔偿责任后，依法取得对保险标的的所有权或对保险标的损失负有责任的第三者进行追偿的权利。

代位原则由权利代位和物上代位两部分组成。权利代位也称代位追偿，即追偿权的代位，是指在财产保险中，保险标的由于第三者责任导致保险损失，保险人向被保险人支付保险赔款后，依法取得对第三者的索赔权。物上代位是指保险标的遭受保险责任范围内的损失，保险人按保险金额全数赔付后，依法取得该项标的的所有权。

3. 重复保险分摊原则

重复保险分摊原则也是损失补偿的派生原则，适用于财产险，不适用于人身险。是指在重复保险的情况下，当保险事故发生时，各保险人应采取适当的分摊方法分配赔偿责任，使被保险人既能得到充分的补偿，又不会超过实际损失而获得额外的利益。

重复保险分摊方式主要有三种：一是比例责任分摊方式，即各保险人按其所承保的保险金额与总保险金额的比例分摊保险赔偿责任；二是限额责任分摊方式，是以在没有重复保险的情况下，各保险人依其承保的保险金额而应付的赔偿限额与各保险人应负赔偿限额总和的比例承担损失赔偿责任；三是顺序责任分摊方式，是指由先出单的保险人首先负责赔偿，后出单的保险人只有在承保的标的损失超过前一保险人承保的保额时，才依次承担超出的部分。

(五)公平互利原则

公平互利原则是指在平等的民事主体之间订立的合同，应当使合同双方当事人享有对等的权利和义务。公平互利原则是衡量合同是否有效的标准之一，即合同不应存在一方只享有权利而另一方只承担义务，或者是权利义务极端不对等的情况。若出现这种情况，一经法院确认，即可宣告合同无效。

四、保险的分类

根据保险经营的性质、目的、对象和保险法规要求以及历史习惯等将保险分为以下几类：

（一）根据保险标的的不同分类

根据保险标的的不同，保险可分为财产保险和人身保险两大类。

1. 财产保险

财产保险是指以财产及其相关利益为保险标的的保险，包括财产损失保险、责任保险、信用保险、保证保险、农业保险等。它是以有形或无形财产及其相关利益为保险标的的一类补偿性保险.

2. 人身保险

人身保险是以人的寿命和身体为保险标的的保险。当人们遭受不幸事故或因疾病、年老以致丧失工作能力、伤残、死亡或年老退休时，根据保险合同的约定，保险人对被保险人或受益人给付保险金或年金，以解决其因病、残、老、死所造成的经济困难。

（二）根据保险经营的性质不同分类

根据保险经营的性质不同，保险分为商业保险与社会保险两类。

1. 商业保险

商业保险是指按商业原则经营，以营利为目的的保险形式，由专门的保险企业经营。

所谓商业原则，就是保险公司的经济补偿以投保人交付保险费为前提，具有有偿性、公开性和自愿性，并力图在损失补偿后有一定的盈余。

2. 社会保险

社会保险是指在既定的社会政策的指导下，由国家通过立法手段对公民强制征收保险费，形成保险基金，用以对其中因年老、疾病、生育、伤残、死亡和失业而导致丧失劳动能力或失去工作机会的成员提供基本生活保障的一种社会保障制度。

社会保险不以营利为目的，运行中若出现赤字，国家财政将会给予支持。两者比较，社会保险具有强制性，商业保险具有自愿性；社会保险的经办者以财政支持作为后盾，商业保险的经办者要进行独立核算、自主经营、自负盈亏；商业保险保障范围比社会保险更为广泛。

（三）根据风险转嫁的层次分类

根据承担责任次序的不同，保险分为原保险与再保险。

1. 原保险

原保险是指投保人与保险人之间直接签订合同所确立的保险关系。当被保险人在保险期内由于保险事故造成损失时，保险人对被保险人负赔偿或给付责任。

2. 再保险

发生在保险人与保险人之间的保险行为，称之为再保险，也称分保。是保险人在原保险合同的基础上，通过签订分保合同，将其所承保的部分风险和责任向其他保险人进行再次保险的行为，目的是降低原保险人所面临风险的保险行为。简单地说，再保险即“保险人的保险”。

再保险是在保险人系统中分摊风险的一种安排。被保险人和原保险人都将因此在财务上变得更加安全。利用再保险分摊风险的典型例子就是承保卫星发射保险。该风险不能满足可保风险所要求的一般条件。保险人接受特约承保后，将面临极大的风险，一旦卫星发射失败，资本较小的公司极可能因此而破产。最明智的做法是将该风险的一部分转移给其他保险人，由几个保险人共同承担。

原保险的标的是与投保人有保险利益的标的，而再保险是与保险人有保险利益的保险合同。两者相辅相成，共同承担相应责任。区别就在于再保险与原保险的保险标的没有直接责任，而是通过原保险公司间接发生关系。《保险法》第二十九条规定："再保险接受人不得向原保险的投保人要求支付保险费。原保险的被保险人或者受益人不得向再保险接受人提出赔偿或者给付保险金的请求。再保险分出人不得以再保险接受人未履行再保险责任为由，拒绝履行或者迟延履行其原保险责任。"

（四）根据保险实施方式的不同分类

按保险的实施方式不同，保险可分为自愿保险和强制保险。

1.自愿保险

自愿保险是投保人和保险人在平等互利、等价有偿的原则基础上，通过协商，采取自愿方式签订保险合同建立的一种保险关系。

具体地讲，自愿原则体现在：投保人可以自行决定是否参加保险、保什么险、投保金额多少和起保的时间；保险人可以决定是否承保、承保的条件以及保费多少。保险合同成立后，保险双方应认真履行合同规定的责任和义务。

2.强制保险

强制保险又称法定保险，是指根据国家颁布的有关法律和法规，凡是在规定范围内的单位或个人，不管愿意与否都必须参加的保险。强制保险是基于国家社会政策或经济政策而举办的。

强制保险的一种是由中央或者地方政府通过立法程序公布强制保险条例来实施，并授权保险公司为执行机构，它不需双方签订保险协议且双方都无权拒绝。另一种是由政府某些行政机关发布有关法规或者命令，规定在一定范围内的人或物都必须投保，否则不允许从事法律所许可的业务或活动。这种保险对被保险人来说具有一定的约束力，但仍须双方签订协议。如私营企业雇用职工必须为职工投保人身意外伤害险；拥有机动车船的必须向保险公司投保第三者责任保险，否则不准使用。

【项目实施】

结合本项目导入案例，根据所学知识，完成如表1-4所示的任务实施工单。

表1-4　任务实施工单

序号	任务实施对象	任务实施步骤	任务实施结果
1	保险标的 的可保风险	1.风险必须是纯粹风险	
		2.风险必须是偶然的	
		3.风险必须是意外的	
		4.风险必须是大量标的均有遭受损失的可能性	
		5.风险应有发生重大损失的可能性	

续表

序号	任务实施对象	任务实施步骤	任务实施结果
2	投保人在此案例中的投保行为分析	1.交强险	
		2.车辆损失险	
		3.第三者责任险	
		4.玻璃单独破碎险	
		5.全车盗抢险	
		6.不计免赔特约险	
3	保险合同	1.保险人	
		2.被保险人	
		3.保险标的	
4	保险合同争议处理	1.争议处理方式	
		2.诉讼主体	
		3.车辆损失是否属于保险范围	
		4.车辆损失是否属于免责范围	

【想一想,练一练】

一、名词解释

保险　保险合同　保险利益　保险标的　保险金额

二、简答题

1.保险的职能是什么?

2.保险的要素有哪些?

3.保险合同的主体与客体是什么?

4.保险合同的主要内容包括哪些?

5.如何正确处理保险合同的订立、生效、变更与终止?

6.保险的基本原则是什么?

项目三　汽车保险

【项目描述】

汽车保险属于财产险,也属于责任险,是规避车辆使用过程中各种风险的有效途径,能较好地保障车辆使用者、道路公共财产和行人的利益,维护社会秩序的稳定。

【导入案例】 熊先生于2006年7月购买了一辆福克斯CAF7180M轿车,新车购置价是140894元，主要是家庭自用，在某保险公司购买了车辆保险，保险期间自2006年7月26日0时起至2007年7月25日24时止。购买险种有机动车损失险（家庭自用汽车损失保险条款）、第三者责任保险（B）、车上人员责任险（D1）、盗抢险（G）、玻璃单独破碎险（F）和不计免赔率特约条款（M）。

【项目分析】

本项目通过介绍汽车保险的相关知识，使学生掌握汽车保险的概念、作用与特征，把握汽车保险的要素、基本原则，熟知汽车保险合同的构成要素及合同订立、生效、变更与终止等基本知识，为汽车保险方案设计进行知识准备。

【知识平台】

一、汽车保险的概念、作用与特征

（一）汽车保险的概念

汽车保险简称“车险”，是以汽车（机动车辆）本身、第三者责任及其相关利益为保险标的的一种不定值运输工具财产保险，也称机动车辆保险。

汽车保险的客户主要是拥有各种机动交通工具的法人团体和个人，机动车辆指汽车、电车、电瓶车、摩托车、拖拉机、各种专用机械车、特种车等。

汽车保险包括强制保险和自愿保险。在我国，汽车保险主要指机动车交通事故责任强制险和各大保险公司推出的各种汽车投保商业险种。2012年3月，中国保监会先后发布了《关于加强机动车辆商业保险条款费率管理的通知》和《机动车辆商业保险示范条款》，推动了车辆保险的改革。

汽车保险的保险标的因险种不同而各异。车辆损失险的保险标的是各种机动车辆，主要是经交通管理部门检验合格并具有有效行驶证和号牌的各种机动车辆。机动车交通事故责任强制保险与机动车商业第三者责任保险的保险标的则是保险车辆因意外事故致使他人遭受人身伤亡或财产的直接损失依法应负的赔偿责任。

（二）汽车保险的作用

伴随着汽车进入家庭，汽车保有量的高速增长促进了我国汽车保险业务迅猛发展。汽车保险正逐步成为与人们生活密切相关的经济活动，其重要性和社会性已广为人们所认识，在促进社会经济发展、保障交通安全、稳定社会秩序、保障人民财产安全等方面的作用日益凸显。

1. 促进汽车工业的发展

从目前经济发展情况来看，汽车工业已成为我国经济健康、稳定发展的重要动力之一，汽车产业政策在国家产业政策中的地位越来越重要，汽车产业政策要产生社会效益和经济效益，要成为中国经济发展的原动力，离不开汽车保险与之配套服务。

一方面，汽车保险业务自身的发展对于汽车工业的发展起到了有力的推动作用。汽车保险的出现，解除了企业、单位和个人对在使用汽车过程中可能出现的风险的担心，扩大了对汽车的需求。

另一方面，汽车保险的保险人从自身和社会效益的角度出发，联合汽车生产厂家开展对于汽车事故原因的统计分析，研究和应用汽车安全新技术并为此投入大量人力和财力，从而促进了汽车安全性能方面的提高。

此外，汽车消费贷款保证保险和汽车售车信用保险对促进汽车消费有重要促进作用。

2.促进社会公共秩序的稳定

一方面，汽车保险保障了车辆所有人及受害人的经济利益。汽车保险的主要功能是实行经济补偿。机动车辆投保了车辆损失险和第三者责任险，如果发生交通事故，造成了车辆损失以及第三者受害，他们能够从保险公司得到经济补偿。这样既保障了车辆投保人的经济利益，又有利于处理因交通事故引起的民事损害赔偿纠纷，协调交通事故当事各方的经济纠纷，帮助公安交通管理部门妥善处理交通事故，从而间接地维护了社会治安和稳定。

另一方面，汽车保险有利于交通安全。购买车辆保险后，保险公司和被保险人之间的利益是一致的，双方具有权利和义务相结合的契约关系。保险公司从自身的经济效益和社会效益考虑，在保险条款中规定被保险人及其驾驶人应严格遵守交通法规，确保安全行驶，并有义务经常维护汽车，定期检验和修理汽车，保持车辆技术状态完好。对于没有发生道路交通事故的汽车，保险公司将在下年度实行保险费无赔款优待，以鼓励驾驶员安全行车的责任心。保险公司有责任主动配合交通管理部门，加强交通安全宣传和检查，协助投保单位(人)落实车辆安全制度和措施，从而达到减少交通事故的目的。

3.促进汽车安全性能的提高

汽车保险业务的经营管理与汽车维修行业及其价格水平密切相关。原因是在汽车保险的经营成本中，事故车辆的维修费用是其中重要的组成部分，同时车辆的维修质量在一定程度上体现了汽车保险产品的质量。保险公司出于有效控制经营成本和风险的需要，除了加强自身的经营业务管理外，必然会加大事故车辆修复工作的管理，在一定程度上提高了汽车维修质量管理的水平。同时，汽车保险的保险人从自身和社会效益的角度出发，联合汽车生产厂家、汽车维修企业开展汽车事故原因的统计分析，研究汽车安全设计新技术，从汽车保险费中提取一定比例的经费，多方面进行交通安全课题的研究与应用开发，推广交通安全技术产品，从而促进了汽车安全性能方面的提高。

4.促进保险业务整体发展

自改革开放以来，特别是1986年以后，随着保险市场供给主体不断增加和有序竞争的保险体系初步形成，我国保险业务获得迅速发展。1980年，我国财产保险行业保费收入仅4.61亿元，2014年已经达到7203亿元，年均复合增长率为25%，财产保险行业保费收入明显快于宏观经济的增长速度。

在我国财产保险费收入中，机动车辆保险为财产保险的第一大险种。汽车保险业务已经成为财产保险公司的“吃饭险种”，其经营的盈亏，直接关系到整个财产保险行业的经济效益。可以说，汽车保险业务的效益已成为财产保险公司效益的“晴雨表”。

1987年机动车辆保险保费收入首次超过企业财产保险保费收入，其后逐步增加，1997年占财产保险保费收入的55.33%，到2000年进一步上升为63.93%，至2012年则达到75.13%。2014年前5个月，车险占整个财产保险保费收入的比重达到72.60%。截至2013年年底，全国民用汽车保有量为1.37亿辆，全行业共承保汽车1.2亿辆，汽车投保率从2007年的64.40%提高到87.34%。也就是说，在汽车年产销量世界第一的中国市场上，有近

90%的汽车都购买了车险，车险已经与停车费、加油费一同计入购车者的刚性支出，必将进一步促进财产保险市场发展。

（三）汽车保险的特征

1. 保险对象具有广泛性和差异性

此特征是针对汽车保险的被保险人和保险标的而言的。

从被保险人方面看，随着我国经济的快速增长，汽车逐渐成为单位和个人必备的交通工具，正因为机动车辆拥有者的广泛性，必然存在差异性，不同类型的单位和个人，具有不同的风险倾向。

从保险标的方面看，随着汽车工业的发展，机动车辆的差异性逐步体现。首先，机动车辆类型逐年增加，从最初的生产用车为主，逐步发展到以生活用车为主，同类车辆的车型品种繁多，即使是同一车型在配置方面也可能有很大的差异，以至于出现性能上的差异性。其次，生产厂家也从国产到进口，从整车进口到零部件的进口组装，从合资建厂生产到独资生产。最后，机动车辆的价格也根据车型、品牌、功能的不同有较大的差异性。

2. 保险标的具有流动性，出险率较高

保险标的的流动性是由于机动车辆作为动产和运输工具的特点决定的，保险标的是否具有流动性直接影响到保险标的所面临的风险以及风险的种类。保险标的流动性的特点对机动车辆保险提出了更高的要求：一是保险标的的流动性，导致其风险概率增大，增加了经营的不确定性；二是保险标的的流动性，在核保的时候加大了“验标承保”的难度；三是由于保险标的的流动性、风险的不确定性，在发生保险责任事故时给检验和理赔工作增加了一定的难度。

汽车作为陆地的主要交通工具，经常处于运动状态，很容易发生碰撞及其他意外事故，造成人身伤亡或财产损失。由于车辆数量的迅速增加，加上驾驶人的疏忽、过失等人为原因，交通事故发生频繁，汽车出险率较高。

3. 业务量大，投保率高

由于汽车出险率较高，汽车的所有者需要以保险方式转嫁风险。各国政府在不断改善交通设施，严格制定交通规章的同时，为了保障受害人的利益，对第三者责任保险实施强制保险。

保险人为适应投保人转嫁风险的不同需要，为被保险人提供了更全面的保障，在开展车辆损失险和第三者责任险的基础上，推出了一系列附加险，使汽车保险成为财产保险中业务量较大，投保率较高的一个险种。

4. 扩大保险利益

针对汽车的所有者与使用者不同的特点，汽车保险条款一般规定：不仅被保险人本人使用车辆时发生保险事故保险人要承担赔偿责任，而且凡是被保险人允许的驾驶人使用车辆时，也视为其对保险标的具有保险利益，如果发生保险单上约定的事故，保险人同样要承担事故造成的损失，保险人须说明汽车保险的规定以“从车”为主，凡经被保险人允许的驾驶人驾驶被保险人的汽车造成保险事故的损失，保险人须对被保险人负赔偿责任。

此规定是为了对被保险人提供更充分的保障，并非违背保险利益原则。但如果在保险合同有效期内，被保险人将保险车辆转卖、转让、赠送他人，被保险人应当书面通知保险人并申请办理批改。否则，保险事故发生时，保险人对被保险人不承担赔偿责任。

此外，在一般的财产保险中，保险人维护的仅仅是被保险人的经济利益，从而投保与否完全取决于保险客户的意愿。在机动车辆第三者责任保险中，投保人参加保险并交付保险费通常被视为其应尽的义务，保险赔款亦以受害人的索赔为限，并最终由被保险人之外的受害人受益，这样可以起到维护公众利益和社会安定的作用。

5.被保险人自负责任与无赔款优待

为了促使被保险人注意维护、养护车辆，使其保持安全行驶技术状态，并督促驾驶人注意安全行车，以减少交通事故，保险合同上一般规定：驾驶人在交通事故中所负责任，车辆损失险和第三者责任险在符合赔偿规定的金额内实行绝对免赔率；保险车辆在保险期限内无赔款，续保时可以按保险费的一定比例享受无赔款优待。以上两项规定，虽然分别是对被保险人的惩罚和优待，但要达到的目的是一致的。

二、汽车保险的要素与原则

(一)汽车保险的要素

汽车保险关系的存在必须具备5个要素。

1.可保风险的存在

特定的风险事故是保险成立的前提，是第一要素。汽车保险面临的风险主要有两种。

(1)财产损失风险

任何机动车辆都面临着交通事故和自然灾害造成的财产损失风险。机动车财产损失分为机动车本身的损坏、灭失和其他财产损坏。

机动车本身的损坏、灭失，是指发生交通事故或自然灾害时，由大量零部件组成的车辆可能出现少量零部件受损，大部分零部件受损，甚至整车毁损的情况。

其他财产损坏分为车上财产损坏和车下财产损坏。车上财产是指位于车辆上且非永久固定于车身上的物品，如驾驶员随身携带的物品、车上乘坐人员随身携带的物品、货运车辆装载的货物等。车上财产种类多样。凡不属于车上财产的均属于车下财产，对于汽车保险，要严格区分车下财产的所有者。

(2)人员伤亡风险

车辆行驶过程中也面临着人员伤亡的风险。交通事故或自然灾害可能造成驾驶员本人、车上其他人员或车下人员(包括处于其他车辆上人员)发生伤亡事故。在汽车保险中，要严格区分保险事故引起的人员伤亡和非保险事故引起的人员伤亡；驾驶员及其家属的伤亡和其他人员的伤亡；车上人员的伤亡和车下人员的伤亡。车下人员的伤亡中，又要严格区分处于其他车辆上的人员伤亡和处于非机动车上人员与行人的伤亡。

2.汽车保险是相同性质、类型风险的集合与分散

汽车保险的保险标的是各种机动车辆或因保险车辆的意外事故致使他人遭受人身伤亡或财产的直接损失，汽车保险面临的风险是大量相同性质、类型风险的集合体，且这些风险的发生是少数的、不具备同时性。

3.汽车保险必须要进行保险费用的厘定

汽车保险费率的厘定遵循“合理公平、保障偿付、相对稳定、促进防损”的16字方针，是以完整的统计资料为基础，运用科学的计算方法，依据历史的车辆出险、赔付等数据资料预测将来的费率。

汽车保险费率的厘定要接受国家或政府保险监督机关的审核。遵循维护社会公众利益和防止不正当竞争的原则，根据《中华人民共和国保险法》、《财产保险公司保险条款和保险

费率管理办法》等法律法规及相关规定，中国保险监督管理委员会于 2012 年 2 月 23 日发布了《关于加强机动车辆商业保险条款费率管理的通知》，进一步规范了机动车辆商业保险市场秩序，完善了商业车险监管制度。

4. 汽车保险基金的建立

汽车保险基金是汽车保险业存在的切实的经济基础，也是保证保险企业财务稳定性的经济基础。汽车保险基金还可制约开办汽车保险业务的保险企业的业务经营规模，保障广大投保人的利益。汽车保险基金由开业资金和保险费两部分构成，以未到期责任准备金、未决赔款准备金等形式存在。

5. 汽车保险合同的订立

汽车保险合同是体现保险经济关系存在的形式，是保险双方当事人履行各自权利和义务的依据，必须通过一定的法律形式即订立保险合同固定下来。

（二）汽车保险的原则

汽车保险要遵循的基本原则就是保险的基本原则。保险原则在汽车保险中的应用主要体现在以下几个方面。

1. 保险与防灾减损相结合的原则

保险从根本上说，是一种危险管理制度，目的是通过危险管理来防止或减少危险事故，把危险事故造成的损失缩小到最低程度，由此产生了保险与防灾减损相结合的原则。

（1）保险与防灾相结合的原则

保险与防灾相结合的原则主要适用于保险事故发生前的事先预防。根据这一原则，保险方应对承保的危险责任进行管理，其具体内容包括：调查和分析保险标的危险情况，据此向投保方提出合理建议，促使投保方采取防范措施，并进行监督检查；向投保方提供必要的技术支援，共同完善防范措施和设备；对不同的投保方采取差别费率制，以促使其加强对危险事故的管理，即对事故少、信誉好的投保方给予降低保费的优惠。遵循这一原则，投保方应遵守国家有关消防、安全、生产操作、劳动保护等方面的规定，主动维护保险标的安全，履行所有人、管理人应尽的义务；同时，按照保险合同的规定，履行危险增加通知义务。

（2）保险与减损相结合的原则

保险与减损相结合的原则主要适用于保险事故发生后的事后减损。根据这一原则，如果发生保险事故，投保方应尽最大努力积极抢险，避免事故蔓延、损失扩大，并保护出险现场，及时向保险人报案。而保险方则通过承担施救及其他合理费用来履行义务。

（3）在汽车保险实务中的应用

根据保险与防灾减损相结合的原则，投保车辆一旦出险后，在条件许可的情况下，被保险人（投保人、驾驶员等）不要放任损失的扩大，应尽量采取补救措施，争取最小的经济损失。在施救过程中发生的合理费用，保险公司会给予补偿。

2. 最大诚信原则

最大诚信原则要求保险双方当事人在签订和履行保险合同时，对于保险标的有关的重要事实，必须以最大的诚意如实告知，互不隐瞒和互欺诈，恪守合同的认定与承诺，否则保险合同无效。

目前在保险市场中，尤其在汽车保险业务中，保险欺诈的现象相当严重，投保人故意隐瞒事实、违背最大诚信原则恶意违法的行为很多。

【案例】 某年，王女士的轿车发生车祸，车头部分受损。保险公司查勘定损结果是该车的车损为2000元。王女士后来将车开到汽修厂进行“处理”。老板称其可获得5万元保险赔偿金，并要求其支付一定的“维修费用”。处理以后，原本轻度受损的车辆变成了“事故车”。车头部分先换成废弃的零部件，然后又将原来的部件换上，并在维修证明中表示为“进口部件”。汽修厂又找到了保险公司的“内部人士”要求对其进行关照。最终王女士获得了5.3万元的赔偿金。

【分析】 这是一起典型的多方参与的合谋欺诈案件，其中王女士、汽修厂、保险公司“内部人士”都实际参与了这起欺诈案件的操作，并分别从中获得利益。这起案件之所以“成功”，除了王女士与汽修厂所做的“努力”外，关键还是由于保险公司内部人员的参与。结合现实情况，由于在保险事故查勘核损环节，保险公司理赔人员的事故认定意见对投保人和保险公司都具有重要的影响。保险人在经营汽车保险时要对车辆的风险因素有足够的认识，加强风险防范措施，防止保险欺诈活动。同时投保人也应认真遵守最大诚信原则，以避免给自己带来不必要的损失。

3.保险利益原则

在汽车保险经营过程中，保险利益原则涉及一个比较突出的问题，即被保险人与车辆所有人不吻合的问题。在车辆买卖过程中，由于没有对保单下的被保险人进行及时变更，导致其与持有驾驶证的车辆所有人不吻合，一旦车辆发生损失，原车辆所有人由于转让了车辆，不具备对车辆的可保利益，导致在其名下的保单失效，而车辆的所有人由于不是保险合同中的被保险人，就不能向保险人索赔。

4.损失赔偿原则

在机动车辆保险的经营过程中，损失补偿原则涉及一个大的纠纷，即在机动车辆全部损失的情况下，是应当按照出险前车辆的实际价值赔偿，还是应当按照保险金额进行赔偿的问题。不少保险人与被保险人因这个问题对簿公堂。出现这种现象的原因是，在保险补偿原则及例外的问题上，存在从条款到实务的不完善的地方。《机动车辆保险条款》(2000年版)明确汽车保险合同为不定值保险合同，从根本上解决了这一问题。

5.近因原则

在汽车保险业务中，近因的确定，对于认定是否属于保险责任具有十分重要的意义。坚持近因原则的目的是为了分清与风险事故有关各方的责任，明确保险人承保的风险与保险标的损失结果之间存在的因果关系。在实践中，由于致损的原因与损失结果之间的因果关系错综复杂，因此给判定近因和运用近因原则带来了困难。

【案例】 2013年12月7日，王某与某保险公司签订了一份汽车保险合同。保险单上载明投保标的物为一辆轿车，车辆损失险保险价值为人民币90万元，保险期自2013年12月10日0时起至2014年12月9日24时止。保险公司按照承保险别，依照该保险单上载明的基本条款及其他特别约定，承担杨某投保车辆的保险责任。签约后杨某依约向保险公司支付了有关保费。2014年7月28日凌晨，市区下了一场倾盆大雨，大多数道路有积水现象。同日上午9时，杨某准备开车上班，见停放在其住宅区通道的上述保险车辆轮胎一半受水淹，则上车点火启动，发动机发出发动声后死火，尔后则无法起动。杨某将车辆拖至某修理公司，经检查认为故障原因是发动机进气系统入水吸进燃烧室，活塞运转与水不可压缩之后的作用力导致连杆折断，缸体破损。杨某向保险公司报案后，保险公司没有赔偿损失，杨某递诉至法院。审理期间，经保险公司申请，法院委托对车辆受损原因进行鉴定。经鉴定认为：一是由于进气口浸泡在水中或空气滤清器中有余水，启动发动机，气缸吸入了水，导致连杆折断，进而损坏缸体，这是造成发动机缸体损坏的直接原因；二是由于当天晚上下了大雨，该车停放的地方涨过水，使该车被雨水严重浸泡，进气管及空气滤清器进水，当水退至车身以下，驾驶员启动汽车时，未先检查汽车进气管、空气滤清器有无进水，使空气滤清器中的余水被吸入发动机气缸内，造成连杆折断，缸体破损。双方对鉴定意见均无异议。

【分析】 就这起保险纠纷案，双方在证据的采信和事实认定上均无异议，只是对保险公司应否赔偿车损有三种意见。

第一种意见认为，杨某在暴雨积水导致保险车辆遭受泡浸后，没有进行修理、清洗，而继续使用导致发动机受损，属于操作不当，根据《机动车辆保险条款》第三条关于遭受保险责任范围内的损失后，未经必要修理继续使用，导致损失扩大部分保险人不负责赔偿的规定，保险公司对车辆发动机气缸被击穿的费用不予偿付，只需赔偿合理的清洗费用。

第二种意见认为，造成保险车辆发动机缸体损坏的原因是由于进气管及空气滤清器有余水，启动发动机，气缸吸入了水，导致连杆折断，从而打烂缸体。而进气管及空气滤清器有余水，则是由暴雨所造成。暴雨和启动发动机这两个危险事故先后出现，前因与后因之间不具有关联性，后因既不是前因的合理延续，也不是前因自然延长的结果，后因是完全独立于前因之外的一个原因。根据保险法的近因原则，启动发动机是直接导致保险车辆发动机缸体损坏的原因，故为发动机缸体损坏的近因。暴雨为发动机缸体损坏的远因。而启动发动机属除外风险，由除外风险所致发动机缸损坏的损失，保险人不负赔偿责任，保险公司只需赔偿因暴雨造成汽车浸水后进行清洗的费用。

第三种意见认为，杨某在车辆受浸低于车身地台的情况下，不可预见进气管及空气滤清器进水，此时启动车辆属正常操作；另外，从危险事故与保险标的损失之间的因果关系来看，本案属于多种原因连续发生造成损失的情形，其中暴雨是前因，车辆进气管及空气滤清器进水相对于暴雨是后因，而相对于启动发动机是前因，启动发动机是后因，正是由于暴雨的发生，才导致车辆进气管及空气滤清器进水，才使启动发动机这一开动汽车必不可少的条件发生作用，导致发动机缸体损坏，根据保险法的近因原则，暴雨才是近因，因此保险公司应向杨某赔偿车辆的实际损失。

三、汽车保险合同

汽车保险合同是投保人与保险人约定保险权利和义务关系的协议。

(一)汽车保险合同的特征

汽车保险合同具有如下特征：

(1)汽车保险合同的可保利益较大；

(2)汽车保险合同是包含财产保险和责任保险的综合保险合同；

(3)汽车保险合同属于不定值保险合同，其保险金额的确定方法不同；

(4)汽车保险合同确保保险人具有对第三者责任的追偿权。

(二)汽车保险合同的构成

汽车保险合同由保险条款、投保单、保险单、批单和特别约定共同组成。凡涉及汽车保险合同的约定，均应采用书面形式。

（三）汽车保险合同的形式

汽车保险合同的形式主要有投保单、保险单、保险凭证、暂保单和批单等五种。

（四）汽车保险合同的主体和客体

1. 汽车保险合同的主体

保险合同的主体分为保险合同当事人、保险合同关系人和保险合同辅助人三类。

汽车保险合同当事人是与汽车保险合同订立直接发生关系的人，包括汽车保险人和汽车保险投保人；汽车保险合同关系人是与汽车保险合同间接发生关系的人，它仅指被保险人；汽车保险辅助人是在汽车保险合同成立及其理赔过程中存在的社会中介组织，如汽车保险代理人、汽车保险经纪人、汽车保险公估人等。

2. 汽车保险合同的客体

汽车保险合同的客体是投保人或被保险人对保险标的所具有的合法的经济利益关系，即保险利益，而不是保险标的。

（五）保险金额、责任限额和保险期间

1. 保险金额

机动车损失保险的保险金额由投保人和保险人从下列三种方式中选择确定，保险人根据确定保险金额的不同方式承担相应的赔偿责任：

(1)按投保时被保险机动车的新车购置价确定。

汽车保险合同中的新车购置价是指在保险合同签订地购置与被保险机动车同类型新车（含车辆购置税）的价格。投保时的新车购置价根据投保时保险合同签订地同类型新车的市场销售价格（含车辆购置税）确定，并在保险单中载明，无同类型新车市场销售价格的，由投保人与保险人协商确定。

(2)按投保时被保险机动车的实际价值确定。

汽车保险合同中的实际价值是指新车购置价减去折旧金额后的价格。投保时被保险机动车的实际价值根据投保时的新车购置价减去折旧金额后的价格确定。

被保险机动车的折旧按月计算，不足一个月的部分，不计折旧。9座以下客车月折旧率为0.6%，10座以上客车月折旧率为0.9%，最高折旧金额不超过投保时被保险机动车新车购置价的80%。

折旧金额＝投保时的新车购置价×被保险机动车已使用月数×月折旧率

(3)在投保时被保险机动车的新车购置价内协商确定。

2. 责任限额

第三者责任保险每次事故的责任限额，由投保人和保险人在签订本保险合同时按保险监管部门批准的限额档次协商确定。汽车保险合同中的第三者是指因被保险机动车发生意外事故遭受人身伤亡或者财产损失的人，但不包括投保人、被保险人、保险人和保险事故发生时被保险机动车本车上的人员。

车上人员责任保险驾驶人每次事故责任限额和乘客每次事故每人责任限额由投保人和保险人在投保时协商确定。投保乘客座位数按照被保险机动车的核定载客数（驾驶人座位除外）确定。汽车保险合同中的车上人员是指保险事故发生时在被保险机动车上的自然人。

机动车盗抢保险的保险金额由投保人和保险人在投保时被保险机动车的实际价值内协商确定。

3.保险期间

除另有约定外，汽车保险合同的保险期间为一年，以保险单载明的起讫时间为准。

(六)汽车保险合同的订立与生效

1.汽车保险合同的订立

汽车保险合同的订立是指保险人与投保人在平等自愿的基础上，就汽车保险合同的主要条款经过协商最终达成协议的法律行为，汽车保险合同采取要约和承诺的方式订立。

2.汽车保险合同的生效

汽车保险合同一般是在投保人与保险人就合同的主要条款达成一致协议，双方当事人签字或盖章时合同成立。汽车保险合同生效的时间以双方约定的日期为准。我国保险公司普遍推行"零时起保制"，即把合同生效的时间放在合同成立日的次日零时。保险合同生效前发生的保险事故，保险人不承担赔偿责任。

(七)汽车保险当事人与义务

汽车保险合同是双务合同，一方当事人的权利往往是另一方当事人的义务。

1.保险人的义务

人保2012年版《机动车保险条款》中明确指出：

(1)保险人在订立保险合同时，应向投保人说明投保险种的保险责任、责任免除、保险期间、保险费及支付办法、投保人和被保险人义务等内容。

(2)保险人应及时受理被保险人的事故报案，并尽快进行查勘。保险人接到报案后48小时内未进行查勘且未给予受理意见，造成财产损失无法确定的，以被保险人提供的财产损毁照片、损失清单、事故证明和修理发票作为赔付理算依据。

(3)保险人收到被保险人的索赔请求后，应当及时作出核定。

①保险人应根据事故性质、损失情况，及时向被保险人提供索赔须知。审核索赔材料后认为有关的证明和资料不完整的，应当及时一次性通知被保险人补充提供有关的证明和资料；

②在被保险人提供了各种必要单证后，保险人应当迅速审查核定，并将核定结果及时通知被保险人。情形复杂的，保险人应当在三十日内作出核定；保险人未能在三十日内作出核定的，应与被保险人商定合理期间，并在商定期间内作出核定，同时将核定结果及时通知被保险人；

③对属于保险责任的，保险人应在与被保险人达成赔偿协议后十日内支付赔款；

④对不属于保险责任的，保险人应自作出核定之日起三日内向被保险人发出拒绝赔偿通知书，并说明理由；

⑤保险人自收到索赔请求和有关证明、资料之日起六十日内，对其赔偿金额不能确定的，应当根据已有证明和资料可以确定的数额先予支付；保险人最终确定赔偿金额后，应当支付相应的差额。

(4)保险人对在办理保险业务中知道的投保人、被保险人的业务和财产情况及个人隐私，负有保密的义务。

2.投保人、被保险人的义务

人保2012年版《机动车保险条款》中明确指出：

(1)投保人应如实填写投保单并回答保险人提出的询问，履行如实告知义务，并提供被保险机动车行驶证复印件、机动车登记证书复印件，如指定驾驶人的，应当同时提供被指定驾驶人的驾驶证复印件。在保险期间内，被保险机动车改装、加装或从事营业运输等，导致被保险机动车危险程度显著增加的，应当及时书面通知保险人。否则，因被保险机动车危险程度显著增加而发生的保险事故，保险人不承担赔偿责任。

(2)投保人应当在本保险合同成立时交清保险费，保险费交清前发生的保险事故，保险人不承担赔偿责任。

(3)发生保险事故时，被保险人应当及时采取合理的、必要的施救和保护措施，防止或者减少损失，并在保险事故发生后 48 小时内通知保险人；被保险人知道第九条(机动车盗抢险条款)约定的保险事故发生后，应在 24 小时内向出险当地公安刑侦部门报案，并通知保险人。故意或者因重大过失未及时通知，致使保险事故的性质、原因、损失程度等难以确定的，保险人对无法确定的部分，不承担赔偿责任，但保险人通过其他途径已经及时知道或者应当及时知道保险事故发生的除外。

(4)发生保险事故后，被保险人应当积极协助保险人进行现场查勘。被保险人在索赔时应当提供有关证明和资料。发生与保险赔偿有关的仲裁或者诉讼时，被保险人应当及时书面通知保险人。

(5)因第三方对被保险机动车的损害而造成保险事故的，保险人自向被保险人赔偿保险金之日起，在赔偿金额范围内代位行使被保险人对第三方请求赔偿的权利，但被保险人必须协助保险人向第三方追偿。保险事故发生后，保险人未赔偿之前，被保险人放弃对第三者请求赔偿的权利的，保险人不承担赔偿责任。被保险人故意或者因重大过失致使保险人不能行使代位请求赔偿的权利的，保险人可以扣减或者要求返还相应的赔款。

(八)合同变更和终止

人保 2012 年版《机动车保险条款》中明确指出：

(1)汽车保险合同的内容如需变更，须经保险人与投保人书面协商一致。

(2)在保险期间内，被保险机动车转让他人的，受让人承继被保险人的权利和义务。被保险人或者受让人应当及时书面通知保险人并办理批改手续。因被保险机动车转让导致被保险机动车危险程度显著增加的，保险人自收到前款规定的通知之日起三十日内，可以增加保险费或者解除本保险合同。

(3)保险责任开始前，投保人要求解除本保险合同的，应当向保险人支付应交保险费 5% 的退保手续费，保险人应当退还保险费。保险责任开始后，投保人要求解除本保险合同的，自通知保险人之日起，本保险合同解除。保险人按日收取自保险责任开始之日起至合同解除之日止期间的保险费，并退还剩余部分保险费。

(九)争议处理

人保 2012 年版《机动车保险条款》中明确指出：

因履行本保险合同发生的争议，由当事人协商解决。协商不成的，提交保险单载明的仲裁机构仲裁。保险单未载明仲裁机构或者争议发生后未达成仲裁协议的，可向人民法院起诉。汽车保险合同争议处理适用中华人民共和国法律。

【项目实施】

结合本项目导入案例和表 1-5，根据所学知识，分析汽车保险合同的构成，完成如表 1-6 所示的任务实施工单。

表 1-5　某保险公司机动车保险单

鄂:06280×××××

保险单号:PDAA2006420100920×××××

鉴于投保人已向保险人提出投保申请,并同意按约定交付保险费,保险人依照承保险种及其对应条款和特别约定承担赔偿责任。

被保险人	熊××					
保险车辆情况	号牌号码	鄂A5C×××	厂牌型号	福克斯 CAF7180M 轿车		
	VIN 码		车驾号	LVSFCFNE76F049×××	机动车种类	客车
	发动机号	06J9×××	核定载客　5　人		核定载重量 1700 千克	已使用年限 0 年
	初次登记日期	2006 年 7 月	年平均行驶里程 0 公里		使用性质	家庭自用
	行使区域	中华人民共和国境内(不含港、澳、台地区)			新车购置价	140894.00　元

承保险种	费率浮动(+-)	保险金额/责任限额(元)	保险费(元)
机动车损失险(家庭自用汽车损失保险条款)	-269.01	140894.00	2421.13
第三责任保险(B)	-138.00	200000.00	1242.00
车上人员责任险(D1)	-15.50	10000.00/座*5 座	139.50
盗抢险(G)	-80.57	140894.00	725.09
玻璃单独破碎险(F)	-19.73	国产玻璃	177.53
不计免赔率特约条款(M)	-61.05		549.47

保险费合计(人民币大写):　伍仟贰佰伍拾肆元柒角贰分　(¥:　5254.72　元)

保险期间自 2006 年　7　月　26　日零时起至　2007 年　7　月 25　日二十四时止

特别约定

保险车辆发生全部损失的,遭受损失后的残余部分,经双方商定后进行处理。如折归保险人的,由双方商定确定其价值,从赔款中扣除。

凡我公司开具的保单、保险证,未缴纳保险费或缴纳保险费未开保险收据的,我公司不承担保险责任。

内容较多,其他内容请详见特别约定清单。

保险合同争议解决方式　提交武汉仲裁委员会处理。

重要提示

1. 本保险合同由保险条款、投保单、保险单、批单和特别约定组成。
2. 收到本保险单、承保险种对应的保险条款后,请立即核对,如有不符或疏漏,请在 48 小时内通知保险人并办理变更或补充手续;超过 48 小时未通知的,视为投保人无异议。
3. 请详细阅读承保险种对应的保险条款,特别是责任免除和投保人、被保险人义务。
4. 被保险机动车因改装、加装、改变使用性质等导致危险程度增加以及转卖、转让、赠送他人的,应书面通知保险人并办理变更手续。
5. 被保险人应当在交通事故发生后及时通知保险人。

保险人

公司名称:　　公司地址:武汉市黄浦大街×××号

联系电话:955××　网址:www.××××.com.cn

邮政编码:420010　　签单日期:2006 年 7 月 25 日　(保险人签章)

核保:自动审核　　制单:　　经办:

表 1-6　任务实施工单

序号	任务实施步骤	实施对象	任务实施结果
1	保险人的名称和住所	保险单	
2	投保人、被保险人的姓名或者名称、住所		
3	保险标的		
4	保险责任和责任免除	保险条款	
5	保险期间和保险责任开始时间	保险单	
6	保险金额		
7	保险费以及支付办法		
8	保险金赔偿或者给付办法	保险条款	
9	违约责任和争议处理		
10	订立合同的年、月、日	保险单	

【想一想,练一练】

一、名词解释

汽车保险

二、简答题

1. 汽车保险的作用是什么?
2. 汽车保险的特征是什么?
3. 汽车保险要素有哪些?
4. 举例说明保险基本原则在汽车保险中的应用。
5. 汽车保险合同的特征、组成和形式是什么?
6. 汽车保险合同当事人及其之间的关系是什么?
7. 汽车保险合同订立、生效、变更、终止与争议处理的程序是什么?

学习单元二

2 汽车保险条款解析

【学习目标】

知识目标

1. 掌握机动车保险条款的主要内容。
2. 熟悉保险条款的解释和使用原则。
3. 了解汽车保险欺诈的成因、形式,掌握汽车保险欺诈风险防控的基本措施。

能力目标

1. 能够正确解读机动车保险条款。
2. 能够准确分析和判断适用条款。
3. 能够向客户做出合理的解释,做好服务工作。

项目一　机动车交通事故责任强制保险

【项目描述】

目前我国的机动车数量日益增多、交通事故频繁发生,为了保护除了本车人员和被保险人员之外的第三方受害人的赔偿权益,我国把机动车交通事故责任强制保险(简称"交强险")定为强制购买的险种,并于 2006 年 7 月 1 日正式实施。与以往的机动车辆保险不同,其最大的特点就是强制性,也就是说所有机动车如果要上路行驶,都必须投保此险种。建立交强险制度有利于道路交通事故受害人获得及时的经济赔付和医疗救治;有利于减轻交通事故肇事方的经济负担,化解经济赔偿纠纷;通过实行"奖优罚劣"的费率浮动机制,有利于促进驾驶人增强交通安全意识;有利于充分发挥保险的保障功能,维护社会稳定。

熟悉交强险的投保和理赔要点,是保险业务人员的基本能力。

【导入案例】 2013 年 3 月,赵先生购买了一辆福特蒙迪欧轿车,并购买了交强险。某天在路口等红灯时被一辆奥迪追尾,福特后保险杠被撞坏,奥迪的前保险杠与灯也出现损坏。交警认定奥迪车主负全责,奥迪车主应赔付福特车维修费400元。作为无责任一方的赵先生或其投保的保险公司是否要赔偿奥迪车的损失呢?如果要赔偿,最多赔偿多少?

【项目分析】

本项目通过介绍机动车交通事故责任强制保险的相关知识,使学生熟悉交强险的保险责任、责任免除,了解投保人、被保险人的义务,当发生保险事故后,能按照交强险的相关规定进行赔偿处理。

【知识平台】

一、机动车交通事故责任强制保险条款的基本内容

(一)相关概念

(1)被保险人:指投保人及其允许的合法驾驶人。

(2)投保人:指与保险人订立交强险合同,并按照合同负有支付保险费义务的机动车的所有人、管理人。

(3)受害人:指因被保险机动车发生交通事故遭受人身伤亡或者财产损失的人,但不包括被保险机动车本车车上人员、被保险人。

(4)责任限额:指被保险机动车发生交通事故,保险人对每次保险事故所有受害人的人身伤亡和财产损失所承担的最高赔偿金额。

(5)抢救费:指被保险机动车发生交通事故导致受害人受伤时,医疗机构对生命体征不平稳和虽然生命体征平稳但如果不采取处理措施会产生生命危险,或者导致残疾、器官功能障碍,或者导致病程明显延长的受害人,参照国务院卫生主管部门组织制定的交通事故人员创伤临床诊疗指南和国家基本医疗保险标准,采取必要的处理措施所发生的医疗费用。

(二)保险责任

在中华人民共和国境内(不含港、澳、台地区),被保险人在使用被保险机动车过程中发生交通事故,致使受害人遭受人身伤亡或者财产损失,依法应当由被保险人承担的损害赔偿责任,保险人按照交强险合同的约定对每次事故在下列赔偿限额内负责赔偿。

(1)死亡伤残赔偿限额为110000元。

(2)医疗费用赔偿限额为10000元。

(3)财产损失赔偿限额为2000元。

(4)被保险人无责任时,无责任死亡伤残赔偿限额为11000元;无责任医疗费用赔偿限额为1000元;无责任财产损失赔偿限额为100元。

交强险各责任限额内所包括的项目如下。

(1)死亡伤残赔偿限额和无责任死亡伤残赔偿限额项:负责赔偿丧葬费、死亡补偿费、受害人亲属办理丧葬事宜支出的交通费用、残疾赔偿金、残疾辅助器具费、护理费、康复费、交

通费、被扶养人生活费、住宿费、误工费，以及被保险人依照法院判决或者调解承担的精神损害抚慰金。

(2)医疗费用赔偿限额和无责任医疗费用赔偿限额项：负责赔偿医药费、诊疗费、住院费、住院伙食补助费，必要的、合理的后续治疗费、整容费、营养费。

(三)垫付与追偿

被保险机动车在下列情形下发生交通事故，造成受害人受伤需要抢救的，保险人在接到公安机关交通管理部门的书面通知和医疗机构出具的抢救费用清单后，按照国务院卫生主管部门组织制定的交通事故人员创伤临床诊疗指南和国家基本医疗保险标准进行核实。对于符合规定的抢救费用，保险人在医疗费用赔偿限额内垫付。被保险人在交通事故中无责任的，保险人在无责任医疗费用赔偿限额内垫付。对于其他损失和费用，保险人不负责垫付和赔偿。

(1)驾驶人未取得驾驶资格的；

(2)驾驶人醉酒的；

(3)被保险机动车被盗抢期间肇事的；

(4)被保险人故意制造交通事故的。

对于垫付的抢救费用，保险人有权向致害人追偿。

(四)责任免除

下列损失和费用，交强险不负责赔偿和垫付：

(1)因受害人故意造成的交通事故的损失；

(2)被保险人所有的财产及被保险机动车上的财产遭受的损失；

(3)被保险机动车发生交通事故，致使受害人停业、停驶、停电、停水、停气、停产、通信或者网络中断、数据丢失、电压变化等造成的损失以及受害人财产因市场价格变动造成的贬值、修理后因价值降低造成的损失等其他各种间接损失；

(4)因交通事故产生的仲裁或者诉讼费用以及其他相关费用。

(五)保险期间

除国家法律、行政法规另有规定外，交强险合同的保险期间为一年，以保险单载明的起止时间为准。

(六)投保人和被保险人的义务

(1)投保人投保时，应当如实填写投保单，向保险人如实告知重要事项，并提供被保险机动车的行驶证复印件和驾驶人的驾驶证复印件。重要事项包括机动车的种类、厂牌型号、识别代码、号牌号码、使用性质和机动车所有人或者管理人的姓名(名称)、性别、年龄、住所、身份证或者驾驶证号码(组织机构代码)、续保前该机动车发生事故的情况以及保监会规定的其他事项。

(2)投保人未如实告知重要事项，对保险费计算有影响的，保险人按照保单年度重新核定保险费计收。

(3)签订交强险合同时，投保人不得在保险条款和保险费率之外，向保险人提出附加其他条件的要求。

(4)投保人续保的，应当提供被保险机动车上一年度交强险的保险单。

(5)在保险合同有效期内，被保险机动车因改装、加装、使用性质改变等导致危险程度增加的，被保险人应当及时通知保险人，并办理批改手续。否则，保险人按照保单年度重新核定保险费计收。

(6)被保险机动车发生交通事故，被保险人应当及时采取合理、必要的施救和保护措施，并在事故发生后及时通知保险人。

(7)发生保险事故后，被保险人应当积极协助保险人进行现场查勘和事故调查。发生与保险赔偿有关的仲裁或者诉讼时，被保险人应当及时书面通知保险人。

(七)赔偿处理

被保险机动车发生交通事故的，由被保险人向保险人申请赔偿保险金。被保险人索赔时，应当向保险人提供以下材料：

(1)交强险的保险单；

(2)被保险人出具的索赔申请书；

(3)被保险人和受害人的有效身份证明、被保险机动车行驶证和驾驶人的驾驶证；

(4)公安机关交通管理部门出具的事故证明，或者人民法院等机构出具的有关法律文书及其他证明；

(5)被保险人根据有关法律法规规定选择自行协商方式处理交通事故的，应当提供依照《交通事故处理程序规定》规定的记录交通事故情况的协议书；

(6)受害人财产损失程度证明、人身伤残程度证明、相关医疗证明以及有关损失清单和费用单据；

(7)其他与确认保险事故的性质、原因、损失程度等有关的证明和资料。

保险事故发生后，保险人按照国家有关法律法规规定的赔偿范围、项目和标准以及交强险合同的约定，并根据国务院卫生主管部门组织制定的交通事故人员创伤临床诊疗指南和国家基本医疗保险标准，在交强险的责任限额内核定人身伤亡的赔偿金额。

因保险事故造成受害人人身伤亡的，未经保险人书面同意，被保险人自行承诺或支付的赔偿金额，保险人在交强险责任限额内有权重新核定。

因保险事故损坏的受害人财产需要修理的，被保险人应当在修理前会同保险人检验，协商确定修理或者更换项目、方式和费用。否则，保险人在交强险责任限额内有权重新核定。

被保险机动车发生涉及受害人受伤的交通事故，因抢救受害人需要保险人支付抢救费用的，保险人在接到公安机关交通管理部门的书面通知和医疗机构出具的抢救费用清单后，按照国务院卫生主管部门组织制定的交通事故人员创伤临床诊疗指南和国家基本医疗保险标准进行核实。对于符合规定的抢救费用，保险人在医疗费用赔偿限额内支付。被保险人在交通事故中无责任的，保险人在无责任医疗费用赔偿限额内支付。

(八)合同的变更与终止

在交强险合同有效期内，被保险机动车所有权发生转移的，投保人应当及时通知保险人，并办理交强险合同变更手续。

在下列三种情况下，投保人可以要求解除交强险合同：

(1)被保险机动车被依法注销登记的；

(2)被保险机动车办理停驶的；

(3)被保险机动车经公安机关证实丢失的。

交强险合同解除后，投保人应当及时将保险单、保险标志交还保险人；无法交回保险标志的，应当向保险人说明情况，征得保险人同意。

发生《机动车交通事故责任强制保险条例》所列明的投保人、保险人解除交强险合同的情况时，保险人按照日费率收取自保险责任开始之日起至合同解除之日止期间的保险费。

（九）附则

因履行交强险合同发生争议的，由合同当事人协商解决。协商不成的，提交保险单载明的仲裁委员会仲裁。保险单未载明仲裁机构或者争议发生后未达成仲裁协议的，可以向人民法院起诉。

交强险合同争议处理适用中华人民共和国法律。交强险条款未尽事宜，按照《机动车交通事故责任强制保险条例》执行。

二、机动车交通事故责任强制保险条款解析

（一）交强险实行无责赔偿

在事故发生后将实行交强险先行、商业三责险补充的原则。

例如：甲、乙两车追尾，未发生人员伤亡，仅发生财产损失，甲车无责，而乙车有责，那么乙车将对甲车进行赔偿，最高赔偿额是 2000 元。甲车虽然无责，也需给乙车赔偿，限额最高为 100 元。还有一种情况，如果甲、乙两车相撞，互相都有责任，则两车都将赔偿有责财产限额，最高为 2000 元。

（二）交强险赔偿额需要考虑修车成本

实际赔偿金额还需考虑修车成本。在上述第一种情况下，如果乙车的修车费只要 200 元，那么甲车只赔偿 200 元即可。在第二种情况下，如果乙车的修车成本要 1000 元，而甲车的修车成本要 3000 元，那么甲车给乙车 1000 元，乙车只需要赔给甲车 2000 元。对于甲车剩余的修车费用，甲车可通过购买商业险来弥补。

【案例】 2013 年 2 月 23 日，胡某乘坐驾校的轻型普通货车在路上行驶。车辆上坡时尾部出现异常黑烟，且在车尾灯光照射下尤为明显。在未封闭后车厢中乘坐的，包括胡某在内的六位培训学员均表示诧异。靠近驾驶室的学员敲打后车窗向驾驶员示警，受害人胡某则站起并将双腿自车厢内伸出车外，由车上跳下后因为惯性使头部与车辆尾部发生碰撞受伤，经送医院治疗因特重型颅脑损伤于 3 月 4 日晚死亡。

事故发生后，事故车辆随救护车一同到县医院，因此该事故无现场，公安机关以事故成因无法查明为由做出交通事故证明。后该事故在相关部门主持下，驾校与胡某父母就胡某的死亡达成了赔偿协议，由驾校赔偿胡某父母共 62 万元，并已实际履行。驾校理赔后，向保险公司要求按保险合同理赔，遭到拒绝。2013 年 8 月，驾校将保险公司诉至安徽省舒城县人民法院，认为其车辆在保险公司处投保了交强险及商业险并不计免赔，要求保险公司应按保险合同约定赔偿原告各项损失 52 万元。

保险公司称：该案不属于交通事故，应为意外伤害，是因紧急避险引发的意外伤害。胡某是保险车辆上的车上人员，不是第三者，既不属于交强险的赔偿范围，也不属于商业三责险的赔偿范围。保险公司即使承担保险责任也只应当在车上人员责任险险种的范围内承担相应的赔偿责任。

该案双方争议的焦点是本案是否为交通事故、受害人胡某是否为交强险及商业三责险中的第三者问题。

【分析】 关于胡某是否为交强险及商业三责险中的第三者问题，应当这样理解：胡某因事故致特重型颅脑损伤死亡的事实及驾校于事故发生后对死者亲属赔偿62万元的事实清楚，保险公司对此也无异议；涉案车辆为轻型普通货车，限定驾驶室载客5人，但该车在后车厢另载客6人，违背交通安全法中的限载规定，且因驾驶人员无法掌握后车厢中人员情况，后车厢中乘坐的胡某在避险跳车过程中头部与车辆尾部发生碰撞，致特重型颅脑损伤死亡的情况；因此该起事故应定性为交通事故。

交通警察大队以事故现场不复存在、事故成因无法查明出具道路交通事故证明书，但从现场证人的证言可以看出，事故车辆违法载客是造成事故的主要原因，胡某错误判断车辆行驶中出现的情况，盲目跳车自救是造成事故的次要原因。胡某因位于后车厢内，而后车厢属载货区，故其应该不属于严格意义上的车内人员；另外，该事故车辆后车厢中乘坐的另外五人均证明胡某系在跳出车外后身体与车辆发生碰撞，应理解为胡某在跳出车外后因行驶中的车辆惯性致头部与车辆发生碰撞受伤，其碰撞受伤之时已不在车上，因此胡某应为交强险及商业三责险中的第三者。

驾校的驾驶员开车造成交通事故致胡某死亡，应由交通事故强制险的保险人在医疗费、伤残赔偿责任限额12万元范围内全额赔付12万元，超出部分损失40余万元按照事故责任由原告分担70%。因原告在被告处投保商业三责险，应由保险公司在保险限额内按责赔偿。

【项目实施】

结合本项目导入案例，根据所学知识，完成如表2-1所示的任务实施工单。

表2-1 任务实施工单

序号	任务实施对象	任务实施步骤	任务实施结果
1	投保人、被保险人	1. 个人基本情况	
		2. 投保情况	
2	第三者	1. 个人基本情况	
		2. 事故损失情况	
3	被保险车辆	1. 保险责任	
		2. 责任限额	
		3. 责任免除	
4	赔偿处理	1. 赔偿金额	
		2. 赔偿手续	

【想一想，练一练】

一、简答题

1. 什么是交强险？

2. 为什么要实行交强险？

二、案例分析题

1. 2009年10月30日，陈女士遛完狗开车载狗回家，把车停在了小区马路边的停车道上。就在她打开后车门的时候，小狗从后车座跑下车，横穿马路的一瞬间，被一辆行驶而过的车当场撞死。随后，陈女士将司机和车主告上法庭，要求赔偿喂养爱犬的饲料费、人工费、精神损失费共计人民币9.5万元，其中，买狗费5000元，喂养费3万元，人工费2万元，还有精神损失费4万元。（被告有交强险。）

请问：(1)撞狗算不算交通事故？

(2)应不应该赔偿精神损失费？

(3)被告有没有责任，应不应该赔偿？

(4)法院会如何判决？

2. 2008年陆某被孙某驾车撞伤，但未构成残疾。肇事车辆已投保交强险。陆某诉至法院，要求保险公司赔偿医疗费、误工费、护理费、交通费等损失共计3万元。保险公司辩称，根据《机动车交通事故责任强制保险条款》的规定，护理费、误工费、交通费等属于交强险中的死亡伤残赔偿限额项下。本起交通事故陆某只伤未残，只同意赔偿陆某医疗费1万元，而不同意赔偿误工费、护理费和交通费。应该如何分析这个案例呢？

项目二 机动车商业保险条款

【项目描述】

我国的机动车商业险一般分为主险和附加险。主险包括商业第三者责任保险、机动车损失保险、机动车盗抢保险、车上人员责任保险四个独立的险种，投保人可以选择投保全部险种，也可选择投保部分险种。附加险不能单独投保。附加险条款与主险条款相抵触之处，以附加险条款为准，附加险条款未尽之处，以主险条款为准。熟悉商业险的投保和理赔要点，也是保险业务人员的基本能力。

【导入案例】 王女士在某保险公司投保了交强险、车损险、第三者责任险、车上人员责任险和不计免赔率特约险，保险期限自2012年7月1日起至2013年6月30日止。2012年8月23日，该车在正常行驶过程中发生火灾，造成全部损失。当地公安消防部门出具的《火灾原因认定书》表明该起火灾是由于车辆线路短路引起。王女士以火灾属于车损险保险责任为由向保险公司提出保险索赔申请，等来的却是保险公司出具的《机动车辆保险拒赔通知书》，为什么？

【项目分析】

本项目通过介绍机动车商业险的相关知识，使学生熟悉商业第三者责任保险、机动车损失保险、机动车盗抢保险、车上人员责任保险及各种附加险的保险责任、责任免除，掌握各险种赔偿金额的计算方法，能够处理商业险赔偿手续。

【知识平台】

一、商业第三者责任保险条款及其解析

实行交强险制度就是通过国家法律强制机动车所有人或管理人购买相应的责任保险，以提高三责险的投保面，在最大限度上为交通事故受害人提供及时和基本的保障。交强险作为最基本的保障险种，为交通事故中受到损害的第三方提供有责任赔偿及无责任赔偿。由于交强险对第三者的财产损失和人身伤亡的保障金额较低，一旦车主发生有责任交通意外事故需要赔偿，如果没有购买第三者责任险的话，可能难以得到足够的保障。因此，车主应投保第三者责任险，作为交强险的补充。

（一）商业第三者责任保险条款的基本内容

1. 保险责任

在保险期间内，被保险人或其允许的合法驾驶人在使用保险车辆过程中发生意外事故，致使第三者遭受人身伤亡和财产的直接损毁，依法应由被保险人承担的经济赔偿责任，保险人对于超过机动车交通事故责任强制保险各分项赔偿限额以上的部分，按照本保险合同的规定负责赔偿。

保险人依据被保险机动车一方在事故中所负的事故责任比例，承担相应的赔偿责任。

被保险人或被保险机动车一方根据有关法律法规规定选择自行协商或由公安机关交通管理部门处理事故未确定事故责任比例的，按照下列规定确定事故责任比例：

被保险机动车一方负主要事故责任的，事故责任比例为70%；

被保险机动车一方负同等事故责任的，事故责任比例为50%；

被保险机动车一方负次要事故责任的，事故责任比例为30%。

涉及司法或仲裁程序的，以法院或仲裁机构最终生效的法律文书为准。

2. 责任免除

在下列情况下，不论任何原因造成的人身伤亡、财产损失和费用，保险人均不负责赔偿：

（1）驾驶人有下列情形之一者：

①饮酒、吸食或注射毒品、服用国家管制的精神药品或者麻醉药品；

②无驾驶证，驾驶证被依法扣留、暂扣、吊销、注销期间；

③驾驶与驾驶证载明的准驾车型不相符合的机动车；

④实习期内驾驶公共汽车、营运客车或者执行任务的警车、载有危险物品的机动车或牵引挂车的机动车；

⑤驾驶出租机动车或营业性机动车无交通运输管理部门核发的许可证书或其他必备证书；

⑥学习驾驶时无合法教练员随车指导；

⑦非被保险人允许的驾驶人；

⑧事故发生后，被保险人或其允许的驾驶人在未依法采取措施的情况下驾驶被保险机动车或者遗弃被保险机动车逃离事故现场，或故意破坏、伪造现场、毁灭证据。

(2)被保险机动车有下列情形之一者：

①发生保险事故时被保险机动车行驶证、号牌被注销的，或未按规定检验或检验不合格；

②被扣押、收缴、没收、政府征用期间；

③在竞赛、测试期间，在营业性场所维修、保养、改装期间；

④全车被盗窃、被抢劫、被抢夺、下落不明期间。

(3)下列原因导致的人身伤亡、财产损失和费用，保险人不负责赔偿：

①地震及其次生灾害、战争、军事冲突、恐怖活动、暴乱、污染(含放射性污染)、核反应、核辐射；

②被保险机动车在行驶过程中翻斗突然升起，或没有放下翻斗，或自卸系统(含机件)失灵；

③第三者、被保险人或其允许的驾驶人的故意行为、犯罪行为，第三者与被保险人或其他致害人恶意串通的行为；

④被保险机动车被转让、改装、加装或改变使用性质等，导致被保险机动车危险程度显著增加，且被保险人、受让人未及时通知保险人。

(4)下列人身伤亡、财产损失和费用，保险人不负责赔偿：

①被保险机动车发生意外事故，致使任何单位或个人停业、停驶、停电、停水、停气、停产、通信或网络中断、电压变化、数据丢失造成的损失以及其他各种间接损失；

②第三者财产因市场价格变动造成的贬值，修理后因价值降低引起的减值损失；

③被保险人及其家庭成员、被保险人允许的驾驶人及其家庭成员所有、承租、使用、管理、运输或代管的财产的损失，以及本车上财产的损失；

④被保险人及其家庭成员、被保险人允许的驾驶人及其家庭成员、本车车上人员的人身伤亡；

⑤停车费、保管费、扣车费、罚款、罚金或惩罚性赔款；

⑥超出《道路交通事故受伤人员临床诊疗指南》和国家基本医疗保险标准的医疗费用；

⑦精神损害抚慰金；

⑧律师费，未经保险人事先书面同意的诉讼费、仲裁费；

⑨投保人、被保险人或其允许的驾驶人知道保险事故发生后，故意或者因重大过失未及时通知，致使保险事故的性质、原因、损失程度等难以确定的，保险人对无法确定的部分，不承担赔偿责任，但保险人通过其他途径已经及时知道或者应当及时知道保险事故发生的除外；

⑩因被保险人原因导致无法确定的损失。

(5)应当由机动车交通事故责任强制保险赔偿的损失和费用。

保险事故发生时，被保险机动车未投保机动车交通事故责任强制保险或机动车交通事故责任强制保险合同已经失效的，对于机动车交通事故责任强制保险责任限额以内的损失和费用，保险人不负责赔偿。

3.赔偿限额

(1)每次事故的责任限额

每次事故的责任限额由投保人和保险人在签订本保险合同时按保监会批准的限额档次协商确定。主车和挂车连接使用时视为一体，发生保险事故时，由主车保险人和挂车保险人按照保单上载明的机动车第三者责任保险责任限额的比例，在各自的责任限额内承担赔偿责任，但赔偿金额总和以主车的责任限额为限。

(2)车辆的最高赔偿限额

车辆的最高赔偿限额分为以下档次：5 万元、10 万元、15 万元、20 万元、30 万元、50 万元、100 万元和 100 万元以上，超过 100 万元的限额必须是 50 万元的倍数且最高不超过 1000 万元。

4.赔偿处理

(1)发生保险事故时，可以按照以下流程进行事故赔偿处理：

①被保险人或其允许的合法驾驶人应当及时采取合理的、必要的施救和保护措施，防止或者减少损失，并在保险事故发生后 48 小时内通知保险人。被保险人或其允许的合法驾驶人根据有关法律法规规定选择自行协商方式处理交通事故的，应当立即通知保险人。

②被保险人或其允许的合法驾驶人根据有关法律法规规定选择自行协商方式处理交通事故的，应当协助保险人勘验事故各方车辆、核实事故责任，并依照《道路交通事故处理程序规定》签订记录交通事故情况的协议书。

③被保险人索赔时，应当向保险人提供与确认保险事故的性质、原因、损失程度等有关的证明和资料。

④被保险人应当提供保险单、损失清单、有关费用单据、被保险机动车行驶证和发生事故时驾驶人的驾驶证。

⑤属于道路交通事故的，被保险人应当提供公安机关交通管理部门或法院等机构出具的事故证明、有关的法律文书(判决书、调解书、裁定书、裁决书等)及其他证明。被保险人或其允许的合法驾驶人根据有关法律法规规定选择自行协商方式处理交通事故的，被保险人应当提供依照《道路交通事故处理程序规定》签订记录交通事故情况的协议书。

⑥保险人对被保险人给第三者造成的损害，可以直接向该第三者赔偿。

⑦被保险人给第三者造成损害，被保险人对第三者应负的赔偿责任确定的，根据被保险人的请求，保险人应当直接向该第三者赔偿。被保险人怠于请求的，第三者有权就其应获赔偿部分直接向保险人请求赔偿。

⑧被保险人给第三者造成损害，被保险人未向该第三者赔偿的，保险人不得向被保险人赔偿。

⑨因保险事故损坏的第三者财产，应当尽量修复。修理前被保险人应当会同保险人检验，协商确定修理项目、方式和费用。对未协商确定的，保险人可以重新核定。

(2)保险人依据被保险机动车一方在事故中所负的事故责任比例，承担相应的赔偿责任。

被保险人或被保险机动车一方根据有关法律法规规定选择自行协商或由公安机关交通管理部门处理事故未确定事故责任比例的，按照下列规定确定事故责任比例：

①被保险机动车一方负主要事故责任的，事故责任比例为70%；

②被保险机动车一方负同等事故责任的，事故责任比例为50%；

③被保险机动车一方负次要事故责任的，事故责任比例为30%。

涉及司法或仲裁程序的，以法院或仲裁机构最终生效的法律文书为准。

(3)保险人在依据汽车保险合同约定计算赔款的基础上，在保险单载明的责任限额内，按照下列方式免赔：

①被保险机动车一方负次要事故责任的，实行5%的事故责任免赔率；负同等事故责任的，实行10%的事故责任免赔率；负主要事故责任的，实行15%的事故责任免赔率；负全部事故责任的，实行20%的事故责任免赔率。

②违反安全装载规定的，实行10%的绝对免赔率。

③投保时指定驾驶人，保险事故发生时为非指定驾驶人使用被保险机动车的，增加10%的绝对免赔率。

④投保时约定行驶区域，保险事故发生在约定行驶区域以外的，增加10%的绝对免赔率。

(二)商业第三者责任保险条款解析

交强险和商业三责险有所不同，具体表现在以下三个方面。

1.赔偿原则不同

就交强险而言，对机动车发生交通事故造成人身伤亡、财产损失的，由保险公司在交强险责任限额范围内予以赔偿；而商业三责险中，保险公司是根据投保人或被保险人在交通事故中应负的责任来确定赔偿责任。

2.保障范围不同

交强险的赔偿范围几乎涵盖了所有道路交通责任风险，对购买交强险的车主，无论什么情况下，保险公司都得赔偿；而商业三责险中，保险公司不同程度地规定有免赔额、免赔率或责任免除事项，保险公司只在保险责任内赔偿。

3.是否具有强制性

根据有关法规，机动车的所有人或管理人都应当投保交强险，同时，保险公司不能拒绝承保，不得拖延承保和不得随意解除合同；而商业险则属于自愿性购买的险种，赔偿额较大，从5万元到100万元不等，因此可作为交强险的补充险种，以解除后顾之忧。

【提问】 试分析购买10万元商业第三者责任险的投保人和购买交强险的投保人在投保车辆发生交通事故后，各自的最高赔偿限额是多少(两投保人均为事故责任方)？

购买10万元的商业第三者责任险后，只要是被保险人准许的合格驾驶员，在驾驶被保险车辆的过程中，给第三者造成的人身伤害和财产损失都在保险公司核定的范围以内给予赔偿，其最高赔偿限额就是10万元。而交强险最高赔偿限额为12.2万元，如果被保险机动车发生交通事故后被判承担主要责任的话，死亡伤残最高赔偿11万元，医疗费赔偿1万元，财产损失费赔偿2000元人民币。另外，如果被保险车辆在交通事故中被判无责的话，死亡伤残最高赔偿1.1万元，医疗费最高赔偿1000元，财产损失最高赔偿100元。

【案例】 2013年5月，邹某驾驶旅游公司的豪华大巴车送一批游客到某旅游景点。旅游公司为该车投保了第三者责任险。到达旅游景点后，游客下车，邹某倒车停放时，将下车的游客江某撞倒，致使其肋骨多处骨折，轻微脑震荡。事后，公安机关出具交通事故责任认定书，邹某承担全部责任。江某向旅游公司索赔，旅游公司因已给车辆投保了第三者责任险，遂找到保险公司，要求保险公司赔偿江某的损失。保险公司认为江某是搭乘车的人，不属于第三者的范围，拒绝承担保险责任。为此，旅游公司提起诉讼，请求法院判令保险公司依合同对江某的损失予以理赔。

【分析】 保险公司要依照合同约定承担第三者责任险，首先应当确认何为第三者。在保险合同中，保险人是第一方，也叫第一者；被保险人或使用保险车辆的致害人是第二方；除保险人与被保险人之外的，因保险车辆的意外事故致使保险车辆下的人员或财产遭受损害的，在车下的受害人是第三方。由以上解释可以看出，所谓的第三者的原则性规定是指保险车辆发生意外事故时，第三者处于保险车辆下，而不是驾驶或者搭乘该车的人。那么，这是否意味着意外事故发生时，一切处于保险车辆下的人都是第三者呢？

在本案中，游客江某在搭乘该车前往旅游景点的途中，是车辆上的乘客。但当其到达目的地之后，江某一旦下了车，就不再是车辆上的乘客。虽然其在参观结束后，仍然要搭乘该车，但江某下车后，其游客身份就暂时性地消失，并被第三者的身份所取代。因此，江某应当在第三者的理赔范围之内。在此次意外事故中，江某的损失应当由保险公司承担赔偿。

二、机动车损失保险条款及其解析

机动车损失保险是被保险人或其允许的合格驾驶员因碰撞、倾覆、火灾、爆炸等非免赔事项造成保险车辆的损失，保险人负责赔偿的一种商业保险。

保险公司根据相关单证确定被保险人的损失和保险公司的赔付额，如果车辆能够修理的，在保险公司指定并经投保人认可的修车点进行修理，保险公司支付其在赔付限额内的修理费用，如果无法修理，保险公司才予以赔付。

（一）机动车损失保险条款的基本内容

1.保险责任

在保险期间内，被保险人或其允许的合法驾驶人在使用保险车辆过程中，因下列原因造成保险车辆的损失，保险人按照本保险合同的规定负责赔偿：

（1）碰撞、倾覆；

（2）火灾、爆炸；

（3）外界物体倒塌或坠落，保险车辆行驶中平行坠落；

（4）雷击、暴风、暴雨、洪水、龙卷风、冰雹、台风、热带风暴；

（5）地陷、崖崩、滑坡、泥石流、雪崩、冰陷、暴雪、冰凌、沙尘暴；

（6）受到被保险机动车所载货物、车上人员意外撞击；

（7）载运被保险机动车的渡船遭受自然灾害（只限于驾驶人随船的情形）。

发生保险事故时，被保险人或其允许的合法驾驶人为防止或者减少被保险机动车的损失所支付的必要的、合理的施救费用，由保险人承担；施救费用数额在被保险机动车损失赔偿金额以外另行计算，最高不超过保险金额的数额。

2.责任免除

在下列情况下，不论任何原因造成被保险机动车的损失和费用，保险人均不负责赔偿：

（1）驾驶人有下列情形之一者：

①饮酒、吸食或注射毒品、服用国家管制的精神药品或者麻醉药品；

②无驾驶证，驾驶证被依法扣留、暂扣、吊销、注销期间；

③驾驶与驾驶证载明的准驾车型不相符合的机动车；

④实习期内驾驶公共汽车、营运客车或者执行任务的警车、载有危险物品的机动车或牵引挂车的机动车；

⑤驾驶出租机动车或营业性机动车无交通运输管理部门核发的许可证书或其他必备证书；

⑥学习驾驶时无合法教练员随车指导；

⑦非被保险人允许的驾驶人；

⑧事故发生后，被保险人或其允许的驾驶人在未依法采取措施的情况下驾驶被保险机动车或者遗弃被保险机动车逃离事故现场，或故意破坏、伪造现场、毁灭证据。

(2)被保险机动车有下列情形之一者：

①发生保险事故时被保险机动车行驶证、号牌被注销的，或未按规定检验或检验不合格；

②被扣押、收缴、没收、政府征用期间；

③在竞赛、测试期间，在营业性场所维修、保养、改装期间；

④被利用从事犯罪行为。

(3)下列原因导致的被保险机动车的损失和费用，保险人不负责赔偿：

①地震及其次生灾害；

②战争、军事冲突、恐怖活动、暴乱、污染(含放射性污染)、核反应、核辐射；

③人工直接供油、高温烘烤、自燃、不明原因火灾；

④被保险机动车被转让、改装、加装或改变使用性质等，导致被保险机动车危险程度显著增加，且被保险人、受让人未及时通知保险人；

⑤被保险人或其允许的驾驶人的故意行为。

(4)下列损失和费用，保险人不负责赔偿：

①因市场价格变动造成的贬值、修理后因价值降低引起的减值损失；

②被保险机动车全车被盗窃、被抢劫、被抢夺、下落不明，以及在此期间受到的损坏，或被盗窃、被抢劫、被抢夺未遂受到的损坏，或车上零部件、附属设备丢失；

③自然磨损、朽蚀、腐蚀、故障、本身质量缺陷；

④车轮单独损坏，玻璃单独破碎，无明显碰撞痕迹的车身划痕，以及新增设备的损失；

⑤发动机进水后导致的发动机损坏；

⑥遭受保险责任范围内的损失后，未经必要修理并检验合格继续使用，致使损失扩大的部分；

⑦投保人、被保险人或其允许的驾驶人知道保险事故发生后，故意或者因重大过失未及时通知，致使保险事故的性质、原因、损失程度等难以确定的，保险人对无法确定的部分，不承担赔偿责任，但保险人通过其他途径已经及时知道或者应当及时知道保险事故发生的除外；

⑧因被保险人原因导致无法确定的损失。

3.保险金额

保险金额按投保时被保险机动车的实际价值确定。

投保时被保险机动车的实际价值由投保人与保险人根据投保时的新车购置价减去折旧金额后的价格协商确定或其他市场公允价值协商确定。

折旧金额可根据本保险合同列明的参考折旧系数表(详见附录二)确定。

4. 赔偿处理

(1)发生保险事故时,可以按照以下流程进行事故赔偿处理:

①发生保险事故时,被保险人或其允许的合法驾驶人应当及时采取合理的、必要的施救和保护措施,防止或者减少损失,并在保险事故发生后48小时内通知保险人。被保险人或其允许的合法驾驶人根据有关法律法规规定选择自行协商方式处理交通事故的,应当立即通知保险人。

②被保险人或其允许的合法驾驶人根据有关法律法规规定选择自行协商方式处理交通事故的,应当协助保险人勘验事故各方车辆、核实事故责任,并依照《道路交通事故处理程序规定》签订记录交通事故情况的协议书。

③被保险人索赔时,应当向保险人提供与确认保险事故的性质、原因、损失程度等有关的证明和资料。被保险人应当提供保险单、损失清单、有关费用单据、被保险机动车行驶证和发生事故时驾驶人的驾驶证。

属于道路交通事故的,被保险人应当提供公安机关交通管理部门或法院等机构出具的事故证明、有关的法律文书(判决书、调解书、裁定书、裁决书等)及其他证明。被保险人或其允许的合法驾驶人根据有关法律法规规定选择自行协商方式处理交通事故的,被保险人应当提供依照《道路交通事故处理程序规定》签订记录交通事故情况的协议书。

④因保险事故损坏的被保险机动车,应当尽量修复。修理前被保险人应当会同保险人检验,协商确定修理项目、方式和费用。对未协商确定的,保险人可以重新核定。

⑤被保险机动车遭受损失后的残余部分由保险人、被保险人协商处理。如折归被保险人的,由双方协商确定其价值并在赔款中扣除。

⑥因第三方对被保险机动车的损害而造成保险事故,被保险人向第三方索赔的,保险人应积极协助;被保险人也可以直接向本保险人索赔,保险人在保险金额内先行赔付被保险人,并在赔偿金额内代位行使被保险人对第三方请求赔偿的权利。

被保险人已经从第三方取得损害赔偿的,保险人进行赔偿时,相应扣减被保险人从第三方已取得的赔偿金额。保险人未赔偿之前,被保险人放弃对第三方请求赔偿的权利的,保险人不承担赔偿责任。被保险人故意或者因重大过失致使保险人不能行使代位请求赔偿的权利的,保险人可以扣减或者要求返还相应的赔款。保险人向被保险人先行赔付的,保险人向第三方行使代位请求赔偿的权利时,被保险人应当向保险人提供必要的文件和所知道的有关情况。

(2)赔偿责任比例

保险车辆发生道路交通事故,保险人根据驾驶人在交通事故中所负事故责任比例相应承担赔偿责任。比例规定与商业第三者责任险相同。

(3)保险人在依据本保险合同约定计算赔款的基础上,按照下列方式免赔:

①被保险机动车一方负次要事故责任的,实行5%的事故责任免赔率;负同等事故责任的,实行10%的事故责任免赔率;负主要事故责任的,实行15%的事故责任免赔率;负全部事故责任或单方肇事事故的,实行20%的事故责任免赔率。

②被保险机动车的损失应当由第三方负责赔偿,无法找到第三方的,实行30%的绝对免赔率。

③因违反安全装载规定导致保险事故发生的，保险人不承担赔偿责任；违反安全装载规定但不是事故发生的直接原因的，增加10%的绝对免赔率。

④投保时指定驾驶人，保险事故发生时为非指定驾驶人使用被保险机动车的，增加10%的绝对免赔率。

⑤投保时约定行驶区域，保险事故发生在约定行驶区域以外的，增加10%的绝对免赔率。

⑥对于投保人与保险人在投保时协商确定绝对免赔额的，本保险在实行免赔率的基础上增加每次事故绝对免赔额。

(二)机动车损失保险条款解析

(1)车损险与三责险为两个相对独立且互补的险种。

车损险是指被保险车辆发生事故所造成的车辆损失由保险公司承担；而三责险是指被保险车辆发生事故时，除了被保险车辆的损失外，造成的其他车辆或人员损伤，由保险公司替车主承担相应损失的一个险种。这两个险种是一对互补的险种。

除了具有互补性，这两个险种还相当于对投保的交强险进行了补充，弥补了交强险承保责任限额不足的问题。

(2)“绝对免赔额××元”是指损失在××元以下车辆损失险理赔的一律不赔，在××元以上至保险额度的才赔。

(3)足额投保和不足额投保。

足额投保是指保险合同中，保险金额与保险标的的实际价值相等，若发生保险事故造成保险标的损失时，被保险人可获得与实际损失价值相等的保险金赔偿。

不足额投保是指保险合同中，保险金额低于保险标的的实际价值，保险公司实际赔付是按比例赔付，以保险金额为上限。

【举例】　车价为15万元的车第2次投保，按理说第2年的车辆损失险理赔的投保金额应按13多万元计算，保险员将车辆损失险的投保金额按10万元算，这样整个保险金额就降低了。不按车辆实际价值投保属于不足额投保，在车损理赔的时候是按照比例赔付的，比如车现在值13万元，而按照10万元投保，如果车辆发生损坏，修理花费了1000元，那么到保险公司理赔的时候就只能赔到100000/130000×1000=769(元)。

(4)许多附加险是在申请车辆损失险后才能申请有效的。例如玻璃单独破碎险属于附加险，保险不负责赔偿。但是如果加保了玻璃单独破碎险后，保险公司则负责赔偿。

三、机动车全车盗抢保险条款及其解析

(一)机动车全车盗抢保险条款的基本内容

1.保险责任

在保险期间内，因下列原因造成保险车辆的损失或发生的合理费用，保险人按照本保险合同的规定在保险金额内负责赔偿：

(1)保险车辆全车被盗窃、抢劫、抢夺，经县级以上公安部门立案侦查，自立案之日起满两个月未查明下落的；

(2)保险车辆在全车被盗窃、抢劫、抢夺后受到损坏或因此造成车上零部件、附属设备丢失需要修复的合理费用；

(3)保险车辆在全车被抢劫、抢夺过程中，受到损坏需要修复的合理费用。

2. 责任免除

(1)在上述保险责任范围内，下列情况下，不论任何原因造成被保险机动车的任何损失和费用，保险人均不负责赔偿：

①被保险人索赔时未能提供出险地县级以上公安刑侦部门出具的盗抢立案证明；

②驾驶人、被保险人、投保人故意破坏现场、伪造现场、毁灭证据；

③被保险机动车被扣押、罚没、查封、政府征用期间；

④被保险机动车在竞赛、测试期间，在营业性场所维修、保养、改装期间，被运输期间。

(2)下列损失和费用，保险人不负责赔偿：

①地震及其次生灾害导致的损失和费用；

②战争、军事冲突、恐怖活动、暴乱导致的损失和费用；

③因诈骗引起的任何损失；因投保人、被保险人与他人的民事、经济纠纷导致的任何损失；

④被保险人或其允许的驾驶人的故意行为、犯罪行为导致的损失和费用；

⑤非全车遭盗窃，仅车上零部件或附属设备被盗窃或损坏；

⑥新增设备的损失；

⑦遭受保险责任范围内的损失后，未经必要修理并检验合格继续使用，致使损失扩大的部分；

⑧被保险机动车被转让、改装、加装或改变使用性质等，导致被保险机动车危险程度显著增加而发生保险事故，且被保险人、受让人未及时通知保险人；

⑨投保人、被保险人或其允许的驾驶人知道保险事故发生后，故意或者因重大过失未及时通知，致使保险事故的性质、原因、损失程度等难以确定的，保险人对无法确定的部分，不承担赔偿责任，但保险人通过其他途径已经及时知道或者应当及时知道保险事故发生的除外；

⑩因被保险人原因导致无法确定的损失。

3. 保险金额

保险金额在投保时被保险机动车的实际价值内协商确定。投保时被保险机动车的实际价值由投保人与保险人根据投保时的新车购置价减去折旧金额后的价格协商确定或其他市场公允价值协商确定。折旧金额可根据本保险合同列明的参考折旧系数表(详见附录二)确定。

4. 赔偿处理

(1)发生保险事故时，可以按照以下流程进行事故赔偿处理：

①被保险机动车全车被盗抢的，被保险人知道保险事故发生后，应在 24 小时内向出险当地公安刑侦部门报案，并通知保险人。

②被保险人索赔时，须提供保险单、损失清单、有关费用单据、《机动车登记证书》、机动车来历凭证以及出险当地县级以上公安刑侦部门出具的盗抢立案证明。

③因保险事故损坏的被保险机动车，应当尽量修复。修理前被保险人应当会同保险人检验，协商确定修理项目、方式和费用。对未协商确定的，保险人可以重新核定。

④保险人确认索赔单证齐全、有效后，被保险人签具权益转让书，保险人赔付结案。

⑤被保险机动车发生本保险事故，导致全部损失，或一次赔款金额与免赔金额之和达到

保险金额，保险人按本保险合同约定支付赔款后，本保险责任终止，保险人不退还机动车全车盗抢保险及其附加险的保险费。

(2)保险人在依据本保险合同约定计算赔款的基础上，按照下列方式免赔：

①发生全车损失的，绝对免赔率为20%；

②发生全车损失，被保险人未能提供《机动车登记证书》、机动车来历凭证的，每缺少一项，增加1%的绝对免赔率；

③投保时约定行驶区域，保险事故发生在约定行驶区域以外的，增加10%的绝对免赔率。

(二)机动车全车盗抢保险条款解析

机动车全车盗抢险承保的范围仅仅是车辆本身，而对于车内物品，保险公司多数都不予承保。通常盗抢险的保险责任包括三项：

(1)保险车辆被盗窃、抢劫、抢夺，经出险当地县级以上公安刑侦部门立案证明，满60天未查明下落的全车损失。

(2)保险车辆全车被盗窃、抢劫、抢夺后受到损坏，或车上零部件、附属设备丢失需要修复的合理费用。

(3)保险车辆在被抢劫、抢夺过程中受到损坏需要修复的合理费用。诸如"非全车遭盗抢，仅车上零部件或附属设备被盗窃"等都属于盗抢险的责任免除事项，是不予赔偿的。

四、车上人员责任保险条款及其解析

(一)车上人员责任保险条款的基本内容

1.保险责任

保险期间内，被保险人或其允许的合法驾驶人在使用被保险机动车过程中发生意外事故，致使车上人员遭受人身伤亡，依法应当对车上人员承担的损害赔偿责任，保险人依照保险合同的约定负责赔偿。涉及司法或仲裁程序的，以法院或仲裁机构最终生效的法律文书为准。

2.责任免除

在下列情况下，不论任何原因造成的人身伤亡，保险人均不负责赔偿：

(1)驾驶人有下列情形之一者：

①饮酒、吸食或注射毒品、服用国家管制的精神药品或者麻醉药品；

②无驾驶证，驾驶证被依法扣留、暂扣、吊销、注销期间；

③驾驶与驾驶证载明的准驾车型不相符合的机动车；

④实习期内驾驶公共汽车、营运客车或者执行任务的警车、载有危险物品的机动车或牵引挂车的机动车；

⑤驾驶出租机动车或营业性机动车无交通运输管理部门核发的许可证书或其他必备证书；

⑥学习驾驶时无合法教练员随车指导；

⑦非被保险人允许的驾驶人；

⑧事故发生后，被保险人或其允许的驾驶人在未依法采取措施的情况下驾驶被保险机动车或者遗弃被保险机动车逃离事故现场，或故意破坏、伪造现场、毁灭证据。

(2)被保险机动车有下列情形之一者：

①发生保险事故时被保险机动车行驶证、号牌被注销的，或未按规定检验或检验不合格；

②被扣押、收缴、没收、政府征用期间；

③在竞赛、测试期间，在营业性场所维修、保养、改装期间；

④全车被盗窃、被抢劫、被抢夺、下落不明期间。

(3)下列原因导致的人身伤亡，保险人不负责赔偿：

①地震及其次生灾害、战争、军事冲突、恐怖活动、暴乱、污染(含放射性污染)、核反应、核辐射；

②被保险机动车被转让、改装、加装或改变使用性质等，导致被保险机动车危险程度显著增加，且被保险人、受让人未及时通知保险人。

(4)下列人身伤亡、损失和费用，保险人不负责赔偿：

①被保险人或驾驶人的故意行为造成的人身伤亡；

②被保险人及驾驶人以外的其他车上人员的故意、重大过失行为造成的自身伤亡；

③车上人员因疾病、分娩、自残、斗殴、自杀、犯罪行为造成的自身伤亡；

④违法、违章搭乘人员的人身伤亡；

⑤罚款、罚金或惩罚性赔款；

⑥超出《道路交通事故受伤人员临床诊疗指南》和国家基本医疗保险标准的医疗费用；

⑦精神损害抚慰金；

⑧律师费，未经保险人事先书面同意的诉讼费、仲裁费；

⑨投保人、被保险人或其允许的驾驶人知道保险事故发生后，故意或者因重大过失未及时通知，致使保险事故的性质、原因、损失程度等难以确定的，保险人对无法确定的部分，不承担赔偿责任，但保险人通过其他途径已经及时知道或者应当及时知道保险事故发生的除外；

⑩应当由机动车交通事故责任强制保险赔付的损失和费用。

3. 赔偿限额

(1)本保险根据不同座位，分为司机座位和乘客座位。

(2)投保乘客座位数按照保险车辆的核定载客数(司机座位除外)确定。司机座位最高赔偿限额和乘客座位每座最高赔偿限额由投保人和保险人在投保时协商确定。

4. 赔偿处理

(1)发生保险事故时，可以按照以下流程进行事故赔偿处理：

①被保险人或其允许的合法驾驶人应当及时采取合理的、必要的施救和保护措施，防止或者减少损失，并在保险事故发生后48小时内通知保险人。被保险人或其允许的合法驾驶人根据有关法律法规规定选择自行协商方式处理交通事故的，应当立即通知保险人。

②被保险人或其允许的合法驾驶人根据有关法律法规规定选择自行协商方式处理交通事故的，应当协助保险人勘验事故各方车辆、核实事故责任，并依照《道路交通事故处理程序规定》签订记录交通事故情况的协议书。

③被保险人索赔时，应当向保险人提供与确认保险事故的性质、原因、损失程度等有关的证明和资料。被保险人应当提供保险单、损失清单、有关费用单据、被保险机动车行驶证

和发生事故时驾驶人的驾驶证。

属于道路交通事故的，被保险人应当提供公安机关交通管理部门或法院等机构出具的事故证明、有关的法律文书（判决书、调解书、裁定书、裁决书等）和通过机动车交通事故责任强制保险获得赔偿金额的证明材料。被保险人或其允许的合法驾驶人根据有关法律法规规定选择自行协商方式处理交通事故的，被保险人应当提供依照《道路交通事故处理程序规定》签订记录交通事故情况的协议书和通过机动车交通事故责任强制保险获得赔偿金额的证明材料。

④保险人按照《道路交通事故受伤人员临床诊疗指南》和国家基本医疗保险的同类医疗费用标准核定医疗费用的赔偿金额。未经保险人书面同意，被保险人自行承诺或支付的赔偿金额，保险人有权重新核定。因被保险人原因导致损失金额无法确定的，保险人有权拒绝赔偿。

（2）保险人在依据本保险合同约定计算赔款的基础上，在保险单载明的责任限额内，按照下列方式免赔：

①被保险机动车一方负次要事故责任的，实行5％的事故责任免赔率；负同等事故责任的，实行10％的事故责任免赔率；负主要事故责任的，实行15％的事故责任免赔率；负全部事故责任或单方肇事事故的，实行20％的事故责任免赔率。

②投保时指定驾驶人，保险事故发生时为非指定驾驶人使用被保险机动车的，实行10％的绝对免赔率。

③投保时约定行驶区域，保险事故发生在约定行驶区域以外的，增加10％的绝对免赔率。

（二）车上人员责任险条款解析

（1）车上人员责任险赔偿的关键点为：

①保险期间内被保险人或其允许的驾驶人是否合法；

②发生保险事故时，被保险车辆是否合法。

（2）如果发生以下情况之一，则保险人免赔：

①无驾驶证或驾驶证有效期已满；

②驾驶的机动车与驾驶证载明的准驾车型不符；

③持未按规定审验的驾驶证以及在暂扣、扣留、吊销、注销驾驶证期间驾驶车辆；

④依照法律法规或公安交通管理部门有关规定在不允许驾驶机动车的其他情况下驾车；

⑤非被保险人允许的驾驶人使用保险车辆；

⑥除另有约定外，发生保险事故时保险车辆无公安交通管理部门核发的行驶证和号牌，或未按规定检验或检验不合格等。

五、附加险条款及其解析

附加险条款的法律效力优于主险条款。附加险条款未尽事宜，以主险条款为准。除附加险条款另有约定外，主险中的责任免除、免赔规则、双方义务同样适用于附加险。

附加险的效力在时间上从属于主险。如果主险的效力中止了，大部分附加险的效力也就中止了。

（一）玻璃单独破碎险

投保了机动车损失保险的机动车，可投保本附加险。

(1)保险责任。保险期间内,被保险机动车挡风玻璃或车窗玻璃的单独破碎,保险人按实际损失金额赔偿。

(2)投保方式。投保人与保险人可协商选择按进口或国产玻璃投保。保险人根据协商选择的投保方式承担相应的赔偿责任。

(3)责任免除。安装、维修机动车过程中造成的玻璃单独破碎。

(4)本附加险不适用主险中的各项免赔规定。

(二)自燃损失险

投保了机动车损失保险的机动车,可投保本附加险。

1.保险责任

(1)保险期间内,指在没有外界火源的情况下,由于本车电器、线路、供油系统、供气系统等被保险机动车自身原因或所载货物自身原因起火燃烧造成本车的损失;

(2)发生保险事故时,被保险人为防止或减少被保险机动车的损失所付的必要的、合理的施救费用,由保险人承担;施救费用数额在被保险机动车损失赔偿金额以外另行计算,最高不超过本附加险保险金额的数额。

2.责任免除

(1)自燃仅造成电器、线路、油路、供油系统、供气系统的损失;

(2)由于擅自改装、加装电器及设备导致被保险机动车起火造成的损失;

(3)被保险人在使用被保险机动车过程中,因人工直接供油、高温烘烤等违反车辆安全操作规则造成的损失;

(4)本附加险每次赔偿实行20%的绝对免赔率,不适用主险中的各项免赔规定。

3.保险金额

保险金额由投保人和保险人在投保时被保险机动车的实际价值内协商确定。

4.赔偿处理

全部损失,在保险金额内计算赔偿;部分损失,在保险金额内按实际修理费用计算赔偿。

(三)新增加设备损失险

投保了机动车损失保险的机动车,可投保本附加险。

1.保险责任

保险期间内,投保了本附加险的被保险机动车因发生机动车损失保险责任范围内的事故,造成车上新增加设备的直接损毁,保险人在保险单载明的本附加险的保险金额内,按照实际损失计算赔偿。

2.责任免除

本附加险每次赔偿的免赔规定以机动车损失保险条款规定为准。

3.保险金额

保险金额根据新增加设备投保时的实际价值确定。新增加设备的实际价值是指新增加设备的购置价减去折旧金额后的金额。

(四)车身划痕损失险

投保了机动车损失保险的机动车,可投保本附加险。

1.保险责任

保险期间内,投保了本附加险的机动车在被保险人或其允许的合法驾驶人使用过程中,发生无明显碰撞痕迹的车身划痕损失，保险人按照保险合同约定负责赔偿。

2.责任免除

(1)被保险人及其家庭成员、驾驶人及其家庭成员的故意行为造成的损失；

(2)因投保人、被保险人与他人的民事、经济纠纷导致的任何损失；

(3)车身表面自燃老化、损坏、腐蚀造成的任何损失；

(4)本附加险每次赔偿实行15%的绝对免赔率，不适用主险中的各项免赔规定。

3.保险金额

保险金额为2000元、5000元、10000元或20000元，由投保人和保险人在投保时协商确定。

4.赔偿处理

(1)在保险金额内按实际修理费用计算赔偿。

(2)在保险期间内，累计赔款金额达到保险金额，本附加险保险责任终止。

(五)发动机涉水损失险

本附加险仅适用于家庭自用汽车、党政机关、事业团体用车、企业非营业用车，且只有在投保了机动车损失保险后，方可投保本附加险。

1.保险责任

保险期间内，投保了本附加险的被保险机动车在使用过程中，因发动机进水后导致的发动机的直接损毁，保险人负责赔偿；

发生保险事故时，被保险人为防止或者减少被保险机动车的损失所支付的必要的、合理的施救费用，由保险人承担；施救费用数额在被保险机动车损失赔偿金额以外另行计算，最高不超过保险金额的数额。

2.责任免除

本附加险每次赔偿均实行15%的绝对免赔率，不适用主险中的各项免赔规定。

3.赔偿处理

在发生保险事故时被保险机动车的实际价值内计算赔偿。

(六)修理期间费用补偿险

只有投保了机动车损失保险的机动车，可特约本附加险，机动车损失保险责任终止时，本保险责任同时终止。

1.保险责任

保险期间内，特约了本附加险的机动车在使用过程中，发生机动车损失保险责任范围内的事故，造成车身损毁，致使被保险机动车停驶，保险人按保险合同约定，在保险金额内向被保险人补偿修理期间费用，作为代步车费用或弥补停驶损失。

2.责任免除

下列情况下，保险人不承担修理期间费用补偿：

(1)因机动车损失保险责任范围以外的事故而致被保险机动车的损毁或修理；

(2)非在保险人指定的修理厂修理时，因车辆修理质量不合要求造成返修；

(3)被保险人或驾驶人拖延车辆送修期间；

(4)本保险每次事故的绝对免赔额为1天的赔偿金额，不适用主险中的各项免赔规定。

3.保险金额

本附加险保险金额=补偿天数×日补偿金额。补偿天数及日补偿金额由投保人与保险人协商确定并在保险合同中载明,保险期间内约定的补偿天数最高不超过90天。

4.赔偿处理

全车损失,按保险单载明的保险金额计算赔偿;部分损失,在保险金额内按约定的日赔偿金额乘以从送修之日起至修复之日止的实际天数计算赔偿,实际天数超过双方约定修理天数的,以双方约定的修理天数为准。

保险期间内,累计赔款金额达到保险单载明的保险金额,本附加险保险责任终止。

(七)车上货物责任险

投保了机动车第三者责任保险的机动车,可投保本附加险。

1.保险责任

保险期间内,发生意外事故致使被保险机动车所载货物遭受直接损毁,依法应由被保险人承担的损害赔偿责任,保险人负责赔偿。

2.责任免除

(1)偷盗、哄抢、自然损耗、本身缺陷、短少、死亡、腐烂、变质、串味、生锈,动物走失、飞失、货物自身起火燃烧或爆炸造成的货物损失;

(2)违法、违章载运造成的损失;

(3)因包装、紧固不善,装载、遮盖不当导致的任何损失;

(4)车上人员携带的私人物品的损失;

(5)保险事故导致的货物减值、运输延迟、营业损失及其他各种间接损失;

(6)法律、行政法规禁止运输的货物的损失;

(7)本附加险每次赔偿实行20%的绝对免赔率,不适用主险中的各项免赔规定。

3.责任限额

责任限额由投保人和保险人在投保时协商确定。

4.赔偿处理

被保险人索赔时,应提供运单、起运地货物价格证明等相关单据。保险人在责任限额内按起运地价格计算赔偿。

(八)精神损害抚慰金责任险

只有在投保了机动车第三者责任保险或机动车车上人员责任保险的基础上方可投保本附加险。

在投保人仅投保机动车第三者责任保险的基础上附加本附加险时,保险人只负责赔偿第三者的精神损害抚慰金;在投保人仅投保机动车车上人员责任保险的基础上附加本附加险时,保险人只负责赔偿车上人员的精神损害抚慰金。

1.保险责任

保险期间内,被保险人或其允许的合法驾驶人在使用被保险机动车的过程中,发生投保的主险约定的保险责任内的事故,造成第三者或车上人员的人身伤亡,受害人据此提出精神损害赔偿请求,保险人依据法院判决及保险合同约定,对应由被保险人或被保险机动车驾驶人支付的精神损害抚慰金,在扣除机动车交通事故责任强制保险应当支付的赔款后,在本保险赔偿限额内负责赔偿。

2. 责任免除

(1)根据被保险人与他人的合同协议,应由他人承担的精神损害抚慰金;

(2)未发生交通事故,仅因第三者或本车人员的惊恐而引起的损害;

(3)怀孕妇女的流产发生在交通事故发生之日起 30 天以外的;

(4)本附加险每次赔偿实行 20%的绝对免赔率,不适用主险中的各项免赔规定。

3. 赔偿限额

本保险每次事故赔偿限额由保险人和投保人在投保时协商确定。

4. 赔偿处理

本附加险赔偿金额依据人民法院的判决在保险单所载明的赔偿限额内计算赔偿。

(九)不计免赔特约险

投保了任一主险及其他设置了免赔率的附加险后,均可投保本附加险。

1. 保险责任

经特别约定,保险事故发生后,按照对应投保的险种规定的免赔率计算的、应当由被保险人自行承担的免赔金额部分,保险人负责赔偿。

2. 责任免除

下列情况下,应当由被保险人自行承担的免赔金额,保险人不负责赔偿:

(1)机动车损失保险中应当由第三方负责赔偿而无法找到第三方的;

(2)因违反安全装载规定而增加的;

(3)投保时指定驾驶人,保险事故发生时为非指定驾驶人使用被保险机动车而增加的;

(4)投保时约定行驶区域,保险事故发生在约定行驶区域以外而增加的;

(5)发生机动车全车盗抢保险规定的全车损失保险事故时,被保险人未能提供《机动车登记证书》、机动车来历凭证的,每缺少一项而增加的;

(6)机动车损失保险中约定的每次事故绝对免赔额;

(7)可附加本条款但未选择附加本条款的险种规定的;

(8)不可附加本条款的险种规定的。

【项目实施】

结合本项目导入案例,根据所学知识,完成如表 2-2 所示的任务实施工单。

表 2-2　任务实施工单

序号	任务实施对象	任务实施步骤	任务实施结果
1	投保人、被保险人	1. 个人基本情况	
		2. 事故损失情况	
2	第三者	1. 个人基本情况	
		2. 事故损失情况	

续表

序号	任务实施对象	任务实施步骤	任务实施结果
3	被保险车辆	1.商业第三者责任险	
		2.机动车损失保险	
		3.机动车盗抢保险	
		4.车上人员责任保险	
		5.附加险	
4	投保人、被保险人	提交索赔申请	

【想一想，练一练】

一、简答题

1.机动车损失险承担哪些保险责任？

2.对比分析足额投保和不足额投保。

3.商业第三者责任保险与交强险的异同是什么？

4.商业第三者责任保险把哪些人员和财产不列入第三者范围？

二、案例分析题

1.2011年11月出租车司机张某在某保险公司为出租车投保了车辆损失险和第三者责任险。投保一个月后，张某驾驶出租车行驶到北二环路安定桥附近时，前机盖在行驶中突然翻动，机盖与前挡风玻璃相撞，造成前机盖和前挡风玻璃损坏。在紧急情况下，司机张某采取制动，又致使该车左前部与道路中央护栏相撞，造成前保险杠、左侧大灯、边灯、翼子板等损坏。事故发生后，经交通事故科民警现场查勘，认定张某负全部责任，自负修车费用，并赔偿护栏损坏修复费用。张某就有关花费要求保险公司赔偿。

请问：保险公司应赔偿张某哪些损失？依据是什么？

2.小唐搭私人的“顺风车”上班，却因车主开车不当发生交通事故，为此小唐花了医疗费、误工费等共计4万多元。小唐要求车主赔偿。车主却说：“车费是用来购买汽油和车辆维护的，我又没赚你的钱，而且有车上人员责任险，保险公司会赔你的损失。”但是保险公司拒赔，你认为合理吗？

3.李先生是新手上路，刚开始时停车都要有人指导。一次，他的妻子帮他指导倒车，他不慎撞伤了他的妻子，并损坏了车辆，于是李先生向保险公司索赔，但保险公司只赔付车辆的损失，对他的妻子负伤的费用却不予赔付。

请问：(1)在单独投保商业第三者责任险的情况下保险公司的赔付是否正确？为什么？

(2)在投保了交强险的条件下保险公司的赔付是否正确？为什么？

4.据北京电视台报道，春节期间，在某小区居住的小张遇到这样一件事。小张一想起那天早上发生的事就十分伤心：“我一下楼就发现车门开着，当时就一愣，还以为忘锁车门了，可再往车里面一看，电视和年货全都没有了。”车里装了报警器，小偷是怎么进到车里的呢？小张仔细一看，发现车后边的玻璃没了，周围一圈橡皮条被划开了，玻璃被整个摘走了。此外，还有一辆金杯和一辆索纳塔也遭到同样的厄运。虽说年货被偷，车玻璃也没了，挺让人堵心，小张却因已为爱车上了全险而暗自庆幸。可小张没想到，当他去太平洋保险公司理赔时却被告知："这种情况不赔。"小张无奈之下，只好来到玻璃维修点，花 400 元将玻璃修好。在修理厂，小张看到很多玻璃破碎的车正在维修，难道这些车也无法理赔吗？一位车主告诉他，自己的车玻璃是小孩放爆竹炸碎的，保险公司已同意赔偿。这回小张弄不明白了，玻璃被炸碎能赔，被偷走了就不赔。这到底是为什么？

请问：(1)保险公司为什么不能支付对小张的赔付？

(2)鞭炮炸碎的损失为什么保险公司同意赔付？

项目三　汽车保险欺诈风险防控

【项目描述】

随着汽车社会保有量不断提高，车险成为财产保险中的第一大险种。与此同时，各类车辆事故理赔量也大幅增加，其中保险诈骗案件成为当前保险业发展的最大威胁之一。我国每年保险诈骗金额约占理赔金额的 10%～20%。保险欺诈损害了保险消费者利益，扰乱社会秩序，已成为汽车保险的一个巨大"黑洞"，严重影响车险业务的健康发展。

汽车保险从业人员应充分了解汽车保险欺诈的成因、形式及预防措施，以便有效识别、防范车险诈骗。

【导入案例】 一辆挂北京牌照长期在济南使用的奔驰轿车，购买了车辆全险，于冬季某天上午 6 时(天尚未亮)在济南外环路上撞到了快速路中央的金属隔离栏，造成左前照灯、左前侧小灯、前保险杠、左前翼子板、发动机盖、发动机格栅等不同程度受损，初步估损金额为 3 万元以上。

查勘人员现场询问事故发生时的行车速度，驾驶员声称有 40～50km/h，但现场查勘结果证实碰撞痕迹并不严重，很像是汽车在不足 5km/h 的情况下发生的碰撞。再仔细查看车辆的状况，分析汽车左侧的前照灯玻璃发黄、而右侧则是新换的，同时，左侧翼子板有细微划痕，而右侧则是新的。据此，查勘人员怀疑该起事故可能是驾驶员故意所为。在数次询问无效的情况下，保险公司选择了报警。最后，在公安人员询问下，驾驶员承认是故意开车撞的隔离栏。

【项目分析】

本项目通过介绍汽车保险欺诈风险防控的相关知识，使学生了解汽车保险欺诈的类别、特征及形成原因，熟悉汽车保险欺诈的表现形式，掌握防范方法，从而能够准确识别和判断汽车保险诈骗案件。

【知识平台】

一、汽车保险欺诈

(一)汽车保险欺诈的概念

汽车保险欺诈是指投保人、被保险人或受益人以骗取保险金为目的,以虚构保险标的、编造保险事故或保险事故发生原因、夸大损失程度等手段,致使保险人陷于错误认识而向其支付保险金的行为。

(二)汽车保险欺诈的分类

可按不同标准对汽车保险欺诈进行分类:

(1)按保险标的不同,可分为汽车损失保险中的欺诈、汽车责任保险中的欺诈和汽车消费信贷保证保险中的欺诈。

(2)按欺诈发生的环节不同,可分为理赔欺诈和承保欺诈。理赔欺诈是保险欺诈中最为常见的形式,也是承保欺诈的终结形式,其骗取的对象主要是较高的赔付水平。承保欺诈是由投保人在承保环节实施的欺诈,其骗取的对象既有较低的保费,也有承保资格(如对具有特别高的风险的车辆采取隐瞒事实的方法骗取承保资格等)和较好的承保条件。

(3)按实施主体不同,可分为投保人(含被保险人)实施的欺诈、保险人实施的欺诈和第三人(主要是保险中介机构或其他人)实施的欺诈。

(4)按实施主体数量不同,可分为单一主体欺诈和集团欺诈。

(5)按实施主体隶属关系的不同,可分为外部人欺诈和内部人欺诈。外部人是保险公司以外所有与保险业务经营有关的单位和个人。内部人是保险公司内部人员。

(6)按保险欺诈发生是否存在事先的策划,可分为有计划的欺诈和机会主义的欺诈。

(7)按欺诈的具体对象不同,可分为保费欺诈和赔付欺诈。

(8)按欺诈的程度不同,可分为硬欺诈和软欺诈。硬欺诈指故意虚构保险事故和虚构人身伤害。软欺诈通常是由单个人实施的,当事人在向保险人索赔时往往存在严重误述或夸大其词。在硬欺诈的情形下,当事人所宣称的交通事故、人身伤害根本就不存在;在软欺诈情形下,虽然存在交通事故、人身伤害,但索赔材料中存在虚假成分,令人难以甄别。例如,在人身交通事故中,受害人往往声称自己的颈部、腰部、皮下软组织等受到伤害,因为这类病症通常存在着确诊难、治疗时间长、医疗费用不确定等情形,这类软欺诈容易成为保险公司反欺诈中的难点。

(三)汽车保险欺诈的特征

1.隐蔽性

车险业务本身具有严重不对称的特性,信息上的严重不对称为投保人采取提供虚假信息、隐瞒真实情况、压制事实真相等手段为实施欺诈提供便利。车险业务的经营主要是以合同形式和各类投保、索赔单据为载体的,在有计划的欺诈、内部人欺诈、集团欺诈、软欺诈等形态下,上述各书面文件一般不存在明细瑕疵。在保险人、保险代理人、经纪人实施欺诈的情形下,他们所持有的身份标志尽管可能存在虚假,但作为消费者的投保人是很难识别的。

2.实施主体的多样性

与保险业务经营有关的所有主体包括代理人、经纪人、公估人、理算人、独立调查人等都有可能实施保险欺诈。与保险合同没有直接关系的汽车修理厂、医疗机构、律师、警察等也可能实施保险欺诈。

3.欺诈形态的多样性、复杂性

车险欺诈涉及的主体繁多、手段复杂、方式多样，而且随着社会的进步和车险业的发展，车险欺诈的形态也日趋多样和复杂。

4.非法性

车险欺诈至少具有合同法、侵权法、竞争法和刑法四个维度，车险欺诈是上述四法所禁止的行为，具有非法性。

5.可控性

面对保险欺诈，保险公司、保险监管部门、保险行业协会、消费者等联合起来，依靠《保险法》、《合同法》、《侵权法》和《竞争法》以及保险公司完善的理赔管理制度，采取有效措施，遏制和减少车险欺诈是完全可能的。

(四)汽车保险欺诈的成因

1.社会原因

由于目前整个社会尚缺乏诚信体系和健全的监控机制。在不少人看来，保险欺诈是一种可以原谅的过错，并不是什么违法行为。因此，当同事、朋友和亲属请求他们帮忙欺骗保险公司时，他们往往会自愿提供帮助，为欺诈行为提供伪证，从而导致欺诈现象的蔓延。

2.投保人原因

汽车保险之所以吸引欺诈分子的眼光，是因为合同规定：在不发生保险事故时，保险公司只收取保费而没有赔偿义务；当发生保险事故时，保险人需赔付比保费高得多的费用给投保人。这样，在高额赔偿诱惑下，就导致了某些缺乏道德以及因种种原因需要解脱困境的人把欺诈转移到了汽车保险行业，通过铤而走险获取额外利益。

3.保险公司原因

(1)承保程序不科学。承保时，没有实施“验车承保”，使得一些存在明显缺陷的汽车顺利实现高额投保。

(2)理赔程序不科学。如发生事故后，保险公司不派人员去现场查勘，而是等车辆修好后，凭发票记载的金额予以赔付。再如确定赔付金额时，保险公司往往以有关单位的证明作为唯一依据，而有些证明可能与事实不符。所以，不科学的理赔程序客观上为保险欺诈开了方便之门。那些在内部控制和流程设计方面存在缺陷、内部信息交流不通畅和激励机制不到位的保险公司通常是无法识别和发现车险欺诈的。

(3)保险公司对某些被识破的欺诈行为处理过于宽松，往往仅满足于追回被骗取的保险金或不承担赔偿责任，而不愿追究他们相关的法律责任，从而助长了保险欺诈行为的进一步发生。

(4)理赔人员素质偏低，把握不住理赔关，给欺诈者可乘之机，甚至有些理赔人员经不住金钱诱惑，同欺诈者内外勾结，共同骗取保险金。

（五）汽车保险欺诈的表现形式及特征

1. 先出事故，后买保险

汽车出险时尚未投保，出险后才投保，然后伪装成合同期内出险，达到获取汽车保险赔款的目的。实施先出险后投保时，采用的手段有两种：一是伪造出险日期；二是伪造保险日期。伪造出险日期时，一般通过关系，由有关单位出具假证明，或伪造、编造事故证明，待投保后方按正常程序向保险人报案索赔。这类案件保险人即使去现场复勘，若不深入调查了解也很难察觉。伪造保险日期时，一般是串通保险签单人员，内外勾结，利用“倒签单”手法，将起保日期提前，瞒天过海，浑水摸鱼。有的车辆在到期脱保后要求保险人按上年保险单终止日续保也属此类。无论采取何种手段，先出险后投保案件有一个明显特点，即投保时间与报案时间很接近，因此，对两个时间比较接近的案件务必严查。

2. 一次出险，重复索赔

(1)一次事故向多个保险人索赔。它属于重复投保，投保人向多家公司购买保险，并不将该情况通知各保险公司。发生事故后，持各公司的保险单分别索赔，以获取多重保险赔款。由于重复保险多是蓄谋已久，且隐蔽性极高，再加上各保险公司之间信息不交流，所以欺诈成功率较高。

(2)一次事故多险索赔。如车辆造成货损后，投保人可在车上货物责任险和货物运输险项下同时索赔。因保险公司内部横向信息沟通不畅，投保人往往会轻而易举地索赔成功。

(3)一次事故先由事故责任者给予赔偿，然后再向保险公司索赔。这种骗案一般数额不大，但在日常生活中却最常见。出险原因都是被别人追尾或被别人所撞后，第三方负事故责任，在第三方已给予赔偿的情况下，再到保险公司谎称自己倒车所撞进行骗赔。所以对单方事故，尤其对车辆尾部损坏的单方事故进行现场查勘时要特别注意。

3. 夸大损失，高额索赔

出险汽车损失很小，被保险人却故意夸大损失程度或损失项目，以小抵大，骗取赔款。例如，被保险人将事故车上未损坏零部件进行替换后再向保险公司报案。目前的一些汽车修理企业，为拉拢客户，有时会帮着客户进行欺诈骗赔。修理企业与事故车同类型车辆的损坏零配件比较多，再加上专业人员的“参与帮忙”，所以此类案件识别较难，这就要求车辆定损人员具有较强的专业知识和丰富的理赔经验。

4. 无中生有，谎报出险

本来没有出险事故，投保人或被保险人却无中生有，谎称发生了险情。在这种情况下，投保人往往采用做伪证，或制造虚假事故现场及证明材料等方式。

5. 编造理由，冒名索赔

汽车出险后，因某些原因被保险人根本没有资格向保险公司索赔，却隐瞒这些原因，改换成有资格的理由骗取保险公司赔款。

6. 故意造案，骗取赔款

故意出险，造成损失，骗取赔款，常见的有两种类型。一类是汽车趋于报废，价值较低而车辆损失保险的保额又较高。在被保险人期望获取高额赔款的欲望驱动下，故意造成汽车出险。如价值 3 万元的旧车 10 万元投保，然后在偏僻地区将车推下山坡等。这类案件往往都是出险时间和地点经过了精心选择，所以查处难度较大，有时尽管会怀疑可能是骗案，但却很难找到证据。另一类是由于保险条款将一些特定损坏规定为责任免除，被保险人为获取赔款故意造成保险责任范围内的事故，把不应赔偿的变成应赔偿的。如停放家属院中的汽车左侧前照灯罩出现不明原因损坏，保险公司不予赔偿的，于是驾驶员故意撞墙，导致保险杠左侧前照灯、角灯等一起损坏，报案者谎称自己不小心撞上的，保险公司如不能识别其诈骗企图，则很容易从车损险中给予赔偿。

（六）防范汽车保险欺诈的方法

1.关键指标法

关键指标法是发达国家保险公司广为采用的以某些重要指标作为判定和识别保险欺诈案件依据的一种方法。该方法主要是依托理赔人员的日常经验积累，具有很强的经验性特征，也很方便、实用，准确性比较高。常见的方式是编制一些关键指标，如表2-3所示。一旦理赔人员发现一起赔案出现表2-3中所列特征的表现，就应当引起高度重视，并结合案件的其他一些具体情况，做出是否存在异常或是否需要展开进一步调查的判断。关键指标法在业务中的应用大致可分为总结—应用—修订这样一个反复不断的过程。

表2-3 车损险案件欺诈关键指标

序号	关键指标内容
1	年出险次数4次以上(最近一次距该次出险相隔60天)
2	事故发生日为监控保单到期日
3	单车事故，且事故发生在偏远地区、夜间，没有目击证人
4	车撞损失严重，且投保人无法说出被撞车辆的车主、车号
5	驾驶人对事故的描述与现场查勘的记录不相符
6	老车型、足额投保，出险次数频繁，报案却相当及时，且损失金额不大
7	车辆伤痕的新旧程度不同
8	车辆受撞不足以导致气囊破裂，但气囊实际已经破裂
9	投保人坚持气囊属于正常弹出，但现场存在明显的气囊被人为切开的情形
10	被撞车辆缺乏动力，油箱中没有油，关键部位有生锈现象

2.实地调查法

在实践中，根据保险经营的经济合理原则，保险公司只能将有限的资源投入十分有限的赔案调查中去。实地调查法首先要解决的问题就是什么案件才可以采用这种方法。其次是需要解决调查的内容。由于不同险种赔案所涉及的内容不同，因而不同险种的实地调查的重点是不同的。以车险为例，该险种的实地调查内容大致可分为：保险车辆的身份；被保险人、投保人调查；医疗费用调查；物损调查；证人调查；特殊事项调查等。就不同的调查内容又可以进一步细分为不同的调查点，只有完全依照事先设计好的工作流程逐一对每一个调查点进行调查之后，这些调查才可以告一段落。实地调查最终取得的结果就是各类证明，有来自当事人的笔录、证人的事故证明、事故处理部门的处理意见、保险公司的调查记录和事故鉴定部门的鉴定结论等。在收集到这些证据材料之后，保险公司的调查就可以从最初的怀疑点开始，逐一梳理这些证据，判断这些证据是否能够形成完整的证据链。如果证据之间不能“自圆其说”，出险破绽，就有可能印证了调查人员最初的怀疑或者出现了新的疑点，需要调查人员再次补充调查。

3. 内部数据查询法

内部数据查询法主要是依托公司的业务查询系统进行数据配对查询，分析某个赔案的疑点，以识别和发现保险欺诈。其工作原理是：首先必须依托公司的综合业务处理系统产生相应的数据库；其次业务查询系统应当具备基本的数据分类功能，能够自动将数据按不同的标志进行分类，如按被保险人的姓名、事故类型、事故发生地、事故发生时间、索赔时间、事故处理负责人、赔偿金额等进行分类；最后业务人员能利用业务查询系统在多个终端进行不同级别的查询和输出。

4. 外部数据查询法

保险公司在业务经营中对每一笔投保、每一笔交通事故、每一个病人的住院材料、每一起赔案的最终处理等都是可利用的重要资源，当这些信息分散在多个主体掌控之下、没有实现电子化的时候，就难以发挥保险信息所具有的防范和遏制欺诈的潜在优势。如果有些人经常变化投保的公司，又在不同的保险公司实施不同的欺诈，内部数据查询通常是难以识别这类欺诈的，但借助于行业性的数据查询是很容易发现这类保险欺诈的。外部数据查询是发达国家保险公司联手打击保险欺诈的一个非常重要的方法。

5. 设置警示语法

警示语指那些告知保险欺诈是违法犯罪行为，应当受到惩罚的具有一定警示作用的语句。警示语可印制在保单或理赔单证的某个显著位置，一方面可以起到提示客户不要采取欺诈或欺骗性的手段以骗取保险金的作用；另一方面也对那些蓄意进行保险欺诈的客户有一定的威慑作用。根据保单语言通俗化的要求，在保单上可以采用的欺诈警示语有：根据《保险法》的有关规定，您对我们的询问有任何故意不配合、不真实的回答的，都是违法行为，我们有权解除本合同，且不退还您已缴纳的保费。

6. 巧用免赔额法

从理论上讲，保险人和投保人总是处于欺诈和反欺诈的博弈之中，欺诈有收益也有成本，反欺诈需要成本，也能获得收益。保险人和被保险人在不完全信息的动态博弈中会达到一个均衡，在这个均衡上双方的策略处于最优，这时的保险合同也是最优保险合同。基于保险人和投保人双方最优博弈策略的保险合同形式不可能是足额保险，而只能是部分保险，其原理在于使得投保人和保险人共同承担保险标的风险损失，以此来遏制和减少投保人的欺诈行为。一般而言，投保人承担的部分越大，其实施保险欺诈的动因和可能性就越小。

7. 验标承保法

验标承保法是在投保人提出承保申请时，保险人对保险标的的具体情况进行必要的事先检查，再决定是否承保，以及承保条件的一项制度。严格执行验标承保制度，可以有效地防范空标承保、事故后承保等事件的发生，同时还可以达到正确评估风险、合理确定承保费率、提高风险管理水平等目的。

二、主要汽车保险欺诈的风险控制

（一）汽车盗抢险欺诈及其防范

1. 汽车盗抢险欺诈的形式

由车主向保险公司报告发生盗抢事故，实际上被盗抢车辆已经被转卖给他人，或经过改造、伪装再行转卖甚至出口到境外。车主将汽车拆卸,所得的零配件向国内的二手零配件市场销售;有些车主甚至采用纵火烧毁、深埋等方式,彻底销毁车辆。

2.汽车盗抢险欺诈的特征

(1)团伙性

盗抢险欺诈涉及的保险车辆最终都要经过转卖、改造、拆卸等手段“消失”,仅凭车主一人的力量往往难以实现,需要与汽修厂、二手车贩卖团伙,甚至汽车走私商等进行合作,这使得盗抢险欺诈在一定程度上可能与犯罪集团有关。单个车主实施的盗抢险欺诈往往与其经济承受能力有关。对消费者来说,拥有一辆汽车既可以为其带来很多的便利,也要付出诸如贷款本息、保险、养护、维修、停放等车辆保有费用。一旦车辆保有费用超过车主的经济承受能力,车主就有可能铤而走险,实施盗抢险欺诈。车辆保有费用超过车主经济承受能力的情形大体包括两类:一是保有新车的费用太高,有的车主是贷款购车,可能因失去工作等原因导致收入锐减,难以承受新车的每月按揭,于是采用转卖、改造等手段将新车处理掉,再向保险公司索赔;二是旧车的维修费用太高,旧车出现故障,车主难以修理,或用于修理、维护车辆所付的费用要大于汽车本身的价值时,车主往往选择抛弃车辆,向保险公司索赔的办法实施欺诈。

(2)国际性

盗抢险期诈涉及非法出口和走私。如美国的盗抢车大多流向墨西哥等南美国家,日本的盗抢车则流向英国、南非、澳大利亚等方向盘靠右的国家。随着我国汽车工业的发展,未来我国的盗抢车辆将会进一步流向周边的落后国家,保险公司和有关部门对此应当予以足够的重视。

3.汽车盗抢险欺诈的防范措施

(1)提高保险公司员工的素质,增强反欺诈的识别能力。如接到被盗车险案件后,要从当事人的证言、有关证人的证言、现场勘查的情况等方面认真审查,看是否存在自相矛盾的地方。如有矛盾,要注意分析,找寻突破点,排除矛盾以使案件早日真相大白。

(2)加强内部管理,建立和健全各项规章制度。保险公司要强化内控机制,措施严密,从投保做起,提高承保质量,实行专人审核和领导审批制度,强化责任,对错案进行责任追究。在理赔环节实行相应的制约机制,分散理赔权限,防止个别人滥用职权。

(3)加强同政法部门的合作,发挥法律的威慑作用。借助公安机关的调查取证的侦察技术手段,通过法律手段来为经济保驾护航,对犯罪活动进行遏制和严惩。

(4)加大保险宣传力度。利用典型案件进行多渠道宣传。政法部门不仅要严厉打击犯罪分子,同时要在经济上严惩,以警戒企图犯罪的人员。

(二)汽车损失险欺诈的形式及其防范

1.汽车损失险欺诈的形式

汽车损失险欺诈的形式包括:虚构保险标的;冒充保险标的(如两车一牌的套牌骗保现象);重复保险或超额保险;受损后保险;编造保险事故;制造保险事故;编造虚假的事故原因;故意扩大财产损失程度;故意夸大财产损失程度等。

现阶段我国汽车损失保险欺诈出现的主要形式是单方事故。由于发生时只有驾驶人一方在汽车交通事故现场,缺乏目击证人,特别具有隐蔽性,这类事故往往成为投保人或汽车维修厂实施车险欺诈的主要形式。

(1)投保人利用单方事故实施欺诈

①出险后投保。在发生单方事故后,车主往往将事故车隐藏起来,再设法投保,骗取保险金。有的人甚至在事故现场不顾生命危险打电话投保。

②谎报案情。单方事故的发生有可能是驾驶人没有合法驾驶证件,或驾驶人属保单除外人员,或车辆在非保险区域行驶等,如车主如实向保险人报告案情,可能得不到赔偿,因而采取谎报案情的方法实施保险欺诈。在某些情况下,有些人还采取伪造情节,如人为损害车辆的某些部件,故意制造一些伤害等办法,以使谎报的案情更为"真实"。

③编造损失。单方事故的车主往往与汽车修理厂、交通警察,甚至保险公司内部人员互相勾结,通过人为夸大、虚构损失等办法来实施保险欺诈。在某些极端的情况下,甚至整个事故都是编造的,这种情况也就是发达国家常说的纸面损失。

(2)汽车维修厂实施的车损险欺诈

①欺瞒车主,"偷梁换柱"。为了图省事,委托维修厂代为向保险公司索赔修理费用,维修厂接到客户的受损车辆后,用较低档的材料为客户修理,以高档材料的价格向保险公司索赔,这样不同档次的材料费用差价被维修厂"吃掉"。

②子虚乌有,"瞒天过海"。车到修理厂进行正常保养,修理厂将汽车换上旧配件后,故意损坏向保险公司索赔,更有修理厂"移花接木",更换牌照后,用他人的身份证向保险公司索赔。

③二次撞击,"暗度陈仓"。张先生的车门不小心撞凹,他把车送到汽车修理厂,张先生签好索赔委托书后离去。第二天,张先生出外办事回单位时正好经过该厂,却发现他的车的车前盖已被人砸得破烂不堪。后来他向保险公司查询,原来该修理厂向保险公司索赔了高达数千元的保险赔款。

④重复索赔,"以一当十"。李先生的车出险后,代理人分别多次将李先生的车开到保险公司不同支公司进行定损理赔。最终李先生拿走了赔款,但代理人利用李先生的车赚取得更多。

⑤与客户勾结,联手进行车损险欺诈。汽车维修厂与客户的合作主要是提供虚假的维修发票、修理和制造虚假事故三个方面。

2.汽车损失险欺诈的防范措施

(1)加强防腐力度,维护保险秩序;

(2)强化防范意识,提高自控能力;

(3)全面收集信息,严细查勘现场;

(4)讲究调查艺术,策略获取证据;

(5)周密审查单证,科学鉴别案情。

(三)汽车焚烧欺诈的形式及其防范

1.汽车焚烧欺诈的形式

(1)放火致汽车焚烧的欺诈方式

①从车厢内放火

多数放火者以车厢内作为主要放火目标,因为车厢内可燃物较多。常将易燃液体汽油泼洒在座位上或驾驶台的仪表盘上。

②在车头发动机部分放火

将易燃液体(如汽油)泼洒在蓄电池、空气滤清器、气缸、分电器盒等易燃的部位上,容易被认为这些部位自燃形成,因此具有误导性、蒙蔽性、欺骗性。

③在汽车轮胎部位放火

轮胎由于走山路摩擦生热或刹车片部分过热等原因会引起轮胎局部受热碳化或局部着火。如果放火嫌疑人在轮胎上泼洒汽油放火就截然不同,轮胎烧损严重,几乎全部烧损或烧蚀,甚至于将金属轮毂局部烧熔,直接与地面接触部位的轮胎也不复存在。而汽车的其他部位烧损并不严重。

④在汽车油箱部位放火

针对油箱放火,可能会出现下面几种情况:油箱盖子被打开,这种情况一般油箱不会发生爆炸,但油箱内汽油会烧光,同时会听到轻微的爆鸣声,还会将靠近油箱的可燃物如汽车、货垛等引燃;油箱盖子被拧松动,但未拿开,这种情况有可能发生因受高温燃烧的作用,油箱内压加大,产生较大冲击力,将油箱盖子冲出很远,在勘查现场时,可在不太远处找到汽油箱盖子;提取油箱口内壁附着烟尘时可检出汽油及汽油烧残物成分;油箱盖子紧锁时,油箱因火烧高温作用,油箱内汽油膨胀会发生很大爆鸣声,会将油箱盖子炸飞或油箱局部出现裂口。

(2)以车辆撞损事故导致汽车焚烧的欺诈方式

为了达到烧毁汽车获得理赔款的目的,有的车主故意制造汽车撞损的表象,之后点燃汽车。用这种撞损导致的汽车燃烧假象,来骗取汽车自燃保险理赔款。

2.焚烧机动车辆欺诈的防范策略

(1)严格实行验车承保,正确、合理设计保险单;

(2)详细查询出险经过,及时掌握案情的来龙去脉;

(3)认真进行现场查勘,及时获取痕迹证物;

(4)全面审查理赔卷宗,及时发现骗赔线索;

(5)灵活运用各种技术,及时鉴别案情真伪。

【项目实施】

结合本项目导入案例,根据所学知识,完成如表2-4所示的任务实施工单。

表2-4　任务实施工单

序号	任务实施对象	任务实施步骤	任务实施结果
1	被保险人	事故损失情况	
2	被保险车辆	1.投保险种情况	
		2.现场查勘情况	
		3.风险类型、性质	
		4.风险发生概率和损失幅度	
		5.保险欺诈防范方法	

【想一想，练一练】

一、简答题

1. 什么是汽车保险欺诈？

2. 汽车保险欺诈的成因是什么？

3. 如何预防汽车保险欺诈的发生？

4. 如何规避来自汽车修理厂的保险欺诈？

5. 举例分析几种常见车辆自燃现象的产生原因及查勘注意事项。

6. 哪些现象需要查勘人员密切注意是否存在汽车火灾的道德风险？

二、案例分析题

1. 被保险人王某给自己的轿车购买了车辆损失保险，保险期限为2013年1月11日至2014年1月10日。2014年1月9日上午8时30分保险公司接到王某的报案，称其1月8日驾驶轿车于夜间11时30分在市区环城路行驶时与一辆大型箱式货车追尾，货车已趁夜色逃跑了，目前被保车辆已在郊区某修理厂。1月9日上午10时，受保险公司委派，查勘定损人员随即赶到修理厂，发现该车前部受损，需更换保险杠、左右前照灯、左右转向灯、左右雾灯、散热器和冷凝器等部件，预计费用1万元；经修理厂对该车作进一步拆检后发现，发动机因过热已严重损坏，需更换活塞、缸体、曲轴、连杆等部件，这部分修理费用为4.2万元。

请问：(1)本案有哪些疑点？

(2)作为保险公司的查勘定损人员，应如何处理该事故？

2. 2014年某日，某单位司机蔡某报案，称自己驾驶的捷达轿车行驶在308国道某路段时，不慎颠覆，车辆损毁，并有人员受伤。保险公司林某、张某于30分钟内抵达事故现场。查勘表明，司机蔡某具有10多年驾龄，且在连续4年的投保中，未出现索赔。而此次事故损失较大，玻璃全部破碎，驾驶室变形，左侧车厢板受损，空调、油箱、水箱等破裂，估计损失约1万元。事故原因为：高速行驶时，右前轮碾压人行道上的一块较大的石头，导致车辆向左侧倾翻，并侧向滑行数米。车上几名随车人员伤情不大，但有一位姓李的女士伤势较重……事故调查过程中还获悉，有目击者看到出事前汽车像蛇一样扭着走了一段路程后轧到石头后翻车，其中李女士无驾驶资格。

请问：(1)本案有哪些疑点？

(2)本案属于哪种类型的保险欺诈？

3. 2013年2月21日凌晨5时1分，福建省泉州市高速公路交警大队接到报警电话，在泉厦高速公路距离朴里服务区1公里处，一辆奔驰轿车冲撞防护栏着火自燃。交警在很短的时间内赶到，但奔驰车被烧得面目全非。车主谢某及乘车人员王某无伤亡。现场勘查中，发现在碰撞中央防护栏前的路面上没有车辆制动痕迹和拖印现象，肇事车辆的左侧车身与中央防护栏剐撞处，其漆痕显得细小，防护栏没有扭曲变形，现场没有刹车痕迹。

请问：(1)本案有哪些疑点？

(2)本案属于哪种类型的保险欺诈？

学习单元三

汽车保险费率

【学习目标】

知识目标

1. 理解汽车保险费率相关概念。
2. 理解汽车保险费率厘定的原则。
3. 理解汽车保险从车费率模式和从人费率模式。
4. 理解汽车保险费的影响因素。

能力目标

1. 能够应用汽车保险费率计算各项保险费用。
2. 掌握机动车交通事故责任强制保险的保险费计算方法。
3. 掌握机动车商业主险的保险费计算方法。
4. 掌握机动车商业附加险的保险费计算方法。

项目一　汽车保险费率概述

【项目描述】

汽车保险费是投保人购买汽车保险的价款，而汽车保险费率是依据保险金额计算保险费的比例，汽车保险费率的高低决定着投保人支付保险费用的多少，直接影响投保人和保险人的切身利益。了解如何厘定汽车保险费率，是汽车保险从业人员必备的基本能力。

【导入案例】 保险公司日益增多，汽车保险费率放开，而各保险公司的保费也大相径庭。李小姐一直给爱车买第三者责任险、车辆损失险和全车盗抢险。每年保险到期，她总是让保险公司原样续保。今年9月，保险又到期，李小姐到平安保险公司续保时却被告知：由于你上年有三次出险理赔，所以，今年车辆损失险有500元的绝对免赔额，就是每一次出险，超过 500 元的部分保险公司才开始赔偿。

李小姐考虑换家保险公司。她说："我每次出险都是轻微剐蹭，报销二三百元。"李小姐要来了平安保险公司、中国财产保险公司、永安保险公司的报价单，一比吓一跳：汽车保险费差价大得叫人看不懂。总报价，平安保险公司为 6494 元，中国财产保险公司为 7157 元，永安公司保险为 6013 元，最高的比最低的多出 19%。李小姐说，听说同一家保险公司的不同代理商、推销员，报的价也不一样。

【项目分析】

本项目通过介绍汽车保险费率的相关知识，使学生掌握汽车保险费率厘定的原则，了解确定汽车保险费率相关模式，以及影响汽车保险费率确定的有关因素，从而对保险费率的厘定有全面和深入的了解。

【知识平台】

一、汽车保险费率的概念

(一)汽车保险费率

汽车保险费率简称费率，依照保险金额计算保险费的比例，通常以千分率(‰)来表示。

(二)汽车保险金额

汽车保险金额简称保额，保险合同双方当事人约定的保险人于保险事故发生后应赔偿(给付)保险金的限额，它是保险人据以计算保险费的基础。

(三)汽车保险费

汽车保险费简称保费，是投保人参加保险时所交付给保险人的费用。

一般来说，投保人所缴纳的保险费数额为保险金额和保险费率的乘积，即：

保险费＝保险金额×保险费率

二、汽车保险费率的厘定原则

根据保险价格理论，厘定保险费率的科学方法是依据不同保险对象的客观环境和主观条件形成的危险度，采用非寿险精算的方法进行确定。但是，非寿险精算是一个纯技术的范畴，在实际经营过程中，非寿险精算仅仅是提供一个确定费率的基本依据和方法，保险人确定费率还应当遵循一些基本的原则。

(一)公平合理原则

公平是指一方面对保险人来说，其收取的保险费应与其承担的风险相当；另一方面对被保险人来说，其负担的保险费应与其获得的保障相当。合理则是指保险费率应尽可能合理，保险费的多少应与保险种类、保险期限、保险金额相关联，保险人不能为追求超额利润而片面制定过高的保险费率。公平合理原则的核心是确保实现每一个被保险人的保费负担基本上是依据或者反映了保险标的的危险程度。这种公平合理的原则应在两个层面加以体现。

1.在保险人和被保险人之间

在保险人和被保险人之间体现公平合理的原则，是指保险人的总体收费应当符合保险价格确定的基本原理，尤其是在附加费率部分，不应让被保险人负担保险人不合理的经营成本和利润。

2.在不同的被保险人之间

在被保险人之间体现公平合理是指不同被保险人的保险标的的危险程度可能存在较大的差异，保险人对不同的被保险人收取的保险费应当反映这种差异。

（二）保证偿付原则

保证偿付原则是指所收取的保险费足以支付保险金的赔付及合理的营业费用、税收和公司的预期利润。可见，保证偿付原则的核心是保证保险人有足够的偿付能力。如果保险费率过低，就会降低保险人的偿付能力，结果使保险人的经营处于一种不稳定状态，不利于稳健发展。所以，厘定的保险费率应保证保险公司具备相应的偿付能力，这是保险的基本职能所决定的。在竞争激烈的保险市场上，为了提高自己的竞争力，保险人常常不惜以降低保险费率来吸引顾客，结果是严重影响其自身的偿付能力，损害了被保险人的利益，甚至对整个保险业和社会产生巨大的负面影响。为了贯彻保证偿付原则，避免恶性竞争，很多国家都对保险费率进行管制，以保证保险公司的偿付能力。

（三）稳定灵活原则

稳定是指保险费率应当在一定时期内保持稳定，以保证保险公司的信誉。稳定的费率有利于保险公司的业务核算，也使被保险人的保费支出保持稳定。不稳定的保险费率会给保险公司的经营活动带来负面影响。要实现保险费率相对稳定的原则，在确定保险费率时要充分考虑各种可能影响费率的因素，建立科学的费率体系，更重要的是对未来的趋势做出科学的预测，确保费率的适度超前，从而实现费率的相对稳定。

同时，坚持稳定原则并不是要求保险费率保持一成不变，也要随着风险的变化、保险责任的变化和市场需求等因素的变化而做出相应的调整，具有一定的灵活性。

（四）促进防损原则

促进防灾防损原则要求保险费率的厘定应有利于促进防灾防损。对注重防灾防损工作的被保险人采取较低的费率；对无损或损失少的被保险人实行优惠费率，而对防灾防损工作做得差的被保险人实行高费率或续保加费的办法。贯彻这一原则有两个好处：其一，可以减少保险人的赔款支出；其二，可以促进被保险人加强防灾防损，减少整个社会的财富损失。

三、汽车保险费率的模式

在市场经济条件下，价值价格规律的核心是使价格真实地反映价值，从而在交易过程中体现公平和对价的原则。为了实现这一目标，从被动的角度出发，可以通过市场适度和有序的竞争实现。从主动和积极的角度出发，保险人希望能够在市场上生存和发展，就必须探索出确定价格的科学和合理的模式。

对于汽车保险而言，在不断的统计和分析研究中，人们发现影响汽车保险索赔频率和索赔幅度的危险因子很多，而且影响的程度也各不相同。每一辆汽车的风险程度是由其自身风险因子综合影响的结果，所以，科学的方法是通过全面综合地考虑这些风险因子后确定费率。

通常保险人在经营汽车保险的过程中将风险因子分为两类：一是与机动车辆相关的风险因子，主要包括机动车辆使用性质、车辆的种类与大小、车龄和车辆的行驶区域等；二是与驾驶人相关的风险因子，主要包括驾驶人的年龄、性别、驾龄、安全行驶记录、婚姻状况和职业等。

由此各国汽车保险的费率模式基本上可以划分为两大类，即从车费率模式和从人费率模式。在进行机动车辆风险研究的过程中，研究人员通过对大量车辆事故的分析和统计，发现机动车辆事故的发生，由驾驶人员因素引起的大于由车辆因素引起的。所以，从人费率模式相对于从车费率模式而言，更加科学、合理。我国各保险公司正在逐步将从车费率模式过渡到以从人费率为主的模式，同时综合考虑从车费率模式的风险因素。

(一)从车费率模式

从车费率模式是指在确定保险费率的过程中主要以被保险车辆的风险因子作为影响费率确定因素的模式。目前，我国采用的汽车保险的费率模式就属于从车费率模式，影响费率的主要因素是被保险车辆有关的风险因子。

现行的汽车保险费率体系中影响费率的主要变量为车辆的使用性质、车辆的种类和车辆生产地：根据车辆的使用性质划分为营业性车辆与非营业性车辆；根据车辆的种类划分为车辆种类与吨位；根据车辆的生产地划分为进口车辆与国产车辆。另外，按照车辆使用的不同地区，适用不同的费率，如在深圳采用专门的费率。

过去，由于我国在一定的历史时期被保险的车辆绝大多数是单位用车，驾驶人与车辆不存在必然的联系，也就不具备采用从人费率模式的条件，因而车险费率采用了从车费率模式。从车费率模式体系简单，易于操作，但缺点在于不利于调动驾驶人的主观能动性。

近年来，随着经济的发展和人民生活水平的不断提高，营运车辆、私人车辆等用途和所有者各不相同的车辆飞速发展，从车费率模式已逐渐不能适应市场的需求，要实现车险费率的自由化，在费率的厘定上考虑更多的从人因素。

(二)从人费率模式

从人费率模式是指在确定保险费率的过程中主要以被保险车辆驾驶人的风险因子作为影响费率确定因素的模式。目前，大多数国家采用的汽车保险的费率模式均属于从人费率模式，影响费率的主要因素有驾驶人的年龄、性别、驾驶年限和安全行驶记录等。

1. 根据驾驶人的年龄划分

通常将驾驶人按年龄划分为三组：第一组是初学驾驶，性格不稳定、缺乏责任感的年轻人；第二组是具有一定驾驶经验，生理和心理条件均较为成熟，有家庭和社会责任感的中年人；第三组是与第二组情况基本相同，但年龄较大、反应较为迟钝的老年人。

各国的情况不同，具体年龄阶段划分也不同。通常认为第一组驾驶人为高风险人群，第三组驾驶人为次高风险人群，第二组驾驶人为低风险人群。

2. 根据驾驶人的性别划分

驾驶人可分为男性与女性。研究表明，女性群体的驾驶倾向较为谨慎，相对于男性她们为低风险人群。

3. 根据驾驶人的驾龄划分

驾龄的长短可以从一个侧面反映驾驶人员的驾驶经验，通常认为从初次领证后的1～3年为事故多发期。

4.根据安全记录划分

安全记录可以反映驾驶人的驾驶心理素质和对待风险的态度，经常发生交通事故的驾驶人可能存在某一方面的缺陷。

从以上对比和分析可以看出，从人费率模式相对于从车费率模式具有更科学和合理的特征，所以，我国正在积极探索，逐步将从车费率的模式过渡到从人费率的模式，我国各保险公司在厘定车险费率时都不同程度地考虑了上面的“从车从人”因素。

【提问】　试分析从车费率模式及从人费率模式的局限性？

从车因素，就车型系数而言，由于我国目前对于车型的判断较粗，车型系数也缺乏足够的可靠性。例如，同样是桑塔纳，不同出厂年份对应的费率也应不同，因此对于投保车辆按车型分类的同时，还应该将同一车型按不同年份进行分类。

从人因素，因为私家车一般没有固定的驾驶人，或家里人开，或借给别人开，所以私家车车主以自己作为投保人向保险公司投保时，填写的投保人性别、年龄缺乏可靠性。再例如，由于有些人有本无车或取得驾驶证多年后才开车，所以对投保人按驾驶经验多少来确定保费也欠缺合理性。

四、影响汽车保险费的因素

（一）车辆自身因素

1.厂牌车型

由于世界各国车厂众多，不同厂家生产的车辆特点不同，车辆的安全性能也不同，即使是同一厂牌的汽车，不同型号之间的差异也比较明显。因此，在厘定汽车保险费率时，厂牌和型号是重要的因素。

根据有关资料，厂牌车型的风险排列状况为：美国、西北欧车＜日本车＜韩国车＜国产车＜其他类车。但是，目前我国合资生产的某些车辆在质量、性能上已经超过了部分国外品牌车辆。因此，在同一行驶区域、同一使用性质条件下，不同厂牌车辆的风险不同，费率厘定及承保条件也不相同。

2.车辆种类

目前国内机动车主要分为五种，即客车、货车、专用车、摩托车和拖拉机。

(1)客车。客车主要用来运输人员，其运客能力主要用座位数来衡量。座位数是指车辆拥有的可供乘客乘坐的标准座位的数量。

座位数的多少直接关系到两方面的风险：①乘客责任的风险。在一般情况下，座位数越多，运载的乘客数也就越多，对于乘客的责任险而言，其风险就越大。因此，在承保乘客责任险时，要充分考虑车辆的座位数量。②第三者责任的风险。座位数越多的车辆，车体往往也越大，这类车辆的方向性和制动性也较差，容易发生交通事故。在发生事故时，往往对第三者或自身车体的损坏也就越大，因此在承保第三者责任险时，要予以适当考虑。

目前国内客车主要分为三类：①6座以下客车，这类车辆实际主要指小轿车；②6座至20座(不含)客车，主要指面包车及小客车；③20座及以上客车，主要指大客车。

(2)货车。货车主要指那些用来运送货物的车辆。其货运能力主要以吨位数来衡量。吨位数与座位数的特点较为相似，一个是针对人，一个是针对货物。因此，在承保车上货物责任险时，要充分考虑吨位数。

目前国内货车主要分为三类:①2t 以下货车;②2～10t(不含)货车;③10t 及以上货车。

(3)专用车。专用车是指装置有专用设备,具备专用功能,用于承担专门运输任务或专项作业以及其他专项用途的汽车,如油罐车、气罐车、液灌车、冷藏车、起重车、装卸工程车、监测车、消防车、清洁车、医疗车、救护车等。各种专用车由于具有特殊的使用性能,也就具有特殊的风险性,如油罐车、气罐车、液罐车一般以装载物品为主;起重车、装卸车存在较大的作业风险;冷藏车一旦发生事故,修复费用比一般车辆要高。所以,在承保专用车时应考虑其特殊性。

(4)摩托车。摩托车是指由汽油机驱动,靠手把操纵前轮转向的两轮或三轮车,具有轻便灵活、行驶迅速的特点,但同时适应性和安全性较差。一旦发生事故,造成损失的可能性也较大。

(5)拖拉机。拖拉机主要分为三类,即手扶拖拉机、小型四轮拖拉机及大中型拖拉机。拖拉机按用途分为农用机械和作业运输工具两类。拖拉机的风险除与其设计、使用功能有关外,主要与驾驶员的技术水平有关。

3. 排气量

排气量体现了汽车的发动机规格。通常排气量是针对 14 座以下的客车而言,对其他车辆未予细分。

排气量越大,汽车的动力性能也越大,对同一类汽车而言,意味着速度越快,出事故的可能性也越大,风险也就越高。因此,评估这类汽车时要考虑排气量的因素,尤其是排气量大的机动车辆。根据目前市场上的汽车情况,按排气量将汽车分为 5 类,如表 3-1 所示。

表 3-1　汽车按排气量分类

微型轿车	普通级轿车	中级轿车	中高级轿车	高级轿车
1.0L 及以下	1.0～1.6L	1.6～2.5L	2.5～4.0L	4.0L 以上

4. 车龄

车辆状况与车龄有直接关系,车龄越大则车的已使用年限越长,车辆的磨损与老化的程度越高,从而导致车况越差,使车辆发生事故的频率也就越高。因此,在费率厘定时,也要认真考虑车龄的因素。

5. 行驶区域

车辆行驶区域是指车辆行驶的地域范围。根据我国地理情况,将车辆行驶区域分为三类,即省内(含直辖市,自治区)行驶、国内行驶、出入国境行驶。车辆的行驶范围不同,驾驶员对不同地区的交通规则、地理环境等熟悉程度不同,在不同地区造成损失承担的赔偿责任不同,车辆的风险状况也不同。整体而言,随着行驶区域的不断扩大,风险程度也会增加。

6. 使用性质

不同车辆有不同的用途,因此具有不同的风险。根据车辆的使用性质,国内目前将车辆分为营运车辆和非营运车辆。营运车辆工作时间长,车辆磨损率及事故率都要比非营运车辆高,因此,营运车辆风险比非营运车辆要高。

7. 所属性质

由于车辆保险极易发生道德风险,道德风险主要是由车辆所属性质决定的,因此,即使同样是营运车辆,由于其所有人的不同,风险情况也不同。

就营运车辆而言，企业的营运车辆往往是以车队的形式出现，且为国有或集体企业所有，投保时也往往是将所有车辆投保于一家保险公司，投保的目的比较明确，就是为意外事故的发生提供保障，因此道德风险因素相对较低。个体营运车辆则与其有区别，由于车辆多为个体营运者所有，投保的目的除为意外事故的发生提供保障外，还往往有潜在道德风险的可能。因此，由于车辆所属性质不同，风险状况也不同。在营运车辆中车辆的风险大小排列顺序是：租赁车辆＞出租车辆＞公路客运车辆＞公交客运车辆。

（二）驾驶人员因素

汽车事故的发生率与驾驶员本身有着密切的关系。根据交通事故统计分析，造成交通事故发生的原因主要分为三类，即驾驶员、行人和车辆。因驾驶员的原因而发生的事故约占95%，行人的占4.5%，而属于车辆自身因素的仅占0.5%，因此，可以看出汽车事故约80%～90%是由驾驶员而引起的。驾驶员的年龄、经验、职业、婚姻状况、品行、肇事记录等因素都与驾驶员安全行驶密切相关。

1.年龄

驾驶员的年龄与汽车事故的概率显现相关特性。24岁以下的年轻人，因年轻气盛，性情不稳定，往往喜欢开快车，因而发生交通事故的概率很高。54岁以上的老年人，驾驶车辆速度相对较慢，但因反应相对较为缓慢，也容易导致交通事故的发生，但事故的比例较小，一般为小事故。24～54岁的中青年人生理上具备优势，具有一定的驾驶经验，分析和判断能力较强，具有稳健的心态和较强的责任感，驾驶车辆相对安全。

2.性别

交通事故肇事记录同性别有密切关系。整体而言，男性驾驶员中重大事故肇事率比女性高，这主要由于男性的性别特征决定了其更具有冒险性，驾驶车辆整体速度较快。同时，在酗酒肇事事故中男性的比例也明显高于女性。国外保险公司因此根据驾驶员的性别设定不同的费率系数，按不同的系数收取保险费。

3.经验、职业和婚姻状况

国外保险公司还根据驾驶员的经验、职业及婚姻状况进行了详细的分析统计。统计结果表明，驾驶员中有驾驶经验、白领职业及已婚驾驶员的肇事记录相对较少，而初学驾驶、非白领职业及未婚驾驶员的肇事记录明显较高。

4.品行、肇事记录

国外保险公司在核保时，对驾驶人员另外所要考虑的两个因素就是驾驶人员的肇事记录及品行，对有肇事记录及品行不端者适当加费，甚至拒绝承保，以便加强风险控制。目前，我国在对汽车驾驶员的管理中普遍采用了记分制度，在采用从人费率模式的条件下，可将这一制度作为确定被保险人风险等级的重要依据。

（三）地理环境因素

1.气候

我国地域广阔，从南到北，从东到西，气候差异很大，东部与南部的气候温暖湿润，雨水较多，雨季较长。西部与北部气候寒冷干燥，雨水较少，但降雪较多。由于气候的差异，对车辆造成的风险也有很大的区别。总体而言，由于东部与南部雨水多，导致车辆锈损较严重，同时在雨季因路面较滑，事故也会增多，此外车辆水浸的现象较多。而西部与北部则因冬季气候寒冷，降雪较多，路面较滑，在冬季事故明显增多，同时个别地区因异常寒冷，有车内生火取暖情况，容易导致燃烧。

2. 地形、地貌

我国地形、地貌差异非常大，有平原、丘陵、山地等各种复杂的地形，不同地形、地貌，对车辆的风险也有不同的影响。平原地区由于地势平缓、视野开阔，行车比较安全。山地则由于地势高低不平，道路曲折，路面狭窄，隧道和桥梁较多，容易发生交通事故，特别是恶性交通事故。

3. 路面状况

路面状况通常按道路等级来划分，不同的道路等级反映不同的路面设计标准和施工工艺。路面状况对汽车的行车安全及车辆损耗有直接影响：路面状况较好的路段，车辆的事故率则相对较低；路面较差的路段，车辆的事故率则明显要高。

另外，交通量的大小也直接影响驾驶员的心理状况，也影响交通事故率的高低。一般来说，交通量大、情况复杂的路段事故发生率高，如交叉路口高于平直路段，城市道路高于公路，出入口繁忙路段高于一般路段，而重大交通事故主要发生在郊区。原因是郊区的管理人员较少，管理不严格，道路交通条件差，高速行车现象严重，行人没有良好的交通习惯，极易导致事故发生。

（四）社会环境因素

1. 法制环境

车辆保险是一种高事故率、高频度补偿的保险业务，同时事故的原因、补偿的对象及补偿的依据均有相当大的差异。在这种情况下，如果法制比较健全，在事故发生后，责任的鉴定、补偿的处理就会有法可依，从而使保险人与被保险人的利益均受到比较全面的保障。否则便会产生很多法律纠纷，为社会带来许多不良影响。

2. 治安环境

盗抢风险是汽车主要的风险之一，而这一风险同使用地区的社会治安状况联系最为紧密。我国地域广阔，各地社会治安状况有很大的差别，社会治安状况好的地方，盗窃、抢劫或抢夺的发生率都比较低。

3. 市场环境

汽车保险市场环境可以分为市场监管和行业自律。保险公司的主管机关的监管对保险的风险管理有相当大的影响。我国的保险市场正处于逐步建立和完善的阶段，如果整体经营效果好，随着竞争加剧，费率不断下降，成本会不断上升，持续发展会使经营恶化，往往会导致承保条件重新调整，费率调整。如果监管得好，则这种趋势会比较缓慢，市场会相对比较平稳；如果监管不严，市场波动会比较剧烈，导致市场混乱，使保险公司的经营风险增大。同时，行业自律行为也是规范市场、降低风险的有效手段。行业自律组织是保险人自发进行的行业自律行为，具有较强的主动特色，所以特定时期能够起到有效的推动作用。正因为行业的监管和自律能够有效防止保险中的逆选择和道德风险，因此必须重视这个机构在防范风险中的作用。

4. 人文环境

汽车的风险与其所处的人文环境有密切的联系。人文环境主要涉及人的文化素质、法律意识、安全意识等。相对而言，城市人口受教育程度和对交通法规熟悉程度均普遍比农村人口高，安全意识也较高，因而，城市的人文环境风险较小。

【项目实施】

结合本项目导入案例，根据所学知识，完成如表 3-2 所示的任务实施工单。

表 3-2　任务实施工单

序号	任务实施对象	任务实施步骤	任务实施结果
1	汽车保险费率相关知识	1. 影响保险费用的因素	
		2. 汽车保险费率的模式	
2	投保人的基本情况和保险需求	1. 投保人基本情况	
		2. 被保险车辆情况	
		3. 被保险人历史出险情况	
		4. 投保人新的保险需求	

【想一想，练一练】

简答题

1. 确定保险费率时应遵循哪些原则？
2. 从车费率模式与从人费率模式相比较，各自的优缺点有哪些？
3. 影响汽车保险费率的因素有哪些？

项目二　汽车保险费用的计算

【项目描述】

保险费的高低由多种因素决定，车主缴纳的保费不单纯受到自身车辆以及过去投保情况等影响，还由于安全系数、客户忠诚系数、无赔款优待系数等概念的引入，使得保险费的计算有了新的变化。汽车保险费用是在确定车辆保险费率的基础上，根据投保人所选择险种的保险金额和赔偿限额来计算的。

【导入案例】　张先生购买了一辆汉兰达轿车近三年，车辆实际价值为 280800 元。保险即将到期，张先生接到了很多保险公司工作人员打来的电话，请求其购买保险，并都为其提供了相应的保险方案。张先生看了后发现，各个保险公司的价格都有差别。那么，保险费到底是如何计算出来的？它与哪些因素有关呢？

【项目分析】

本项目通过汽车保险费率的确定进一步介绍交强险、第三者责任险、机动车损失保险及相关附加险种保险费的计算方法，利用费率调整系数对标准保险费进行调整，获得应缴保费，使学生了解保险费的确定过程。

【知识平台】

一、交强险的保费计算

交强险的责任限额和费率水平直接涉及人民群众的切身利益，受到社会各方面的高度关注。我国的交强险费率厘定坚持不盈不亏的原则，也就是说，在厘定交强险费率时只考虑成本因素，不设定预期利润率。同一车型的新车第一年的交强险基础费率实行全国统一保险价格，之后通过实行“奖优罚劣”的费率浮动机制，并根据各地区经营情况，逐步在费率中加入地区差异因素等，进而实行差异化费率。

（一）基础保险费的计算

1. 一年期基础保险费的计算

投保一年期机动车交通事故责任强制保险的，根据《机动车交通事故责任强制保险基础费率表》（见表 3-3）中相对应的金额确定基础保险费。

表 3-3　交强险基础费率（2008 版）

车辆类型	序号	车辆明细分类	保险费（元）
一、家庭自用车	1	家庭自用汽车 6 座以下	950
	2	家庭自用汽车 6 座以上	1100
二、非营业客车	3	企业非营业汽车 6 座以下	1000
	4	企业非营业汽车 6～10 座	1130
	5	企业非营业汽车 10～20 座	1220
	6	企业非营业汽车 20 座以上	1270
	7	机关非营业汽车 6 座以下	950
	8	机关非营业汽车 6～10 座	1070
	9	机关非营业汽车 10～20 座	1140
	10	机关非营业汽车 20 座以上	1320
三、营业客车	11	营业出租租赁 6 座以下	1800
	12	营业出租租赁 6～10 座	2360
	13	营业出租租赁 10～20 座	2400
	14	营业出租租赁 20～36 座	2560

续表

车辆类型	序号	车辆明细分类	保险费(元)
三、营业客车	15	营业出租租赁 36 座以上	3530
	16	营业城市公交 6～10 座	2250
	17	营业城市公交 10～20 座	2520
	18	营业城市公交 20～36 座	3020
	19	营业城市公交 36 座以上	3140
	20	营业公路客运 6～10 座	2350
	21	营业公路客运 10～20 座	2620
	22	营业公路客运 20～36 座	3420
	23	营业公路客运 36 座以上	4690
四、非营业货车	24	非营业货车 2 吨以下	1200
	25	非营业货车 2～5 吨	1470
	26	非营业货车 5～10 吨	1650
	27	非营业货车 10 吨以上	2220
五、营业货车	28	营业货车 2 吨以下	1850
	29	营业货车 2～5 吨	3070
	30	营业货车 5～10 吨	3450
	31	营业货车 10 吨以上	4480
六、特种车	32	特种车一	3710
	33	特种车二	2430
	34	特种车三	1080
	35	特种车四	3980
七、摩托车	36	摩托车 50CC 及以下	80
	37	摩托车 50～250CC(含)	120
	38	摩托车 250CC 以上及侧三轮	400
八、拖拉机	39	兼用型拖拉机 14.7kW 及以下	按保监产险【2007】53 号实行地区差别费率
	40	兼用型拖拉机 14.7kW 以上	
	41	运输型拖拉机 14.7kW 及以下	
	42	运输型拖拉机 14.7kW 以上	

注:1. 座位和吨位的分类都按照“含起点不含终点”的原则来解释。

2. 特种车一:油罐车、汽罐车、液罐车;特种车二:专用净水车、特种车一以外的罐式货车,以及用于清障、清扫、清洁、起重、装卸、升降、搅拌、挖掘、推土、冷藏、保温等的各种专用机动车;特种车三:装有固定专用仪器设备,从事专业工作如监测、消防、运钞、医疗、电视转播等的各种专用机动车;特种车四:集装箱拖头。

3. 挂车根据实际的使用性质并按照对应吨位货车的 30%计算。

4. 低速载货汽车参照运输型拖拉机 14.7kW 以上的费率执行。

机动车交通事故责任强制保险按机动车种类、使用性质分为家庭自用汽车、非营业客车、营业客车、非营业货车、营业货车、特种车、摩托车和拖拉机 8 种类型。

(1)家庭自用汽车:是指家庭或个人所有,且用途为非营业性的客车。

(2)非营业客车:是指党政机关、企事业单位、社会团体、使领馆等机构从事公务或在生产经营活动中不以直接或间接方式收取运费或租金的客车,包括党政机关、企事业单位、社会团体、使领馆等机构为从事公务或在生产经营活动中承租且租赁期限为 1 年或 1 年以上的客车。

非营业客车分为党政机关、事业团体客车和企业客车。用于驾驶教练、邮政公司用于邮递业务、快递公司用于快递业务的客车、警车、普通囚车、医院的普通救护车、殡葬车按照其行驶证上载明的核定载客数,适用对应的企业非营业客车的费率。

(3)营业客车:是指用于旅客运输或租赁,并以直接或间接方式收取运费或租金的客车。

营业客车分为城市公交客车、公路客运客车和出租、租赁客车。旅游客运车按照其行驶证上载明的核定载客数,适用对应的公路客运车费率。

(4)非营业货车:是指党政机关、企事业单位、社会团体自用或仅用于个人及家庭生活,不以直接或间接方式收取运费或租金的货车(包括客货两用车)。货车是指载货机动车、厢式货车、半挂牵引车、自卸车、电瓶运输车、装有起重机械但以载重为主的起重运输车。

用于驾驶教练、邮政公司用于邮递业务、快递公司用于快递业务的货车按照其行驶证上载明的核定载质量,适用对应的非营业货车的费率。

(5)营业货车:是指用于货物运输或租赁,并以直接或间接方式收取运费或租金的货车(包括客货两用车)。货车是指载货机动车、厢式货车、半挂牵引车、自卸车、电瓶运输车、装有起重机械但以载重为主的起重运输车。

(6)特种车:是指用于各类装载油料、气体、液体等专用罐车;或用于清障、清扫、清洁、起重、装卸(不含自卸车)、升降、搅拌、挖掘、推土、压路等的各种专用机动车,或适用于装有冷冻或加温设备的厢式机动车;或车内装有固定专用仪器设备,从事专业工作的监测、消防、运钞、医疗、电视转播、雷达、X 光检查等机动车;或专门用于牵引集装箱箱体(货柜)的集装箱拖头。

特种车按其用途共分成 4 类,不同类型机动车采用不同收费标准:

特种车一:油罐车、汽罐车、液罐车;

特种车二:专用净水车、特种车一以外的罐式货车,以及用于清障、清扫、清洁、起重、装卸(不合自卸车)、升降、搅拌、挖掘、推土、冷藏、保温等的各种专用机动车;

特种车三:装有固定专用仪器设备,从事专业工作如监测、消防、运钞、医疗、电视转播等的各种专用机动车;

特种车四:集装箱拖头。

(7)摩托车:是指以燃料或电瓶为动力的各种两轮、三轮摩托车。

摩托车分成三类:50CC 及以下,50～250CC(含)、250CC 以上及侧三轮。正三轮摩托车按照排气量分类执行相应的费率。

(8)拖拉机按其使用性质分为兼用型拖拉机和运输型拖拉机。

兼用型拖拉机是指以田间作业为主,通过铰接连接牵引挂车可进行运输作业的拖拉机。

兼用型拖拉机分为 14.7kW 及以下和 14.7kW 以上两种。

运输型拖拉机是指货箱与底盘一体,不通过牵引挂车可运输作业的拖拉机。运输型拖拉机分为 14.7kW 及以下和 14.7kW 以上两种。

低速载货汽车参照运输型拖拉机 14.7kW 以上的费率执行。

(9)挂车:是指就其设计和技术特征需机动车牵引才能正常使用的一种无动力的道路机动车。

挂车根据实际的使用性质并按照对应吨位货车的 30%计算。装置有油罐、汽罐、液罐的挂车按特种车一的 30%计算。

2.短期基础保险费的计算

保险期限如果不足一年,则按短期保险费率计算。短期保险费率主要分为日率和月率。

(1)日率:适用于已经参加保险的被保险人新增车辆投保或同一保险车辆新增其他险种,为统一保险终止日期而签订的保险合同。保险费的计算方法为:

短期保险费=年保费×保险天数/365

(2)月率:适用于保险期限不足一年的保险合同。当保险期限不足一个月时,按整月计算。短期月费率系数如表 3-4 所示,保险费的计算方法为:

短期基础保险费=年基础保险费×短期月费率系数

表 3-4　短期月费率系数

保险期间(月)	1	2	3	4	5	6	7	8	9	10	11	12
短期月费率系数(%)	10	20	30	40	50	60	70	80	85	90	95	100

(二)保险费的计算办法

交强险最终保险费的计算公式为:

交强险最终保险费=交强险基础保险费×(1+与道路交通事故相联系的浮动比率)

实行"奖优罚劣"费率浮动机制的目的是利用费率杠杆的经济调节手段来提高驾驶员的道路交通安全法律意识,督促安全行驶,以便有效预防和减少道路交通事故的发生。

机动车交通事故责任强制保险基础费率浮动因素和浮动比率按照《机动车交通事故责任强制保险费率浮动暂行办法》(保监发〔2007〕52 号)执行,交强险费率浮动因素及比率如表 3-5 所示。

表 3-5　交强险费率浮动因素及比率

浮动因素			浮动比率(%)
与道路交通事故相联系的浮动 A	A1	上一个年度未发生有责任道路交通事故	−10
	A2	上两个年度未发生有责任道路交通事故	−20
	A3	上三个及以上年度未发生有责任道路交通事故	−30
	A4	上一个年度发生一次有责任不涉及死亡的道路交通事故	0
	A5	上一个年度发生两次及两次以上有责任道路交通事故	10
	A6	上一个年度发生有责任道路交通死亡事故	30

【例 3.1】　王某一辆 6 座以下非营业用个人汽车投保交强险,上一年度发生一次有责任

但不涉及死亡的道路交通事故，试计算本年交强险应缴保险费。

交强险最终保险费＝950×(1＋0)＝950(元)

【例 3.2】 某学校一辆 11 座别克商务车于 2013 年 8 月 1 日到保险公司投保交强险，该车准备于 2013 年 12 月 28 日报废，上年度发生过两次有责任的赔付事故(未涉及伤亡)，试计算交强险应缴保险费。

交强险应缴保险费＝1140×(1＋10％)×50％＝627(元)

(三)解除保险合同保险费的计算办法

根据《机动车交通事故责任强制保险条例》规定解除保险合同时，保险人应按如下标准计算退还投保人保险费。

(1)投保人已缴纳保险费，但保险责任尚未开始的，全额退还保险费。

(2)投保人已缴纳保险费，但保险责任已开始的，退回未到期责任部分保险费。退还保险费的计算公式为：

退还保险费＝保险费×(1－已了责任天数/保险期间天数)

二、商业险主险的保险费计算

(一)第三者责任险保险费计算

(1)按照投保人类别、车辆用途、座位数/吨位数/排量/功率、责任限额直接查找保险费；

(2)挂车根据实际的使用性质并按对应吨位货车保险费的 30％计算；

(3)联合收割机保险费按农用 14.7kW 以上拖拉机计收。

第三者责任险保险费率如表 3-6 所示，保险费的计算公式为：

第三者责任险保险费＝固定保险费

表 3-6 第三者责任险保险费率表(部分)

家庭自用汽车与非营业用车		责任限额						
		5 万元	10 万元	15 万元	20 万元	30 万元	50 万元	100 万元
家庭自用汽车	6 座以下	625	902	1029	1117	1262	1514	1972
	6～10 座	717	1009	1141	1230	1377	1639	2136
	10 座以上	717	1009	1141	1230	1377	1639	2136
企业非营业客车	6 座以下	714	1007	1138	1227	1374	1635	2130
	6～10 座	801	1140	1294	1399	1572	1877	2444
	10～20 座	872	1245	1414	1530	1722	2058	2681
	20 座以上	928	1368	1571	1718	1951	2354	3067

【例 3.3】 某 6 座以下家庭自用汽车，投保 30 万元的第三者责任险，应缴保险费是多少？

根据保险费率表查询可知，第三者责任险保险费＝固定保险费＝1262 元

(二)机动车损失险保险费计算

(1)按照投保人类别、车辆用途、座位数/吨位数/排量/功率、车辆使用年限所属档次查找基础保险费和费率。

机动车损失险保险费率如表 3-7 所示，保险费的计算公式为：

机动车损失险保险费＝基础保险费＋保险金额×费率

表 3-7　机动车损失险保险费率(部分)

<table>
<tr><td colspan="2" rowspan="3">家庭自用汽车
与非营业用车</td><td colspan="8">机动车损失保险</td></tr>
<tr><td colspan="2">1 年以下</td><td colspan="2">1～2 年</td><td colspan="2">2～6 年</td><td colspan="2">6 年以上</td></tr>
<tr><td>基础保费（元）</td><td>费率（%）</td><td>基础保费（元）</td><td>费率（%）</td><td>基础保费（元）</td><td>费率（%）</td><td>基础保费（元）</td><td>费率（%）</td></tr>
<tr><td rowspan="3">家庭
自用汽车</td><td>6 座以下</td><td>527</td><td>1.250</td><td>502</td><td>1.190</td><td>497</td><td>1.182</td><td>512</td><td>1.216</td></tr>
<tr><td>6～10 座</td><td>632</td><td>1.250</td><td>602</td><td>1.190</td><td>596</td><td>1.182</td><td>614</td><td>1.216</td></tr>
<tr><td>10 座以上</td><td>632</td><td>1.250</td><td>602</td><td>1.190</td><td>596</td><td>1.182</td><td>614</td><td>1.216</td></tr>
<tr><td rowspan="4">企业非
营业客车</td><td>6 座以下</td><td>368</td><td>1.22</td><td>351</td><td>1.16</td><td>347</td><td>1.15</td><td>358</td><td>1.18</td></tr>
<tr><td>6～10 座</td><td>442</td><td>1.16</td><td>421</td><td>1.10</td><td>417</td><td>1.09</td><td>430</td><td>1.13</td></tr>
<tr><td>10～20 座</td><td>442</td><td>1.24</td><td>421</td><td>1.18</td><td>417</td><td>1.17</td><td>430</td><td>1.21</td></tr>
<tr><td>20 座以上</td><td>461</td><td>1.24</td><td>439</td><td>1.18</td><td>434</td><td>1.17</td><td>447</td><td>1.21</td></tr>
</table>

【例 3.4】 某 6 座以下家庭自用汽车投保车损险，车龄为 1 年以下，保险金额为 15 万元，应缴保险费是多少？

根据保险费率表，查得对应的基础保险费为 527 元，费率为 1.25%。则

该车辆车损险保险费＝527＋150000×1.25%＝2402(元)

【例 3.5】 某 7 座企业非营业客车投保车损险，车龄为 2 年，保险金额为 20 万元，应缴保险费是多少？

根据保险费率表，查得对应的基础保险费为 417 元，费率为 1.09%。则

该车辆车损险保险费＝417＋200000×1.09%＝2597(元)

(2)如果投保人选择不足额投保，即保险金额小于新车购置价，保险费应作相应调整。

保险费＝(0.05＋0.95×保险金额/新车购置价)×足额投保时的标准保险费

(3)36 座以上营业客车新车购置价低于 20 万元的，按照 20～36 座营业客车对应档次的保险费计收。

(4)挂车保险费按同吨位货车对应档次保险费的 50%计收。

(三)机动车盗抢险保险费计算

机动车盗抢险按照投保人类别、车辆用途、座位数、车辆使用年限查找基础保险费和费率。

机动车盗抢险保险费率如表 3-8 所示，保险费的计算公式为：

机动车盗抢险保险费＝基础保险费＋保险金额×费率

表 3-8 机动车盗抢险、车上人员责任险保险费率(部分)

家庭自用汽车与非营业用车		盗抢险		车上人员责任险	
		基础保费(元)	费率(%)	驾驶人(%)	乘客(%)
家庭自用汽车	6 座以下	102	0.417	0.357	0.23
	6～10 座	119	0.374	0.332	0.213
	10 座以上	119	0.374	0.332	0.213
企业非营业客车	6 座以下	120	0.39	0.41	0.25
	6～10 座	130	0.46	0.39	0.23
	10～20 座	130	0.48	0.39	0.23
	20 座以上	140	0.39	0.41	0.25

【例 3.6】 某 5 座家庭自用汽车投保盗抢险，保险金额为 10 万元，应缴保险费是多少？

根据保险费率表，查得对应的基础保险费为 102 元，费率为 0.417%，则

该车辆盗抢险保险费＝102＋100000×0.417%＝519(元)

(四)车上人员责任险保险费计算

车上人员责任险按照投保人类别、车辆用途、座位数、投保方式查找费率。

车上人员责任险保险费率如表 3-8 所示，保险费的计算公式为：

驾驶人保险费＝每次事故责任限额×费率

乘客保险费＝每次事故责任限额×费率×投保乘客座位数

【例 3.7】 某 5 座家庭自用汽车投保车上人员责任险，约定驾驶人每次事故责任限额为 5 万元，每位乘客每次事故责任限额为 3 万元，应缴保险费是多少？

根据保险费率表，查得对应的费率为：驾驶人 0.357%，乘客 0.23%，则

驾驶人保险费＝50000×0.357%＝178.5(元)

乘客保险费＝30000×0.23%×4＝276(元)

三、商业险附加险的保险费计算

(一)玻璃单独破碎险保险费计算

玻璃单独破碎险按照投保人类别、座位数、投保国产/进口玻璃查找费率。

玻璃单独破碎险保险费率如表 3-9 所示，保险费的计算公式为：

玻璃单独破碎险保险费＝新车购置价×费率

对于特种车，防弹玻璃等特殊材质玻璃标准保险费上浮 10%。

表 3-9　玻璃单独破碎险保险费率(部分)

家庭自用汽车与非营业用车		玻璃单独破碎险费率	
		国产玻璃(%)	进口玻璃(%)
家庭自用汽车	6 座以下	0.162	0.264
	6～10 座	0.162	0.255
	10 座以上	0.187	0.306
企业非营业客车	6 座以下	0.15	0.28
	6～10 座	0.15	0.28
	10～20 座	0.17	0.32
	20 座以上	0.18	0.33

【例 3.8】 某 5 座家庭自用汽车投保玻璃单独破碎险，新车购置价为 10 万元，约定按国产玻璃投保，应缴保险费是多少？

根据保险费率表，查得对应的费率为 0.162%，则

该车辆玻璃单独破碎险的保险费＝100000×0.162%＝162(元)

(二)车身划痕损失险保险费计算

车身划痕损失险按新车购置价、车龄、保险金额所属档次直接查找保险费，车身划痕损失险保险费率如表 3-10 所示。

表 3-10　车身划痕损失险保险费

车龄	保额(元)	新车购置价(元)		
		30 万元以下	30 万～50 万元	50 万元以上
2 年以下	2000	340	498	723
	5000	485	765	935
	10000	646	995	1275
	20000	969	1513	1913
2 年及以上	2000	519	765	935
	5000	723	1148	1275
	10000	1105	1530	1700
	20000	1615	2210	2550

【例 3.9】 某 5 座家庭自用汽车投保车身划痕损失险，车龄为 1 年，新车购置价为 20 万元，保险金额为 1 万元，应缴保险费是多少？

根据保险费率表，查得对应的保险费为 646 元，则

该车辆的车身划痕损失险的保险费＝646 元。

(三)车上货物责任险保险费计算

车上货物责任险按照责任限额，分营业用、非营业用查找费率。车上货物责任险最低责任限额为人民币 2 万元。

保费的计算公式为：

车上货物责任险保险费＝基础保险费＋（责任限额－20000）×费率

（四）自燃损失险保险费计算

自燃损失险的保险费按照车辆的使用年限查找费率（见表3-11），其计算公式为：

自燃损失险保险费＝保险金额×费率

表3-11　自燃损失险保险费率

地区	1年以下	1～2年	2～6年	6年以上
深圳	0.128%	0.153%	0.170%	0.255%
其他地区	0.128%	0.153%	0.170%	0.196%

（五）机动车提车险保险费计算

机动车提车险保险费如表3-12所示。保险期间分为30天或10天。保险期间为30天时，按照费率表所对应的险种直接查找费率；保险期间为10天时，费率为费率表对应险种费率的50%。

表3-12　机动车提车险保险费(部分)

险别/车种		保险费(元)			
车损险新车购置价		5万以下	5万～10万	10万～15万	15万～20万
客车		100	200	290	350
货车		130	250	360	430
车损险新车购置价		20万～30万	30万～50万	50万～100万	100万以上
客车		500	720	1250	1850
货车		630	890	1560	2040
第三者责任险限额	5万	10万	20万	50万	100万
客车	50	60	70	80	100
货车	60	70	90	110	120
车上人员责任险限额		1万	2万	5万	10万
每座保险费	客车	6	11	26	53
	货车	8	16	41	81

其中：第三者责任险保险费按照机动车种类和三责险责任限额直接查找；机动车损失险保险费按照机动车种类和新车购置价直接查找；车上人员责任险按照机动车种类和责任限额查找每座保险费，保险费＝每座保费×投保座位数。

（六）机动车停驶损失险保险费计算

机动车停驶损失险保险费的计算公式为：

机动车停驶损失险保险费＝约定的最高赔偿天数×约定的最高日责任限额×固定费率（8.5%）

（七）新增加设备损失险保险费计算

新增加设备损失保险保险费的计算公式为：

新增加设备损失保险保险费＝本附加险保险金额×车损险标准保险费/车损险保险金额

（八）附加换件特约条款保险费计算

附加换件特约条款保险费的计算公式为：

附加换件特约条款保险费＝车损险标准保险费×固定费率（10%）

（九）发动机特别损失险保险费计算

发动机特别损失险保险费的计算公式为：

发动机特别损失险保险费＝车损险标准保险费×固定费率（5%）

（十）随车行李物品损失险保险费计算

随车行李物品损失险保险费的计算公式为：

随车行李物品损失险保险费＝保险金额×固定费率（1.7%）

（十一）附加交通事故精神损害赔偿责任险保险费计算

附加交通事故精神损害赔偿责任险保险费的计算公式为：

附加交通事故精神损害赔偿责任险保险费＝每次事故责任限额×固定费率（6.8‰）

（十二）不计免赔特约险保险费计算

不计免赔特约险率如表 3-13 所示，保险费的计算公式为：

不计免赔特约险保险费＝适用本条款的所有险种标准保险费之和×不计免赔特约险费率

表 3-13　不计免赔特约险费率

不计免赔率特约条款	
适用险种	费率（%）
第三者责任保险	15
机动车损失保险	15
车上人员责任险	15
车身划痕损失险	15
机动车盗抢险	20

四、费率调整系数

费率调整系数如表 3-14 所示。

（一）无赔款优待及上年赔款记录费率调整系数

根据历史赔款记录，按照规定的费率调整系数进行调整。

（二）约定行驶区域系数

“场内”指仅在工地、机场、厂区、码头等固定范围内使用。“省内”“固定路线”“场内”三项系数不能同时使用；家庭自用车辆不能使用“固定路线”及“场内”费率调整系数。

（三）承保数量系数

根据同一被保险人或同一投保人在一个投保年度内，在保险公司投保车辆数的情况选择使用。家庭自用车辆不能使用该费率调整系数。

（四）指定驾驶人、性别、驾龄、年龄系数

仅适用于家庭自用车辆指定驾驶人的情况，当指定多名驾驶人时，以乘积高者为准。

（五）经验及预期赔付率系数、管理水平系数

适用于车队。经验及预期赔付率系数、管理水平系数不能同时使用。

（六）使用规则

（1）费率调整系数采用系数连乘的方式：

费率调整系数＝系数 1×系数 2×系数 3×……

（2）使用费率调整系数后，各险别的费率优惠幅度超过监管部门规定的最大优惠幅度，按照监管部门规定的最大优惠幅度执行。

（3）机动车提车保险适用费率调整系数。

（4）费率调整系数不适用于摩托车和拖拉机。

表 3-14　费率调整系数

序号	项目	内容	系数	适用范围
1	无赔款优待及上年赔款记录	连续 3 年没有发生赔款	0.7	所有车辆
		连续 2 年没有发生赔款	0.8	
		上年没有发生赔款	0.9	
		新保或上年赔款次数在 3 次以下	1.0	
		上年发生 3 次赔款	1.1	
		上年发生 4 次赔款	1.2	
		上年发生 5 次及以上赔款	1.3	
2	多险种同时投保	同时投保车损险、三责险	0.95～1.00	
3	客户忠诚度	首年投保	1.00	
		续保	0.90	
4	平均年行驶里程	平均年行驶里程＜30000 公里	0.90	
		平均年行驶里程≥50000 公里	1.1～1.3	
5	安全驾驶	上一保险年度无交通违法记录	0.90	
6	约定行驶区域	省内	0.95	所有车辆
		固定路线	0.92	不适用于家庭自用车辆
		场内	0.80	
7	承保数量	承保数量＜5 台	1.00	不适用于家庭自用车辆
		5 台≤承保数量＜20 台	0.95	
		20 台≤承保数量＜50 台	0.90	
		承保数量≥50 台	0.8	

续表

序号	项目	内容	系数	适用范围
8	指定驾驶人	指定驾驶人员	0.90	仅适用于家庭自用车辆
9	性别	男	1.00	
		女	0.95	
10	驾龄	驾龄＜1 年	1.05	
		1 年≤驾龄＜3 年	1.02	
		驾龄≥3 年	1.00	
11	年龄	年龄＜25 岁	1.05	仅适用于家庭自用车辆
		25 岁≤年龄＜30 岁	1.00	
		30 岁≤年龄＜40 岁	0.95	
		40 岁≤年龄＜60 岁	1.00	
		年龄≥60 岁	1.05	
12	经验及预期赔付率	40％及以下	0.7～0.8	仅适用于车队
		40％～60％	0.8～0.9	
		60％～70％	1.00	
		70％～90％	1.1～1.3	
		90％以上	1.3～2.0	
13	管理水平	根据风险管理水平和业务类型	0.7 以上	
14	车辆损失险车型	特异车型、稀有车型、古老车型	1.3～2.0	所有车辆

注：费率调整系数表不适用于摩托车和拖拉机。

五、批改保费计算

投保人申请办理保单批改，如保险车辆改装车型、变更使用性质及申请增加、降低保险额或赔偿限额时，以未了责任天数、按日费率计算批改保费。

批改保费的计算公式为：

批改保费＝(批改后年保费－批改前年保费)×未了责任天数/365

如果因批改造成浮动比例的变动，应按新的浮动比例计算批改后年保费。当计算结果为正时，代表批增保费，需向投保人加收一定金额的保险费；当计算结果为负时，代表批减保费，需向投保人退还一定金额的保险费。

六、最低保费的规定

每份保单设最低保费 100 元，保单保费不足 100 元时按 100 元计收，合同生效后退保时实收保费不足 100 元时按 100 元计收。

【项目实施】

结合本项目导入案例，根据所学知识，完成如表 3-15 所示的任务实施工单。

表 3-15　任务实施工单

序号	任务实施对象	任务实施步骤	任务实施结果
1	合理选择险种，确定相应费率	1. 选择必要的投保险种	
		2. 确定相应保险费率及浮动系数	
2	运用费率准确计算保险费	1. 准确计算保险费	
		2. 选择相应的优惠处理	

【想一想，练一练】

计算题

1. 某 5 座家庭自用汽车，新车购置价 20 万元，车龄 1 年以下，投保交强险、机动车损失险、第三者责任险、机动车盗抢险、车上人员责任险、玻璃单独破碎险、车身划痕损失险，并对主险均约定不计免赔特约保险。约定机动车损失险保险金额为 20 万元，第三者责任险的责任限额为 30 万元，机动车盗抢险保险金额为 20 万元，车上人员责任险的每座每次事故责任限额均为 3 万元，玻璃单独破碎险以国产玻璃进行投保，车身划痕损失险保险金额为 1 万元。试计算保险费。

2. 武汉地区某 5 座家庭自用汽车，新车购置价 15 万元，车龄 1 年以下，投保第三者责任险、机动车损失险、全车盗抢险、车上人员责任险、车身划痕损失险、自燃损失保险、约定第三者责任险的责任限额为 15 万元，机动车损失险保险金额为 15 万元，车上人员责任险的每座每次事故责任限额均为 3 万元，车身划痕损失险保险金额为 1 万元，盗抢险保险金额为 15 万元，自燃损失险保险金额为 15 万元，并对以上 6 险种均约定不计免赔率特约条款。试计算保险费。

学习单元四
汽车保险方案

【学习目标】

知识目标

1. 掌握汽车保险投保的相关业务内容。
2. 掌握汽车保险合同的相关业务内容。
3. 掌握制定汽车保险方案的相关业务内容。
4. 熟悉常见的典型汽车保险方案。

能力目标

1. 具备熟练对汽车进行投保的能力。
2. 具备填写汽车保险投保单的能力。
3. 具备设计汽车保险方案的能力。
4. 具备与客户沟通的能力。

项目一　汽车保险投保业务

【项目描述】

安全事故中交通事故所占比例最大，我国规定对购买新车实行强制保险，一旦发生交通事故可由保险公司赔偿，解决投保人和第三者的经济负担。购买车辆后，车主购买汽车保险属于汽车保险中的投保环节。熟悉汽车保险投保业务，并指导投保人进行车险投保是保险从业人员必备的基本能力。

【导入案例】 张女士，30岁，驾龄1年，花16万元买了一辆东风本田杰德轿车，作为上下班的代步工具，小区和单位均有固定停车位，车辆也仅限于张女士独自使用。张女士想为自己的新车购买汽车保险，但是不知道应该如何进行购买。

【项目分析】

本项目通过介绍汽车保险投保的相关知识，使学生了解汽车投保的条件、选择投保的原则和内容以及投保的注意事项，熟悉汽车保险合同的概念、特征和主要形式，认识汽车保险合同的主体、客体和内容，明确汽车保险合同的订立、生效和生效时间，掌握汽车保险合同的变更、解除、终止及争议处理的方式，能够应用汽车保险投保基本流程进行正确的投保，并且能够按照规定正确地填写投保单。

【知识平台】

一、汽车保险投保概述

（一）汽车投保的条件

汽车投保应具备如下条件。

（1）投保车辆需有公安交通管理部门核发的车辆号牌。

对于新车投保，需要有新车的购车发票，并且将给车辆上牌照的工作和车辆投保的工作同时进行。另外，对于需要将购买的新车开往异地的情况，需要给车辆投单程提车保险，办理该保险需要有公安交通管理部门核发的临时车辆号牌。

（2）投保车辆需有公安交通管理部门填发的机动车辆行驶证。

（3）投保车辆需有车辆检验合格证。

新车需有出厂前的检验合格证，旧车行驶证上需有年检合格章。投保车辆必须达到国标 GB 7258—2012《机动车辆安全运行技术条件》的要求。

（4）投保车辆需要满足保险合同中对投保车辆的要求。

《中国保险行业协会机动车辆商业保险示范条款》提出被保险机动车的要求，即指在中华人民共和国境内（不含港、澳、台地区）行驶，以动力装置驱动或者牵引，上道路行驶的供人员乘用或者用于运送物品以及进行专项作业的轮式车辆（含挂车）、履带式车辆和其他运载工具，但不包括摩托车、拖拉机、特种车。

（二）选择投保的原则

选择投保应遵循如下原则。

1. 国内投保的原则

《保险法》第七条规定："在中华人民共和国境内的法人和其他组织需要办理境内保险的，应当向中华人民共和国境内的保险公司投保。"所以，我国境内的法人和其他组织需要办理境内机动车辆保险业务的，应当向我国境内开办机动车辆保险业务的保险公司投保。或者，我国也允许投保人在经保监会批准"有权经营车险业务的外资保险公司分支机构"进行投保。

2. 信誉第一、服务便捷的原则

保险公司作为经营风险转嫁业务、提供损失补偿的企业，其自身的诚信和服务质量，对投保人或被保险人来说是至关重要的。因此，投保人要想得到可靠的经济补偿和完善的保险服务，就应该选择信誉良好、资产雄厚、经营稳健、网点众多、服务体系完善的保险公司进行投保。

3.性价比最佳的原则

目前，国内各家保险公司已经开办的车险险种较多，投保人选择空间也较大。本着强制投保交强险、适度投保商业险、灵活选择其他险的车险选择原则，投保人在进行投保车险时，要从自身实际用车情况出发，精心选择，从经济实用全面出发，挑选性价比最佳的保险产品。

4.签约透明的原则

在购买机动车辆保险时，投保人对与保险风险有直接关系的情况应当如实告知保险公司，并且如实填写投保单上规定的各项内容。保险公司应当真实、详细地向投保人讲解保险条款相关内容，确保保险签约透明，避免出现不必要的问题。

（三）选择投保的内容

投保选择的内容包括三个方面：选择投保方式、选择保险公司及选择投保险种。

1.选择投保方式

目前，我国汽车投保的方式众多，投保人可根据自身的实际情况进行选择。

以中国人民财产保险股份有限公司举例，为了方便车主投保，人保车险与各种渠道合作，目前可供投保人选择的投保方式有以下6种：

(1)到保险公司投保；

(2)业务员上门服务；

(3)通过保险中介机构投保；

(4)电话投保；

(5)网络投保；

(6)银行和邮政网点投保。

2.选择保险公司

对于车主来说，选择合适的保险公司是和自身利益直接相关的。目前，我国市场上保险公司众多，几乎每家保险公司都有开展车险业务。所以，选择一家合适的车辆保险公司对车主来说也较为困难。

投保人应该认真、全面地考虑各保险公司的资质，选择大品牌、信誉好、技术专业、服务周到而价格又相对低廉的保险公司进行投保，即选择保险公司的四大考虑因素为：品牌、信誉、技术和服务。

理想的保险公司应该具备以下6个条件：

(1)投保的公司应该是在中国境内依法成立、守法经营的保险公司，或者经保监会批准“有权经营车险业务的外资保险公司分支机构”，且是有车险业务经营权的保险公司；

(2)投保的公司为国际、国内知名品牌，有较高的业界口碑；

(3)投保的公司信誉良好，客户满意度高；

(4)投保的公司财务状况良好、经营稳健，有充足的偿付能力；

(5)投保的公司应该组织机构健全，在全国范围内设有较多的机构网点；

(6)投保的公司在投保人所在地的技术力量强大，专业技术人员众多，可以提供良好的服务。

3.选择投保险种

目前,我国各保险公司推出的保险条款众多,费率规章也各有不同。投保人在选择投保险种时较为困难,为了选择合适的险种投保,投保人可以参考以下6个原则,根据自己的经济实力与实际需求有选择地进行投保。

(1)交强险属于强制险,必须购买,但保障不足;

(2)购买足额的第三者责任保险,三责险的保险金额要参考所在地的赔偿标准;

(3)买足车上人员险后,再购买车损险;

(4)购买车损险后再买其他险种;

(5)购买三责险、车上人员险、车损险的不计免赔特约险;

(6)其他险种(盗抢险、玻璃、划痕险、自燃)结合自己的需求购买。

(四)投保的注意事项

投保时要注意如下事项:

(1)履行如实告知义务;

(2)履行缴纳保险费义务;

(3)保险到期时注意提前及时续保;

(4)认真审阅、验证保险单证,核对保单;

(5)不要重复投保和超额投保;

(6)办理投保或续保业务时需携带身份证件;

(7)保险卡和保险单要随身携带;

(8)注意陌生人"骗赔"伎俩。

二、汽车保险投保的基本流程

随着国家法律的日益健全和人们购买保险意识的日益增强,汽车保险已经成为车主必买的保险种类。汽车保险投保是指投保人向保险人提出要约,即投保人到保险公司或保险代理公司购买汽车保险,办理保险手续,与保险人正式签订汽车保险合同的过程。

汽车保险投保的基本流程如图4-1所示。

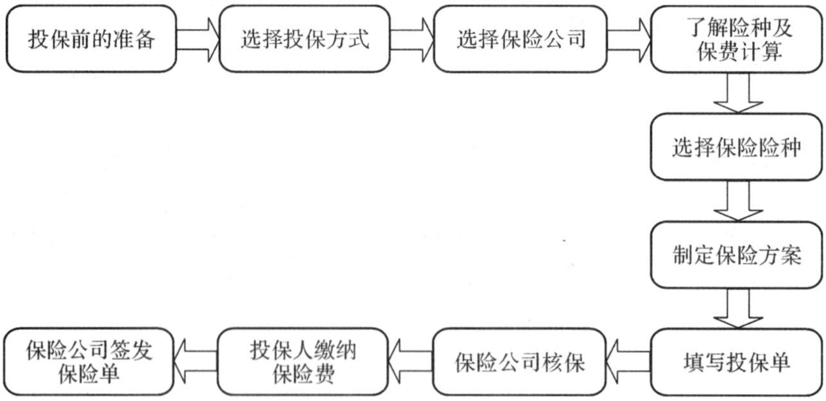

图4-1 汽车保险投保的基本流程

(一)投保前的准备

我国保险行业蓬勃发展,机动车保险已成为各家保险公司的重要保险项目。投保人在投保车险之前应该对机动车保险市场的整体状况进行了解,包括:主要保险公司、各种投保方式、各险种的基本情况、基本的汽车保险知识和自己在使用机动车过程中可能面临的风险。投保前的准备工作是为了确保对车辆进行准确投保。

(二)选择投保方式

各保险公司所开通的投保方式各有新意又大致相同,例如,人保车险的投保方式有6种:到保险公司投保、业务员上门服务、通过保险中介机构投保、电话投保、网络投保及银行和邮政网点投保。投保人可以对已了解的各种投保方式进行比较分析,选择适合自己的投保方式。

(三)选择保险公司

目前,我国机动车保险做得比较好的保险公司有以下10家:平安保险公司、中国人保、太平洋保险公司、中华联合保险公司、大地保险公司、天安保险公司、永安保险公司、阳光保险公司、安邦保险公司和太平保险公司。投保人可以对各保险公司的情况进行对比,选择适合自己的保险公司。

(四)了解险种及保费计算

机动车保险中的常用保险有以下几种:交强险、第三者责任险、车损险、盗抢险、车上人员险、玻璃单独破碎险、车身划痕损失险、不计免赔险等。投保人在清楚了解各险种的保障范围和费率表的基础上,在保险展业人员的帮助下对投保车辆的保费进行计算。

(五)选择保险险种

投保人结合自己用车的主要风险和各险种的保障范围,选择需要的保险险种。

(六)制定保险方案

投保人在确定投保险种后,在保险展业人员的指导下,进行投保险种的合理组合,形成最适合的保险方案。

(七)填写投保单

投保单是投保人向保险人提出要约的书面证明,由投保人填写,经保险人审核并接受,是汽车保险合同的重要组成部分。

1. 投保单的格式

机动车保险/机动车交通事故责任强制保险投保单格式如表4-1所示。

表 4-1　投保单

投保人	投保人名称/姓名 投保车辆数：　辆 投保人住所：　（邮编：　） 联系人姓名：　（固定电话：　移动电话：　）
被保险人	被保险人名称/姓名：　（自然人） 身份证号码：　（单位性质：　） 被保险人地址：　（邮编：　） 联系人姓名：　（固定电话：　移动电话：　）
投保机动车情况	号牌号码：　号牌种类:小型汽车号牌　号牌底色:蓝 被保人与车辆关系：　车主： 厂牌型号：　VIN 码： 发动机号：　车架号： 车身颜色:其他　机动车种类:客车　机动车使用性质:家庭自用 核定载客：　核定载质量：　千克　排量/功率：　整备质量：　吨 已使用年限：　年　年平均行驶里程(公里)：　机动车初次登记日期：　年　月 行使区域:中华人民共和国境内 上年交强险赔款次数：　次　上年商业机动车保险赔款次数：　次 新车购置价：　元 是否为未还清贷款的机动车：　上年是否在本公司投保商业机动车保险： 车损险与车身划痕险选择汽车专修厂：　上一年度交通违法行为：

投保主险条款名称	家庭自用汽车损失险条款

指定驾驶人	姓　名	驾驶证号码	初次领证日期
驾驶人员 1			
驾驶人员 2			
保险期间	自　年　月　日零时起至　年　月　日二十四时止		

投保险种	保险金额/责任限额(元)	保险费(元)
机动车损失险(A)		
商业第三者责任险(B)		
车上人员责任险(司机)(DI)		
车上人员责任险(乘客)(DJ)		
机动车交通事故责任强制保险(BZ)		
车身划痕损失险(L)		
不计免赔率(M)覆盖 A/B/DI/L		
保险费合计(人民币大写)：		

特别约定	本保险车辆出险后，请您与我营业部联系报案、定损相关事宜！ 电话：955××
保险合同争议解决方式	

本保险合同由保险条款、投保单、保险单、批单和特别约定组成。

投保人声明：保险人已将投保险种对应的保险条款(包括责任免除部分)向本人作了明确说明，本人也充分理解；上述所填写的内容均属实，同意以此投保单作为订立保险合同的依据。

投保人签名/盖章：

年　　月　　日

2.投保单的内容

投保单的内容一般包括投保人的基本情况、被保险人的基本情况、投保机动车的基本情况、驾驶人的基本情况、保险期间、投保险种的基本情况、保险费总额、特别约定事项、保险合同争议解决方式及投保人签章等。

(1)投保人的基本情况

投保人的基本情况包括投保人名称/姓名、投保车辆数、投保人住所及联系人姓名。

(2)被保险人的基本情况

被保险人的基本情况包括被保险人名称/姓名、身份证号码、被保险人地址及联系人姓名。

(3)投保机动车的基本情况

投保机动车的基本情况包括：号牌号码、号牌种类(小型汽车号牌)、号牌底色(小汽车蓝色、大货车黄色、军警车白色)、被保人与车辆关系(所有、使用、管理)、车主、厂牌型号、VIN码、发动机号、车架号、车身颜色、机动车种类(客车、货车、客货两用车、挂车、摩托车、拖拉机、低速载货车、特种车)、机动车使用性质(家庭自用、非营业、营业、旅游、货运、租赁)、核定载客、核定载质量、排量/功率、整备质量、已使用年限、年平均行驶里程(不足一年按一年计算)、机动车初次登记日期、行驶区域、上年交强险赔款次数、上年商业机动车保险赔款次数、新车购置价、是否为未还请贷款的机动车(如果是则增加特别约定)、上年是否在本公司投保商业机动车保险、车损险与车身划痕险选择汽车专修厂(专修厂的类型)及上一年度交通违法行为。

(4)驾驶人的基本情况

驾驶人的基本情况包括姓名、驾驶证号码及初次领证日期。

(5)保险期限

保险期限需要标明保险的起始及终止时间。

(6)投保险种的基本情况

投保险种的基本情况中列出了所有的机动车保险险种，投保人根据之前制定的保险方案填写，并注明保险金额/责任限额和保险费。

(7)保险费总额

保险费总额是指投保人所选择投保的所有保险险种保险费的总额。

(8)特别约定事项

特别约定事项中注明了报案电话，方便投保人在车辆使用过程中一旦出险用来报案。

(9)保险合同争议解决方式

常见保险合同争议的解决方式有四种：和解、调解、仲裁及诉讼，投保人在填写投保单时需要询问保险展业人员，对保险合同争议的解决方式进行确定。

(10)投保人签章

投保人对投保单各项内容核对无误，且在保险展业人员的讲解下充分了解各保险条款之后，对投保单进行签章。投保人为自然人时，由投保人亲笔签名；投保人为法人或其他组织时必须加盖公章。投保单在投保人签章后方可生效。

(八)保险公司核保

投保人向保险公司提交投保单后，保险公司对投保人的投保单信息进行审核，确保投保人所填写信息属实且符合投保要求，保险公司则立即做出核保通过的批注。

(九)投保人缴纳保险费

投保人在核保通过后，立即按约定的方式向保险公司缴纳保险费。

(十)保险公司签发保险单

投保人缴纳保险费成功后，保险公司立即向投保人签发保险单，投保人拿到保险单则完成了机动车保险的整个投保过程。

【项目实施】

结合本项目导入案例，根据所学知识，完成如表 4-2 所示的任务实施工单。

表 4-2　任务实施工单

序号	任务实施对象	任务实施步骤	任务实施结果
1	投保人	1. 个人基本情况	
2	被保险人	1. 个人基本情况	
		2. 驾驶习惯	
3	被保险车辆	1. 基本情况	
		2. 基本用途	
		3. 以往车辆保险情况	
4	保险方案设计	1. 保险险种建议	
5	投保单	1. 填写投保单	表 4-1

【想一想，练一练】

简答题

1. 汽车投保的原则是什么？
2. 汽车投保的注意事项是什么？

项目二　汽车保险方案设计

【项目描述】

目前我国各保险公司推出的保险险种众多，各险种保险的范围各异，汽车保险投保人需要根据车辆的特性及车辆的使用方式选择合适的险种进行投保。为投保车辆选择投保的险种属于汽车保险投保的汽车保险方案设计。熟悉汽车保险方案设计，帮助投保人选择合适的险种进行投保，是保险从业人员必备的基本能力。

【导入案例】 张女士，30 岁，驾龄 1 年，花 16 万元买了一辆东风本田杰德轿车，作为上下班的代步工具，小区和单位均有固定停车位，车辆也仅限于张女士独自使用。张女士想为自己的新车购买汽车保险，但是不知道选择哪些汽车保险险种比较合适。

【项目分析】

本项目通过介绍汽车保险方案设计的相关知识，使学生了解制定保险方案的原则，明确制定保险方案的内容，掌握制定保险方案的基本步骤，熟悉常见的典型汽车保险方案，能够按照制定保险方案的基本步骤设计合适的汽车保险方案。

【知识平台】

一、制定保险方案的原则

（一）充分保障原则

充分保障原则是指在制定保险方案时，应该对投保人可能遇到的风险进行充分的专业评估，从而制定出满足投保人需要的保险方案，实现对投保人充分保障的目的。

（二）公平合理原则

公平合理原则体现在两个方面，指在制定保险方案时，一方面应当对投保人遇到的风险进行评估，对于小概率或零概率的风险进行排除，只对投保人提供适用和必需的风险保障，杜绝不必要的保障；另一方面要考虑保险方案价格，以及与价格相对应的赔偿标准和免赔额的确定，以期用最小的成本实现最大的保障。

（三）充分披露原则

充分披露原则是指保险展业人员在制定保险方案的过程中，应秉承诚信原则，履行如实告知义务，将保险合同的所有相关规定，包括对投保人有利和不利的规定，全部详细告知投保人。

二、保险方案的基本内容

保险方案是保险展业人员为投保人设计的投保建议。主要包括以下内容：

(1)保险人的情况介绍；

(2)投保标的风险评估；

(3)保险方案的总体建议；

(4)适用保险条款以及条款解释；

(5)保险金额和赔偿限额的确定；

(6)免赔额以及适用情况；

(7)赔偿处理的程序以及要求；

(8)服务体系以及承诺；

(9)相关附件。

三、制定保险方案的基本步骤

保险展业人员在制定保险方案时，一般严格遵循保险方案制定的原则，分四步完成保险方案的制定工作。

(一)充分了解投保人的投保需求

保险展业人员可从以下六个方面了解投保人的投保需求。

1. 了解投保车辆的种类和使用性质

投保车辆种类和使用性质的不同会直接决定投保车辆风险的大小，进而影响投保人的保险需求。机动车的种类分为客车、货车、客货两用车、挂车、摩托车、拖拉机、低速载货车及特种车；机动车的使用性质分为家庭自用、非营业、营业、旅游、货运及租赁。

2. 了解投保车辆的用途和行驶区域

投保车辆用途和行驶区域的不同会直接决定投保车辆风险的大小，进而影响投保人的保险需求。机动车的用途一般包括代步工具、跑长途和郊游。

3. 了解投保人的驾驶经验

投保人驾驶经验的不同会直接决定投保车辆风险的大小，进而影响投保人的保险需求。一般来说，驾驶经验不足的投保人较驾驶经验丰富的投保人保险需求高。

4. 了解投保人对车辆的保养习惯

投保人对车辆保养习惯的不同会直接决定投保车辆风险的大小，进而影响投保人的保险需求。例如：投保人是否习惯对车辆进行定期保养、车辆发生小状况时投保人是否习惯对车辆进行及时维修等。

5. 了解投保车辆的停放地点

投保车辆停放地点的不同会直接决定投保车辆风险的大小，进而影响投保人的保险需求。例如：投保车辆停放在收费的固定车位(停车场、地下车库)和停放在无人看管的停车场所(路边)，两种停放地点的风险是有很大差异的。

6. 了解投保人的经济承受能力

投保人的经济承受能力会影响投保人愿意购买保险的险种和保险费的高低，进而影响投保人的保险需求。

(二)从专业的角度对投保人可能面临的风险进行识别和评估

保险展业人员在充分了解投保人的投保需求的基础上，从专业的角度，对投保人在汽车使用过程中可能面临的风险进行识别和评估。

汽车在使用过程中面临的常见风险有以下两大类。

1. 自身车辆损失风险

自身车辆损失风险一般包括：意外事故导致车辆损失、车辆被盗导致车辆损失、车身被划导致车辆损失、玻璃破碎导致车辆损失、自然灾害导致车辆损失及自燃导致车辆损失等。

2. 其他车辆损失风险

其他车辆损失风险一般包括：机动车在使用过程中，因意外交通事故造成其他车辆损失、人身伤亡及财产损失等。

（三）为投保人制定最佳保险方案

根据投保人的投保要求、保险需求和风险评估的结果，保险展业人员向投保人介绍相关险种及其所能提供的保障范围，为投保人制定最佳的保险方案。

（四）对保险人及其提供的服务进行介绍

保险展业人员为投保人制定最佳保险方案后，必须对本保险公司的服务宗旨、服务理念等进行介绍，并着重对保险方案中所涉及的保险险种、不计免赔事项、费用厘定及保险费等进行详细介绍，确保投保人对所要投保的保险方案理解清楚、全面。

四、典型汽车保险方案

投保人的投保需求和投保车辆的性能各不相同，但是结合机动车投保人的常见投保心理和各车险险种所保障的保险范围，各家保险公司一般会给出投保人一些典型的汽车保险方案，供投保人进行选择。以下为常见的五种典型汽车保险方案。

（一）最低保障方案

最低保障方案保险费用较低，只涉及一个险种，保障范围有限，是专门为那些怀有侥幸心理的车主或急于拿保险单去上牌照或验车的车主设计的一款保险方案。

1. 险种组合

机动车交通事故责任强制保险。

2. 保障范围

只对第三者的损失负赔偿责任。

3. 适用对象

怀有侥幸心理、急于上牌照或通过年检的车主。

4. 优点

一旦发生事故，可以赔偿一部分第三者损失；或者可以用来应付上牌照或验车。

5. 缺点

一旦发生事故，保险公司只能赔偿第三者的部分损失，自车的损失只有本人承担，投保人经济损失较大。

（二）基本保障方案

基本保障方案是在最低保障方案的基础上，增加了两个保险险种，为自车和第三者的人身伤亡和财产损毁提供保障的一款保险方案。

1. 险种组合

机动车交通事故责任强制保险＋车辆损失险＋第三者责任险。

2.保障范围

对自车的损失和第三者的损失负赔偿责任，对第三者损失的赔偿力度较最低保障方案增大。

3.适用对象

有一定经济压力的个人或单位。

4.优点

对投保人而言，这三个险种的保障最有必要性。

5.缺点

各家保险公司对多个保险险种设有责任免除事项，可能会导致投保人的部分损失得不到赔偿，建议加入不计免赔特约险。

(三)经济保障方案

经济保障方案是在基本保障方案的基础上，增加了两个保险险种，为自车和第三者的人身伤亡和财产损毁提供保障的一款保险方案。该方案与基本保障方案相比较，保障范围更全面，对投保人来说，其所包含的险种是最必要和最有价值的。

1.险种组合

机动车交通事故责任强制保险＋车辆损失险＋第三者责任险＋不计免赔特约险＋全车盗抢险。

2.适用对象

对风险认识清楚且相对理性的个人。

3.优点

该保险方案保障范围较全面，所投保险险种性价比最高。

4.缺点

该保险方案中所包含的主险，例如车辆损失险，其赔偿范围是不包含机动车玻璃破碎损失和车身划痕损失的，且乘车过程中自车中驾驶人员和乘客的安全也没有得到保障。

(四)最佳保障方案

最佳保障方案是在经济保障方案的基础上，增加了两个保险险种，使自车驾驶员、乘客及车辆易损部分的安全得到保障的一款保险方案。

1.险种组合

机动车交通事故责任强制保险＋车辆损失险＋第三者责任险＋不计免赔特约险＋全车盗抢险＋车上人员责任险＋玻璃单独破碎险。

2.适用对象

考虑全面、经济状况良好的一般公司或个人。

3.优点

该保险方案中所包含的保险险种保障了一般公司或个人的所有常见风险，对概率出现较大的损失都能够给予赔偿，对投保人来说是一种最佳的保险组合。

(五)完全保障方案

完全保障方案是在最佳保障方案的基础上，增加了两个保险险种，是目前保险市场上投保险种最全面的一款保险方案，几乎对所有可能出现的风险都给予了保障。

1. 险种组合

机动车交通事故责任强制保险＋车辆损失险＋第三者责任险＋不计免赔特约险＋全车盗抢险＋车上责任险＋玻璃单独破碎险＋新增加设备损失险＋自燃损失险。

2. 适用对象

经济实力雄厚的企事业单位。

3. 优点

该保险方案几乎涵盖了全部与汽车有关的损失，投保人在车辆使用过程中的所有风险都得到了保障。

4. 缺点

该保险方案的保险费较高，且其中所包含的一些险种，例如自燃损失险，出现的概率非常小。在投保此类险种时建议参考车辆的品质，来决定是否有必要投保该险种。

【项目实施】

结合本项目导入案例，根据所学知识，为张女士的新车设计合适的保险方案，完成如表4-3所示的任务实施施工单。

表 4-3　任务实施工单

序号	任务实施对象	任务实施步骤	任务实施结果
1	投保险种	1. 机动车损失险(A)	
		2. 商业第三者责任险(B)	
		3. 车上人员责任险(司机)(DI)	
		4. 车上人员责任险(乘客)(DJ)	
		5. 机动车交通事故责任强制保险(BZ)	
		6. 车身划痕损失险(L)	
		7. 不计免赔率(M)覆盖 A/B/DI/L	
		8. 其他	
2	保险方案	1. 最低保障方案	
		2. 基本保障方案	
		3. 经济保障方案	
		4. 最佳保障方案	
		5. 完全保障方案	
3	保险方案建议		

【想一想，练一练】

简答题

1. 制定保险方案的原则是什么？
2. 制定保险方案的步骤分为几步？分别是什么？
3. 列举常见的五种典型汽车保险方案。

学习单元五
汽车保险承保

【学习目标】

知识目标

1. 熟知汽车保险营销业务。
2. 熟知汽车保险核保的基本知识。
3. 掌握交强险保险单和交强险标志的基本内容。
4. 掌握商业险保险单和保险卡的基本内容。
5. 掌握批改和退保的相关知识。

能力目标

1. 具备与客户沟通的能力。
2. 具备信息资料收集与运用能力。
3. 具备计算保险费的能力。
4. 具备解读保险条款的能力。
5. 具备独立核保的能力。
6. 具备缮制、签发保险单证的能力。
7. 具备签订、变更、终止汽车保险合同的能力。

项目一　汽车保险承保业务管理

【项目描述】

保险公司受理客户投保的过程就是在承保。保险从业人员需要通过了解汽车保险承保的基本流程及工作要点，具备从事承保工作的基本能力。并且要学会做好保险营销前的各项准备工作，了解客户的保险需求，制定有效的保险营销方案。

【导入案例】 张女士，30 岁，驾龄 1 年，花 16 万元买了一辆东风本田杰德轿车，作为上下班的代步工具，小区和单位均有固定停车位，车辆也仅限于张女士独自使用。现在张女士要为自己的新车购买汽车保险。保险公司如何进行承保工作？

【项目分析】

本项目通过介绍汽车保险承保业务管理的相关知识，使学生掌握汽车保险承保的定义及基本流程，熟悉保险营销的概念、流程及促成策略，能够采取多种方式对汽车保险进行宣传，可以根据客户的不同需求制定汽车保险方案。

【知识平台】

一、汽车保险承保概述

汽车承保指投保人提出投保请求，保险人经审核其投保内容认为符合承保条件，同意接受投保人申请，并按照有关保险条款承担保险责任的行为和过程。

二、汽车保险承保的基本流程

汽车保险公司承保业务的流程大体相近，一般包括以下步骤：

(1)保险人向投保人介绍保险条款，履行明确说明义务。

(2)保险人依据投保人的要求制定保险方案。

(3)保险人计算保险费，提醒投保人履行如实告知义务。

(4)投保人填写投保单。

(5)展业人员检验保险标的。

(6)将投保信息录入业务系统(系统产生投保单号)，复核后上传提交核保人员核保。

(7)核保人员根据公司核保规定，将核保意见通过网络反馈给承保公司。核保通过时，展业人员收取保费、出具保险单，需要送单的由送单人员递送保险单及相关单证。

(8)承保完成后，进行数据处理和客户回访。

承保工作流程如图 5-1 所示。

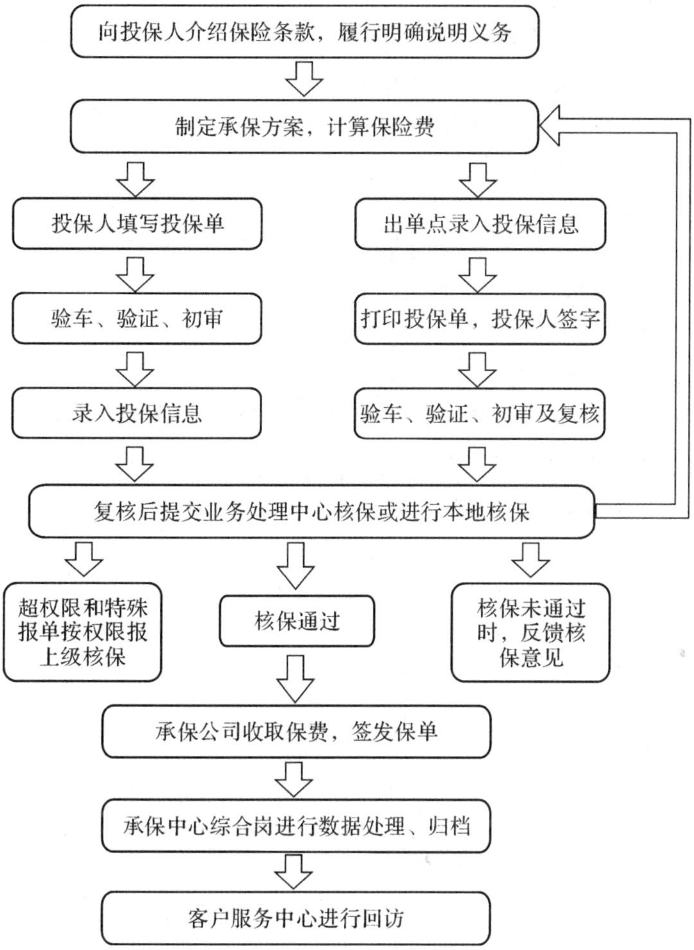

图 5-1　承保工作流程

三、汽车保险营销

（一）保险营销的概念及特点

保险营销又称为保险销售，是指以保险产品为载体，以消费者为导向，以满足消费者需求为中心，运用整体手段，将保险产品转移给消费者，以实现保险公司长远经营目标的系列活动，主要包括保险市场的调研，保险产品的构思、开发与设计，保险费率的合理厘定，保险分销渠道的选择，保险产品的销售及售后服务等一系列活动。

（二）保险营销的流程

不同保险公司的营销流程都是不完全一样的，但大体一致，主要包括以下内容。

1. 做好保险营销准备工作

开展保险营销工作前，应事先对保险市场环境，潜在顾客情况，保险公司优、劣势以及保险商品的特点进行全面分析，制定保险营销方案和策略。主要的准备工作可以分为以下四点：

(1)调查背景情况,制定展业规划

调查背景情况是制定保险营销方案和实施展业的依据,它包括对保险公司自身经营状况的考察和对外部经营环境的调查。前者包括对公司经营情况、信誉、市场占有率、所销保险商品的特点等方面进行全面细致的研究和分析,以便在制定和实施保险营销方案过程中扬长避短。后者包括对保险市场供求环境的调查、市场购买力的调查,对其他保险公司经营情况和相应保险商品的调查,以及展业区域特点、风俗习惯、风险状况等各种与展业相关因素的调查和研究。在调查的基础上,制定出周密的保险营销方案。

(2)了解潜在顾客的情况

潜在顾客是指那些在主观或客观上需要保险且具有购买力的尚未购买保险商品的企业、团体或个人。对潜在顾客的了解主要包括潜在顾客的行业、经济实力、风险状况、保险意识等与展业直接或间接相关的因素。在充分了解的基础上,对潜在顾客进行分类,归纳出各类顾客的共同保险需求及不同顾客的特殊保险需求,以便根据具体情况扩大展业成果。

(3)确定保险营销宣传对象

根据保险营销方案、潜在顾客情况和所销保险商品的特点来确定展业宣传对象。这样,可以使保险展业目标更加明确,使展业宣传具有针对性,从而取得更好的展业效果。

(4)做好出勤前的各项准备

根据展业工作的需要,备齐必要的各种单证、条款、费率表、宣传资料和其他宣传工具,做好出勤前的各项准备工作。

2.开展保险宣传工作

保险宣传的质量对于保险业务的顺利展开和增强国民的保险意识具有重要的作用。保险宣传可以采取多种方式进行,比如通过电视、电影、广播、报纸、网络、杂志等多种媒体,通过广告、新闻、大型事件理赔处理、发放宣传资料等多种形式,通过召开座谈会、开展公益活动、开展保险咨询、举办保险知识讲座等多种活动开展保险宣传工作。

汽车保险宣传工作可以宣传的内容有:

(1)机动车辆保险的职能和作用;

(2)公司经营能力、偿付能力、机构、网络、人才、技术和服务方面的优势;

(3)保险产品的保险责任及责任免除,保险人和投保人的权利义务关系,以及主险与附加险在风险保障上的互补作用;

(4)投保的条件以及投保和理赔的手续。

3.制定保险方案

由于投保人所面临的风险种类、概率及损失程度不同,因而对保险的需求也各有差异,保险公司业务人员需要针对这些差异及客户的需求,提供完善的保险方案。

(三)保险促成策略及创新

保险促成就是帮助和鼓励客户做出购买决定,协助其完成购买手续的行为和过程。

1.保险促成时机

保险促成时机把握是否得当关系着整个保险营销的成败,因此,需要业务人员善于观察和判断促成时机。可以参考以下几点:

(1)当客户不再提问、进行思考时;

(2)当客户靠在椅子上,左右环顾突然双眼直视你,那表明,一直犹豫不决的人下了决心;

(3)当一位专心聆听、寡言少问的客户,询问有关细节问题,那表明该客户有购买意向;

(4)当客户把话题集中在某一险种或某一保障,并再三关心某一险种的优点或缺点时;

(5)当客户不断点头,表示对代理人的话同意时;

(6)当客户对保险保障的细节表现出强烈的兴趣,并开始关心售后服务时;

(7)当客户最大的疑虑得到彻底解决,并对你的专业程度信服时;

(8)当客户听到产品介绍瞳孔放大、眼睛发亮时。

2.保险促成方法

(1)激将法

好胜是人的本性,掌握人性的弱点,激发准客户的购买意愿,从而促使客户确定签单的决心。

(2)赞美鼓励法

用肯定的赞语坚定客户购买的决心,从而促成签单。赞美鼓励对客户来说是一种动力,可以使犹豫的客户变得果断,无心购买的客户暂时无法拒绝。切记赞美客户一定要发自内心,语言实在,态度诚恳。

(3)多选一法

给客户提供几种选择方案,任其自选一种。这种方法用来帮助那些没有决定力的客户进行交易。不管他的选择如何,总能达成交易。

(4)"是"的逼近法

在展业过程中,如果你能让客户持续说"是",那么你的签单机率会大大提高。也就是说,用一连串客户只能回答"是"的问题,促成客户下决心购买。

(5)从众心理法

利用客户的从众心理,是促使其做出购买决策的另一种方法。因为人们的行为不仅受观念的支配,而且更易受到社会环境因素的影响,表现出不同程度的从众心理。

(6)风险分析法

利用一些事例,强化人们的风险意识,使之建立危机感,从而促使客户尽早购买。

(7)突出优点法

在展业劝说的基础上,进一步汇总强调其险种优点,使客户更加全面了解其险种的特性,激发客户的购买兴趣。

(8)请求购买法

当成交时机成熟时,用简单明确的语言直接要求客户购买促成签单。此方法简单明了,节省展业时间,提高签单效率,有利于排除客户不愿主动成交的心理障碍,促使客户下定购买的决心。

【项目实施】

结合本项目导入案例,根据所学知识,完成如表5-1所示的任务实施工单。

表 5-1 任务实施工单

序号	任务实施对象	任务实施步骤	任务实施结果
1	承保流程	1.保险条款介绍	
		2.制定保险方案	
		3.保险费计算	
		4.填写投保单	
		5.保险标的检验	
		6.投保信息录入	
		7.核保、签单	
		8.客户回访	
2	保险营销准备工作	1.相关知识	
		2.车辆情况	
		3.以往投保情况	
		4.当地情况	
3	保险宣传工作	1.保险宣传方式	
		2.保险营销方案	

【想一想，练一练】

一、名词解释

汽车保险承保　保险营销

二、简答题

1.汽车保险承保的基本流程是什么？

2.保险营销的流程是什么？

3.保险促成策略有哪些？

项目二　核保业务

【项目描述】

保险公司是否承保，其中很重要的一个环节就是核保。核保的本质是对可保风险进行判断与选择，当投保人提出投保申请后，核保工作人员要对保险标的的各种风险情况进行审核和评估，以确定是否接受投保人的投保申请，与之签订保险合同。

【导入案例】 张女士，30 岁，驾龄 1 年，花 16 万元买了一辆东风本田杰德轿车，作为上下班的代步工具，小区和单位均有固定停车位，车辆也仅限于张女士独自使用。现在张女士要为自己的新车购买汽车保险。保险公司收到张女士的投保申请后，是否承保？需要经过哪些工作环节？

【项目分析】

本项目通过介绍核保的相关知识，使学生掌握保险核保的基本概念，熟练掌握汽车保险核保的主要内容，了解汽车保险核保的方式、依据及技巧。学会如何通过对已有资料的整理与分析，判断是否承保、使用的保险费率及保险费的计算是否得当，从而具备开展核保工作的基本能力。

【知识平台】

一、汽车保险核保的原理及意义

（一）汽车保险核保的原理

1.汽车保险核保的概念

核保是指保险人在承保前，对将要承保的新业务加以全面审核、评估和选择，以决定是否承保、承保条件和保险费率的过程。

核保工作原则上采取两级核保体制。首先由展业人员、保险经纪人、代理人进行初步核保，然后由核保人员复核决定是否承保、承保条件及保险费率等。

2.汽车保险核保的原则

（1）保证长期承保利润

核保时应该全面、细致、谨慎，争取最好的承保条件，避免片面追求保费规模的短期行为，破坏市场和客户的关系，确保公司实现长期的承保利润。

（2）谨慎运用公司承保能力

核保过程中，应谨慎运用公司承保能力，掌握分寸，把握尺度，既要防止核保过严，又要避免在条件不成熟或能力不足的条件下，盲目承保高风险项目或巨额风险。

（3）提供优质的保险服务

核保时为客户提供全方位和多层次的保险服务，设计最优化的保险方案，充分满足客户不同的需求。在核保过程中，不断发现新的风险保障需求，从而拓展新的业务领域，努力增强在市场上的竞争力，争取市场的领先地位。同时，公平对待每一位客户，承保条件和保险费率对所有的客户要一视同仁。

（4）坚持核保工作的规范化

在核保过程中，核保人员要始终坚持遵守国家、地方的法律、法规，遵守企业行业规章制度和市场准则，在权限范围内开展核保工作。

（二）汽车保险核保的意义

1.促进被保险人防灾防损，排除经营中的道德风险

在保险公司的经营过程中始终存在一个信息问题，即信息的不完整、不精确和不对称。也就是说，投保人比较了解或能较精确估计其自身风险，而保险人却很难做到这一点。尽管

最大诚信原则要求投保人在投保时应履行告知义务，但是，事实上始终存在信息的不完整和不精确的问题。这种信息问题，可能导致投保人或被保险人的道德风险和逆选择，给保险公司经营带来巨大的潜在的风险。保险公司建立核保制度，由资深人员运用专业技术和经验对投保标的进行风险评估，通过风险评估可以最大限度地解决信息不对称的问题，排除道德风险，防止逆选择。

2.加强业务质量，实现稳定经营

保险公司是经营风险的特殊行业，其经营状况良好与否，既关系到保险公司经营的稳定，又关系到整个社会的稳定。保险公司要实现经营的稳健，一个关键环节就是控制承保业务的质量。但是，随着国内保险市场供应主体的增多，保险市场竞争日趋激烈，保险公司在不断扩大业务的同时，经营风险也在不断增大。其主要表现为：一是为了拓展业务而急剧扩充业务人员，这些新的工作人员业务素质有限，无法认识和控制承保的质量；二是保险公司为了扩大保险市场的占有率，稳定与保户的业务关系，放松了拓展业务方面的管理；三是保险公司为了拓展新的业务领域，开发了一些不成熟的新险种，签署了一些未经过详细论证的保险协议，增加了风险因素。所以，保险公司需要通过建立核保制度，将展业与承保相对分离，实行专业化管理，防范、避免和解决经营风险现象的发生，实现经营的稳定。

3.与国际惯例接轨，扩大市场规模

我国加入世界贸易组织以后，国外的保险中介机构正在逐步进入中国保险市场，同时，我国保险的中介力量也在不断壮大。由于保险中介组织经营目的和价值取向的差异以及业务人员职业素质的良莠不齐，保险公司在充分利用保险中介机构进行业务开展的同时，也应对保险中介组织的业务加强管理。因此，建立和完善核保制度对保险中介业务质量的控制具有重要作用。

4.实现经营目标，确保持续发展

在市场经济条件下，企业发展的重要条件是要确立正确的经营方针和市场策略，这要求企业首先要进行市场分析，并在此基础上，对目标市场进行定位，从而选择业务种类和客户群体。同样，在我国保险市场的发展过程中，保险公司要在市场上争取和赢得主动，就必须确定自己的市场营销方针和政策，包括选择特定的业务和客户作为自己发展的主要对象，确定对各类风险承保的态度，制定承保业务的原则、条款和费率等。这些市场营销方针和政策实现的主要手段是核保制度，通过核保制度对风险选择和控制的功能，保险公司能够有效地实现其既定的目标，并保持业务的持续发展。

二、汽车保险核保的主要内容

（一）投保人资格

对于投保人资格审核的核心是认定投保人对保险标的是否拥有保险利益，机动车辆保险业务中主要是通过核对行驶证来完成的。

除了查验行驶证以外，还要查验其他相关证件，具体内容如下：

(1)查验车辆登记书、有效移动证（临时号牌）是否真实、有效，是否经公安交通车辆管理机关办理年检；

(2)核实投保车辆的合法性，各种证件是否与投保标的和投保单内容相符，投保人对投保车辆是否具有可保利益，确定其使用性质和初次登记日期、已使用年限；

(3)如约定驾驶人员的，应检验约定驾驶人员的“机动车驾驶证”，并对照投保单核实驾驶人员的信息。

(二)投保人或被保险人的基本情况

审核投保人或被保险人的基本情况主要是针对车队业务的。保险公司要通过了解单位的性质、经营方式、管理模式、主要运行线路、是否设有专门的安全管理部门等，分析投保人或被保险人对车辆的管理情况，及时发现其可能存在的经营管理风险，以便采取相应的措施降低和控制风险。

(三)投保人或被保险人的信誉

对投保人和被保险人的信誉进行调查和评估，是核保工作的重要内容之一。预防某些不法分子利用虚构保险利益、伪造保险事故、扩大事故损失等手段骗取保险赔偿。

(四)保险标的

车辆损失险及其附加险的保险标的就是车辆本身。对保险车辆应尽可能采用“验车承保”的方式，即根据投保单、投保单附表和车辆行驶证，对投保车辆进行实际的查验。具体内容包括：

(1)车辆有无损失，是否有消防设备等；

(2)车辆的牌照号码、车型、发动机号、车身颜色、VIN 码、使用性质等是否与“机动车行驶证”一致；

(3)检查发动机、底盘、车身、电气设备的技术情况是否符合《机动车辆安全运行技术条件》的要求；

(4)投保全车盗抢险的机动车辆必须拓印车架和发动机号码，并拍照留底，拓印的号码附贴在投保单正面，照片冲洗后则贴在投保单背面，并查验是否装备防盗设备。

如果符合下列条件，则机动车辆可以免检：

(1)仅投保机动车交通事故强制保险的车辆；

(2)购置时间在一个月以内的新车投保；

(3)按期续保并且续保时未加保车辆损失险及其附加险的机动车；

(4)新保商业第三者责任险及其附加险的机动车；

(5)同一投保人投保多辆车。

具体多车免检标准由各分公司根据该公司的人员数量、人员素质、风险管理等情况自行确定。确定标准时，党政机关、企事业单位车队投保机动车数应大于 10 辆，营运车队投保机动车数应大于 20 辆。

对于符合下列条件的机动车辆，需要重点查验：

(1)首次投保车辆损失险及其附加险的机动车；

(2)未按期续保的机动车；

(3)续保时增加投保车辆损失险及其附加险的机动车；

(4)中途申请增加投保车辆损失险及其附加险的机动车；

(5)新车购置价较高的机动车；

(6)零配件价格较高的机动车；

(7)出险事故率较高的机动车；

(8)特种车或发生重大车损事故后修复的机动车。

(五)保险金额

保险金额的确定也是汽车核保工作的重要内容之一。它不仅关系到被保险人的利益，还涉及保险人的利益。在实际工作中，要根据保险公司制定的汽车市场指导价格确定保险金额，避免出现超额投保和不足额投保。

(六)保险费

核保人员对于保险费的审核主要分为保险费率的审核和计算的审核。核定保险费率时，要根据投保单上所列的车辆情况、驾驶人员情况和保险公司的《机动车辆保险费率标准》，逐项确定费率。在确定车辆保险费率的基础上，保险公司业务人员根据投保人所选择的保险金额和赔款限额计算保险费。

(七)附加条款

主险和标准条款适用于机动车辆风险的共性保障，而附加条款适用于机动车辆风险的特殊性保障。特殊性保障意味着风险更高，因此，制定附加条款的承保条件时，要加强对风险的评估和分析。

三、汽车保险的核保方式

根据不同的分类标准，通常将核保方式分为标准业务核保和非标准业务核保、计算机智能核保和人工核保、集中核保和远程核保、事先核保和事后核保等。各保险公司在确定核保方式时并不是采取单一的方式，而是结合投保业务的特点将多种核保方式交叉使用。

(一)标准业务核保和非标准业务核保

标准业务核保是指常规风险的机动车辆保险业务。其特点是这类风险基本符合机动车辆所设定的常规风险情况，能够按照核保手册有关规定对其进行核保。通常是由三级核保人完成标准业务的核保工作。

非标准业务核保是指风险具有较大特殊性的业务，这种特殊性主要体现为风险出现频率高、风险情况比较复杂、保险金额巨大等需要有效控制的业务。通常无法完全根据核保手册有关规定对其进行核保，而需要由核保人运用保险的基本原理、相关法律法规及长期积累的经验来分析解决这些问题。

(二)计算机智能核保和人工核保

计算机智能核保是指利用计算机内部特定程序进行核保工作。这种方式可以极大地缓解人工核保的压力，提高工作效率和准确性，减少核保过程中的人为负面因素。但是计算机不可能解决所有核保问题，对一些非程序化、非常规业务的核保，仍然需要核保人员的参与。因此，计算机智能核保与人工核保是可以共存、相互结合的。

(三)集中核保和远程核保

从核保制度发展的过程分析，集中核保的模式代表核保技术发展的趋势。集中核保可以有效地解决统一标准和业务规范的问题，实现最大限度地利用技术和经验。

远程核保就是建立区域性的核保中心，利用互联网等现代通信技术，集中区域内的核保专家对辖区内的所有业务进行集中核保。这种核保的方式不仅可以利用核保中心人员技术的优势，还可以利用中心庞大的数据库，实现资源的共享，有利于防止经营过程中的管理疏漏，有效防范道德风险。

(四)事先核保和事后核保

事先核保是指投保人提出申请后，核保人员在接受承保之前先对保险标的风险进行评估和分析，决定是否接受承保。在决定接受承保的基础上，根据投保人的具体要求及保险标的的特点确定保险方案，包括确定适用的条款、附加条款、费率、保险金额、免赔额等承保条件。

事后核保是指投保人提出申请后，核保人员在接受承保之后再对保险标的风险进行评估和分析，主要是针对标的金额较小、风险较低、承保业务技术比较简单的业务。保险公司从人力和经济的角度难以做到事先核保的，可以采用事后核保的方式。所以，事后核保是对于事先核保的一种补救措施。

四、汽车保险核保的依据

核保工作主要依据核保手册。核保手册即核保指南，是用书面的形式明确机动车辆保险核保工作的原则、方针和政策，汽车保险业务中涉及的条款、费率及其相关规定，核保工作中的程序和权限规定，以及可能遇到的各种问题及其处理方法等。依据核保手册，核保人员能够按照统一标准和程序进行核保，实现核保工作的标准化、规范化和程序化。

五、汽车保险核保的技巧

保险公司一般采用分级核保的方式来进行核保工作。

(一)本级核保

本级核保内容如下：

(1)审核保险单是否按照规定内容与要求填写，有无疏漏。

(2)审核保险价值与保险金额是否合理，适用的费率标准和计收保险费是否正确。

(3)审核业务人员或代理人是否对投保车辆进行了验车、验证，是否按照《保险法》的要求向投保人履行告知义务。对特别约定的事项是否在特约栏内注明。

(4)对于较高保额投盗抢险的车辆，审核投保单填写内容与事实是否一致，是否按照规定拓印拍照存档。

(5)对高发事故和风险集中的投保单位，是否提出限制性的承保条件。

(6)费率表中没有列明的车辆，是否提出了费率厘定的意见。

(7)审核其他相关情况。

核保完成后，核保人在投保单上签署意见。如果超出权限范围，应报上级公司核保。

(二)上级核保

上级公司收到申请后，核保内容如下：

(1)根据掌握的情况，考虑能否承保。

(2)已接受的投保单中涉及的险种、保险金额、赔偿限额是否需要限制和调整。

(3)已接受投保是否需要增加特别的约定。

(4)已接受的投保单是否符合保险监管部门的有关规定。

(5)对于上报核保的车辆是否单独做出业务经营分析。

上级核保完毕后，核保人要签署意见并返回请示公司。核保工作结束后，核保人将投保单、投保意见一并转给业务内勤部门，缮制保险单证。

【项目实施】

结合本项目导入案例，根据所学知识，完成如表5-2所示的任务实施工单。

表5-2 任务实施工单

序号	任务实施对象	任务实施步骤	任务实施结果
1	核保流程	1.审核投保单	
		2.验证和验车	
		3.核定保险费率	
		4.计算保险费	
		5.本级核保，若超出权限范围，则上级核保	
		6.做出承保决策	
2	核保技巧	1.本级核保	
		2.上级核保	

【想一想，练一练】

一、名词解释

核保

二、填空题

1.根据不同的分类标准，通常将核保方式分为__________和非标准业务核保、计算机智能核保和__________、__________和远程核保、__________和事后核保等。

2.核保工作主要依据__________。

三、简答题

1.核保的程序有哪些？

2.核保的主要内容包括哪几个大的方面？对每个方面审核的要求是什么？

3.在查验车辆的过程中，查验的主要内容是什么？

4.结合身边的例子说明核保的意义。

项目三　缮制和签发保险单证

【项目描述】

保险单证是订立保险合同、载明保险合同双方当事人权利和义务关系的书面凭证，是被保险人向保险人索赔的主要依据。因此，保险公司在承保后，会给被保险人缮制和签发保险单证。而保险单证缮制的质量，直接影响机动车辆保险合同的顺利履行。因此，保险工作人员需要按照规范的操作程序，准确地缮制保险单证，并完成签发保险单证的工作。

【导入案例】 张女士，30 岁，驾龄 1 年，花 16 万元买了一辆东风本田杰德轿车，作为上下班的代步工具，小区和单位均有固定停车位，车辆也仅限于张女士独自使用。现在张女士要为自己的新车购买汽车保险。保险公司接受张女士的投保申请后，会签发哪些保险单证？

【项目分析】

本项目通过介绍汽车保险单证的相关知识，使学生掌握保险单证的缮制及签发流程，熟悉汽车保险单证的管理环节，以及交强险单证和商业险单证的基本内容，能够熟练缮制交强险和商业险的保险单。

【知识平台】

一、缮制和签发保险单证的流程

缮制和签发保险单证流程如图 5-2 所示。

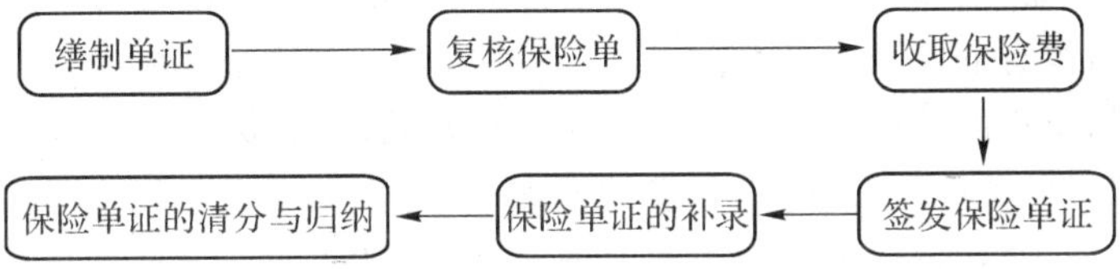

图 5-2　缮制和签发保险单证流程

(一)缮制单证

缮制单证就是公司内勤人员在接到投保单及其附表以后，根据核保人签署的意见，填制保险单或发放保险凭证以及办理批单手续的过程。

保险单原则上应由计算机出具，暂无计算机设备而只能手工出具的营业单位，必须得到上级公司的书面同意。

计算机制单的，将投保单有关内容输入保险单对应栏目内，在保险单“被保险人”和“厂牌型号”栏内录入统一规定的代码。录入完毕，检查无误后，打印出保险单。

手工填写的保险单，必须由保监会统一监制。保险单上的印制流水号码即为保险单号码。将投保单的有关内容填写在保险单对应栏内，要求字迹清晰、单面整洁。如有涂改，涂改处必须有制单人签章，但涂改不能超过三处。制单完毕后，制单人应在“制单”处签章。特约条款和附加条款，应在保险单正本背面印上或加贴，加贴的条款应加盖骑缝章。

保险单缮制完毕后，制单人应将保险单、投保单及其附表一起送复核人员复核。

(二)复核保险单

复核人员复核时，要对照凭证认真审查各种单证是否齐全，字迹是否清楚，内容是否完整等。一切复核无误后，复核人员在保险单“复核”处签章，然后对外发送。

(三)收取保险费

经复核保险单无误后，收费员向投保人核收保险费，并在保险单“会计”处和保险费收据“收款人”处签章，在保险费收据上加盖财务专用章。

只有投保人或被保险人按照约定缴纳了保险费,该保险单才能产生效力。

(四)签发保险单证

汽车保险合同实行一车一单(保险单)和一车一证(保险证)制度。投保人缴纳保险费后,业务人员必须在保险单上注明公司名称、详细地址、邮政编码及联系电话,加盖保险公司业务专用章。根据保险单填写"汽车保险证"并加盖业务专用章。所填内容应与保险单上一致,险种一栏填写总险种代码,电话应填写公司报案电话,所填内容不得涂改。

签发单证时,交由被保险人收执保存的单证有保险单证正本、保险费收据(保户留存联)和汽车保险证。对已经同时投保车辆损失险、第三者责任险、车上人员责任险、不计免赔特约险的投保人,还要签发事故伤员抢救费用担保卡,并做好登记工作。

(五)保险单证的补录

手工出具的汽车各种形式的保险单证,必须在出单后的第十个工作日内,按照所填内容录入保险公司的计算机车险业务数据库中,补录内容必须完整准确。单证补录必须由专人完成,由专人审核,业务内勤和经办人不能自行补录。

(六)保险单证的清分与归档

投保单及其附表、保险单及其附表、保险费收据、保险证,应由业务人员清理归类。各类附表要贴在投保单的背面,并加盖骑缝章。清分时,应按照以下送达的部门清分。

(1)财务部门留有的单证:保险费收据(会计留存联)、保险单副本。

(2)业务部门留存的单证:保险单副本、投保单及其附表、保险费收据(业务留存联)。

留存业务部门的单证,应由专人保管并及时整理、装订、归档。每套承保单证要按照一定的顺序装订成册,并在规定的时间内移交档案部门归档。

二、汽车保险单证的管理

我国汽车保险的单证主要分为两大类:一类是正式的单证,包括投保单、保险单和批单;另一类是相关的单证,包括保险证和急救担保卡,以及其他保险抢救卡。

在整个保险单证的管理过程中,主要有三个环节:保险单证的印制、领用和销毁。

(一)单证的印制

单证的印制是单证管理的初始和基础,应当注意加强对单证印制的管理。目前,保险单是采用中国保监会统一监制的模式,一般不存在保险单印制方面的问题。而对于其他单证的印制,首先,应选择一家具有一定技术和管理水平的印刷厂,要求印刷厂按照有价单证印刷的管理方式对于承印的保险单证印刷管理,防止单证从印刷厂流失。其次,对于付印的清样应认真核对,防止出现错误,同时,应对单证进行统一的编号,以便对单证进行集中管理。再次,在印制之后应进行严格的验收和交接,已经验收合格的单证,应立即移交单证仓库。

(二)单证的领用

应建立保险单证的领用制度。单证的领用制度包括领用单证的审批、领用单证的登记、单证的核销和单证的回收。领用单证的审批制度是经营单位在需要领用单证时,应按照一定的程序申请和审批,单证仓库的管理人员按照审批发放单证。领用单证的登记制度是单证仓库建立严格的进、出库制度,建立专门的登记簿以便对单证的发放进行管理,使用登记簿对每一次领用的单证的名称、数量、号码、经办人进行记录。单证的核销制度是将验收进入仓库单证的编号进行统一的管理,对领用的单证进行核销,跟踪相应编号的保单的去向,并配合业务管理部门对单证的使用进行管理。单证的回收制度是指对作废的单证必须进行回收，单证作废的情况有两种：一种是由于在单证的缮制中出现错误，造成单证作废；另一种是由于单证的改版，造成单证的作废。

（三）单证的销毁

应加强对回收的作废单证的管理，防止这些空白的单证流入非法的渠道。对作废的单证要进行集中销毁，并对销毁的单证进行登记和记录。

三、交强险单证

交强险单证是投保人与保险公司签订的，证明强制保险合同关系存在的法定证明文件，由保监会监制，全国统一式样。交强险保险单如图 5-3 所示。交强险保险标志如图 5-4 所示。

中国保险监督管理委员会监制　　　　限在××省(自治区、直辖市)销售

机动车交通事故责任强制保险单（正本）

LOGO　　××××保险公司

(地区简称)：0000000000

保险单号：

被保险人						
被保险人身份证号码(组织机构代码)						
地址					联系电话	
被保险机动车	号牌号码		机动车种类		使用性质	
	发动机号码		识别代码(车架号)			
	厂牌型号		核定载客	人	核定载质量	千克
	排量		功率		登记日期	
责任限额	死亡伤残赔偿限额	元			无责任死亡伤残赔偿限额	元
	医疗费用赔偿限额	元			无责任医疗费用赔偿限额	元
	财产损失赔偿限额	元			无责任财产损失赔偿限额	元
与道路交通安全违法行为和道路交通事故相联系的浮动比率						%
保险费合计(人民币大写)：			(¥：　元)	其中救助基金(　%)¥：		元
保险期间自　年　月			日零时起至	年　月		日二十四时止
保险合同争议解决方式						
特别约定						
重要提示	1. 请详细阅读保险条款，特别是责任免除和投保人、被保险人义务。 2. 收到本保险单后，请立即核对，如有不符或疏漏，请及时通知保险人并办理变更或补充手续。 3. 保险费应一次性交清，请您及时核对保险单和发票(收据)，如有不符，请及时与保险人联系。 4. 投保人应如实告知对保险费计算有影响的或被保险机动车因改装、加装、改变使用性质等导致危险程度增加的重要事项，并及时通知保险人办理批改手续。 5. 被保险人应当在交通事故发生后及时通知保险人。					
保险人	公司名称： 公司地址： 邮政编码：　服务电话：　签单日期：　(保险人签章)					

第X联 交投保人

保险人授权签字：　复核：　制单：　业务员：　代理/经纪人：

图 5-3　交强险保险单

图 5-4　交强险保险标志

交强险单证分为交强险保险单、定额保险单和批单三种。除摩托车和农用拖拉机使用定额保险单外，其他投保车辆必须使用交强险保险单。交强险保险单、定额保险单均由正本和副本组成。正本是投保人或被保险人留存联，副本包括业务留存联、财务留存联和公安交管部门留存联。

四、商业险单证

保险单是保险人与投保人订立保险合同的正式凭证，由保险公司出具，主要载明保险公司与被保险人之间的权利、义务关系，是被保险人向保险人索赔保险事故损失的法律依据。商业险保险单由正本和副本组成。正本由投保人或被保险人留存；副本包括业务留存联、财务留存联。

保险证（卡）通常是投保人购买商业保险后，由保险公司签发给被保险人的一种简单凭证，虽然不像保险单那样详细记载保险条款的内容，但与保险单具有同样的作用和效力。保险证（卡）内容简单，便于随身携带。

【项目实施】

结合本项目导入案例及学习单元四项目二的项目实施中的保险方案建议，根据所学知识，完成如表 5-3 所示的任务实施工单。

表 5-3　任务实施工单

序号	任务实施对象	任务实施步骤	任务实施结果
1	缮制和签发交强险单证	1. 缮制单证	
		2. 复核保险单	
		3. 收取保险费	
		4. 签发保险单证	
		5. 保险单证补录	
		6. 保险单证的清分与归档	
2	缮制和签发商业险单证	1. 缮制单证	
		2. 复核保险单	
		3. 收取保险费	
		4. 签发保险单证	
		5. 保险单证补录	
		6. 保险单证的清分与归档	
3	汽车保险单证的管理	1. 印制	
		2. 领用	
		3. 销毁	

【想一想，练一练】

一、填空题

1. 整个保险单证的管理过程中，主要有三个环节：保险单证的__________、__________和销毁。

2. 交强险单证分为__________、定额保险单和__________三种。

二、简答题

1. 汽车保险单证有哪些类型？

2. 缮制和签发保险单证的流程是怎样的？

3. 保险单证应该如何管理？

项目四　续保、批改和退保业务

【项目描述】

在汽车保险实际业务中，绝大多数是续保业务。续保业务量直接关系着保险公司的盈利水平。当保险期满后，保险公司如何吸引投保人继续在该公司办理汽车保险事宜，这是保险公司要考虑的重点。当保险单签发以后，在保险合同有效期限内，经保险双方当事人同意，如果保险事项发生变更，如何办理变更合同内容的手续？当保险合同没有完全履行时，如何解除双方由合同确定的法律关系？这是保险公司业务人员需要掌握的技能要点。

【导入案例】 张女士，30岁，驾龄1年，花16万元买了一辆东风本田杰德轿车，作为上下班的代步工具，小区和单位均有固定停车位，车辆也仅限于张女士独自使用。现在张女士要为自己的新车购买汽车保险。张女士如果要对车险进行续保、更改或退保，应该怎样办理？

【项目分析】

本项目通过介绍续保、批改和退保的相关知识，使学生掌握汽车保险的续保的内容、批改的内容和方式、退保的概念，了解无赔款优待政策及退保的原因，以便能够熟练处理续保、批改、退保业务。

【知识平台】

一、续保

（一）续保的概念

汽车保险的期限一般为一年，保险期满后，投保人在同一保险人处重新办理汽车保险的事宜称为续保。

续保对于保险合同双方当事人是“双赢”的。对于投保人而言，只有及时续保，才能从保险人那里得到连续不间断的保险保障与服务，以及在保险费率方面享受续保优惠；对于保险人而言，老保户的及时续保，可以减少展业工作量与费用，稳定业务量，提高公司的盈利水平。因此，保险公司一般都将续保率与业绩考核挂钩。

（二）续保时投保人需要提供的单据

续保时投保人需要提供的单据有：上一年度的机动车辆保险单，以及保险车辆经交通管理部门核发并检验合格的行驶证和车牌号。所需的保险费和保险金额必须重新确定。

（三）无赔偿优待

无赔偿优待是指在上一保险期内未发生任何赔款，续保时可以享受减收保险费的优待。在汽车保险续保实务中，通常在原保险到期前的一个月，续保业务就可以开始办理。办理地点是上一年度机动车辆保险单的出单地点。而从续保到原保险单到期这段时间仍然可能会发生保险责任事故，因此，在续保通知书内应注明“出单前，如有保险责任事故发生，应重新计算保险费。若全年无保险责任事故发生，可享受无赔款优待”等字样。

1. 无赔偿优待的有关规定

（1）在上一保险期内，主险和附加险未发生过任何一个险别的赔款，并按期续保。

（2）被保险人名下车辆不止一辆，无赔款优待则分别按车辆计算。

（3）当续保险种与上年度不完全相同时，被保险人只能享受所续险种的无赔款优待，并以投保金额对应的应交保费为计算基础。

(4)如果续保险种与上年度完全相同,但保险金额不同时,则以本年度保险金额对应的应交保费为计算基础。

(5)已续保后,被保险人要求增加续保险别,且该险别在上年度未发生过任何赔款的,仍可按照条款规定给予无赔款优待。

2.不能享受无赔款优待的情况

(1)上一保险期限不足一年。

(2)保险单期满后未及时续保造成脱保的。

(3)在上一年保险期内保险车辆发生所有权转移却未办理批改手续的。

(4)在上一年保险期内,发生过赔案(包括未决的赔案),除非被保险人申明放弃赔款请求。

但是如果事故处理完毕后,车主无责,保险公司不需要赔付,则可补给无赔款优待。

二、批改

(一)批改的概念

批改是指在保险单签发以后,在保险合同有效期限内,如保险事项发生变更,经保险双方当事人同意办理变更合同内容的手续。

在我国,保险单的批改有两种方式:一种是在原保险合同上进行批改;另外一种是出具批单附贴在原保险单正本、副本上并加盖骑缝章,使其成为保险合同的一部分。在实际工作中大都采用出具批单的方式。批单是指在保险单证签发后,对保险合同内容进行修改、补充或增删所签发的一种书面证明。

(二)批改的内容

中国保险行业协会颁布的《机动车辆商业保险示范条款》中规定:"在保险期间内,被保险机动车转让他人的,受让人承继被保险人的权利和义务。被保险人或者受让人应当及时书面通知保险人。"同时,一般汽车保险单上也注明"本保险单所载事项如有变更,被保险人应立即向本公司办理批改手续,否则,如有任何意外事故发生,本公司不负赔偿责任"的字样,以提醒被保险人注意。

机动车辆保险批改作业的主要内容包括以下8点:

(1)被保险人变更;

(2)保险金额增减;

(3)保险险种增减;

(4)保险车辆使用性质变更;

(5)约定驾驶人员变更;

(6)保险期限变更;

(7)保险费变更;

(8)其他事项变更。

(三)批改的有关规定

(1)投保人提出书面变更申请后,业务人员需要对原保险单和有关情况进行核对并提出处理意见。

(2)批改生效日期不得提前于批改录入日期。

(3)更换车辆不得进行批改,必须采取退保原车辆、重新承保的方式。

(4)保险车辆要求全部险种或部分险种更换条款时,必须将原保险单按照短期月费率计算退保,再按照新条款、新费率以短期月费率计算保费,重新出具短期保险单,或以新条款、新费率计算保费并出具一年期保险单。

(5)进行部分险种或全部险种的退保时,必须查询退保险种是否有未决报案信息;对于明确属于保险责任的,在被保险人领取赔款后方可退保。

(6)凡加保机动车损失保险、全车盗抢险、自燃损失保险、火灾、爆炸、自燃损失保险(含加保及增加保额),必须按照规定验车。加保其他险种,必要时进行验车。

(7)交强险除下列情况外,不得接受投保人解除合同的申请:

①被保险机动车被依法注销登记的;

②被保险机动车办理停驶的;

③被保险机动车经公安机关证实丢失的;

④投保人重复投保交强险的。

三、退保

(一)退保的概念

退保是指在保险合同成立后,还没有完全履行时,投保人可以书面向保险人申请,解除双方由合同确定的法律关系,经保险人同意,按照《中华人民共和国保险法》及合同的约定退还保险单的现金价值,此时保险责任终止。

一般交强险是不能退保的,除非出现车辆报废或者被盗等情况。商业险在有效期内可以随时退保。但是已经从保险公司得到过赔偿的车辆是不能退保的,仅向保险公司报案而未得到赔偿的车辆也不能退保。

只有投保人能够办理退保申请。如果被保险人申请办理退保,须取得投保人书面同意,并由投保人指定退保金的领取人。

(二)汽车保险退保的原因

(1)汽车到规定报废时间。

(2)汽车转卖给他人。

(3)重复投保。

(4)想更换保险公司。

(三)退保需要提供的文件

(1)退保人申请书,如被保险人要求退保,应提供投保人书面同意的退保申请书。写明退保原因和时间,被保险人是单位的需盖章,是个人的需签字。

(2)保险单原件(正本)。若保险单丢失,则需事先补办。

(3)保险费发票。通常要求是原件,有时复印件也可以。

(4)投保人、被保险人的身份证明。委托他人办理的,应当提供投保人的委托书、委托人的身份证。如果被保险人是单位的需要提供单位的营业执照,是个人的需要提供身份证。

【项目实施】

结合本项目导入案例,根据所学知识,完成如表5-4所示的任务实施工单。

表 5-4　任务实施工单

序号	任务实施对象	任务实施步骤	任务实施结果
1	续保	1.审核上一年度承保情况	
		2.调整费率	
		3.计算保险费	
		4.发出续保通知	
		5.跟踪续保	
2	批改	1.指导被保险人填写批改申请书	
		2.批改审核	
		3.出具批单	
3	退保	1.明确退保原因	
		2.收集退保所需文件	
		3.出具退保意见	

【想一想，练一练】

一、名词解释

续保　无赔款优待　批改　退保

二、简答题

1.续保的办理手续有哪些？

2.批改的内容有哪些？

3.汽车保险退保的原因有哪些？

学习单元六 汽车保险理赔

【学习目标】

知识目标

1. 了解汽车保险理赔的含义，熟悉汽车保险理赔的特点及流程。
2. 熟悉受理汽车保险报案的基本要求，掌握事故现场查勘的程序、技巧等查勘知识。
3. 掌握车险定损与核损的基本知识。
4. 掌握人伤查勘与核损的基本知识。
5. 熟悉赔款理算、核赔及赔案管理等业务。

能力目标

1. 具备与客户沟通的能力，受理汽车保险报案的能力。
2. 具备事故现场查勘取证的能力。
3. 具备对发生事故的承保车辆进行公正、合理的损失评估，对更换配件的价格做出正确报价、合理确定工时费的能力。
4. 具备对车辆定损结果的复核能力。
5. 具备对汽车保险事故中人伤案件查勘及核损的能力。
6. 具备审核赔案材料，核定保险责任、索赔材料真实性的能力，并对材料齐全的赔案进行理算。
7. 具备对理赔案件各环节综合审核及赔案管理的能力。

项目一　汽车保险理赔概述

【项目描述】

机动车辆出险后，如事故车辆投保了相应险种，被保险人就可依据汽车保险合同在保险公司规定时效内向保险人提出索赔申请。而保险人应依据保险合同的约定及时履行赔偿责任。

汽车保险理赔是站在保险公司角度而言，从受理机动车辆出险报案开始，逐步开展现场查勘、车险定损与核损、赔款理算、核赔与支付赔款、赔案管理等工作，是保险人执行保险合同、履行保险义务、承担保险责任的具体表现。

【导入案例】 2008 年 1 月 13 日 21 时 25 分，中国人民保险公司湖北分公司报案中心前台工作人员接到被保险人的报案，司机黄女士自称：几分钟前，其驾驶车辆在白沙洲大道上自东向西行驶时，由于对面货车远光灯影响视线，车碰撞到路中隔离栏后，制动停车。碰撞点：车左前部。车损基本情况为：左翼子板后移，导致左前胎爆裂，左前门变形，前挡玻璃破裂，爆 2 个安全气囊。暂无人伤。

驾驶人已拨打“122”交通事故报警电话报案，警察在来现场途中，现请求保险公司派现场查勘人员到现场查勘。

【项目分析】

本项目通过介绍汽车保险理赔的相关知识，使学生掌握汽车保险理赔的含义、作用、特点和原则，了解汽车保险理赔的基本业务流程，树立正确的保险理赔工作理念。

【知识平台】

一、汽车保险理赔的含义

（一）保险理赔的定义

保险理赔，是指在保险标的发生保险事故而使被保险人财产受到损失或人身生命受到损害时，或保单约定的其他保险事故出现而需要给付保险金时，保险公司根据合同规定，履行赔偿或给付责任的行为，是直接体现保险职能和履行保险责任的工作。

简单说来，保险理赔是保险人在保险标的发生风险事故后，对被保险人提出的索赔请求进行处理的行为。在保险经营中，保险理赔是保险补偿职能的具体体现。

（二）汽车保险理赔的定义

汽车保险理赔是指保险车辆在发生保险责任范围内的损失后，保险人依据保险合同对被保险人提出索赔请求进行处理的业务过程。

理赔的前提是事故损失的出现，但损失额往往不等于赔偿额。原因是投保汽车在发生风险事故后，被保险人发生的经济损失有的属于保险责任范围，有的属于责任免除范围。即使被保险人的损失属于保险责任范围，由于免赔率、免赔额、不足额投保等，损失额也不一定等于保险人的赔偿额。

二、汽车保险理赔的作用

汽车保险理赔涉及保险合同当事人的权利和义务的实现，是保险经济补偿功能的具体体现，也是保险经营的最后环节。做好汽车保险理赔工作，对于维护投保人的利益，加强汽车保险经营与管理，提高保险企业的信誉和经济效益，具有重要意义。

（一）汽车保险理赔对投保人（被保险人）的作用

1.汽车保险理赔能使被保险人的保险利益得以实现

汽车保险的基本职能是损失补偿，被保险人通过与保险人签订汽车保险合同来转移车辆使用过程中可能遇到的风险。被保险人在向保险人缴纳了一定的保险费后，一旦发生保险事故，即可通过理赔享受保险提供的基本保障。

2.汽车保险理赔能使社会秩序的稳定得以保障

被保险人的车辆事故损失包括车辆损失和人员伤亡。汽车保险企业的经营方针就是通过收取保险费，积累保险基金并用于保险事故所致经济损失的补偿或人身伤亡的给付，履行保险人的保险义务。保险理赔正是实现这一经营方针的中心环节。汽车保险理赔使车险事故中的受损车辆得到损失补偿，在一定程度上转移了车辆所有人的经济风险，家庭生活得以稳定；使车险事故中的第三者的财产损失和人员伤亡得到经济补偿，减轻被保险人应负的民事赔偿责任的同时，保障了伤亡人员得到适当医疗救治的权利，维护了社会秩序的稳定。

（二）汽车保险理赔对保险人的作用

1.汽车保险理赔可以提升保险人的保险经营水平

汽车保险理赔对保险企业经营水平的提升作用主要体现在以下三个方面。

(1)保险人通过汽车保险理赔来检验保险承保质量。如通过赔付额度、赔付率等指标，或某类保险事故的发生频率及其统计分析，保险人可以判断保险费率、保险金额的确定是否合理，防灾防损工作是否有效，核保工作是否严格，核保依据是否科学。

(2)保险人通过快捷便利的汽车保险理赔服务提高企业的市场竞争力和社会声誉。

(3)保险人通过保险理赔可以发现商机，促进保险经营。

2.通过汽车保险理赔可以识别保险欺诈，维护保险人的利益

保险欺诈的最终目的是获取赔偿，只有通过理赔才能实现。保险企业通过加强理赔人员管理，通过严格规范查勘、定损、核损等工作流程，可有效识别保险欺诈，为保险公司挽回经济损失。

三、汽车保险理赔的特点

汽车保险与其他保险不同，其理赔工作也具有显著的特点。理赔工作人员必须对这些特点有清醒和系统的认识，了解和掌握这些特点是做好汽车理赔工作的前提和关键。

（一）被保险人的公众性

我国汽车保险的被保险人曾经是以单位、企业为主，随着个人拥有车辆数量的增加，被保险人中单一车主的比例将逐步增加。截至2013年年底，我国民用汽车保有量为1.37亿辆，全行业共承保汽车1.2亿辆，汽车投保率从2007年的64.40%提高到87.34%。也就是说，在汽车年产销量世界第一的中国市场上，有近90%的汽车都购买了车险。这些被保险人的特点是他们购买保险具有较大的被动色彩，加上文化、知识和修养的局限，他们对保险、交通事故处理、车辆修理等知之甚少。由于利益的驱动，理赔人员在理赔过程中与被保险人的交流存在较大的障碍，从而增加了理赔工作的难度。

（二）损失率高且损失幅度较小

汽车保险事故虽然损失金额一般不大，但是事故发生的频率高。保险公司在经营过程中需要投入的精力和费用较大，而且涉及对被保险人的服务质量问题，保险公司应予以足够

的重视。虽然从个案的角度来看赔偿的金额不大，但是，积少成多也将对保险公司的经营产生重要影响。

在社会化分工日益精细的今天，保险公司采取将查勘、定损和理算的全部或部分工作外包给更专业的保险公估公司的形式，来防范自身理赔风险，有效控制理赔费用。

（三）标的流动性大

汽车的功能特点决定了其具有相当大的流动性。车辆发生事故的地点和时间不确定，要求保险公司必须拥有一个运作良好的服务体系来支持理赔服务，主体是一个全天候的报案受理机制和庞大而高效的检验网络。

（四）受制于维修企业的程度较大

在汽车保险的理赔中扮演重要角色的是汽车维修企业，维修企业的修理价格、工期和质量均直接影响汽车保险的服务。因为，大多数被保险人在发生事故之后，均认为由于有了保险，保险公司就必须负责将车辆修复，所以，在车辆交给维修企业之后就很少过问。一旦因车辆修理质量或工期，甚至价格等出现问题均将保险公司和维修企业一并指责。而事实上，保险公司在保险合同项下承担的仅仅是经济补偿义务，对于事故车辆的修理以及相关的事宜并没有负责义务。

（五）道德风险普遍

在财产保险业务中汽车保险是道德风险的“重灾区”。汽车保险具有标的流动性强、户籍管理中存在缺陷、保险信息不对称等特点，以及汽车保险条款不完善，相关的法律环境不健全，汽车保险经营管理中存在一些问题和漏洞，给了不法之徒可乘之机，汽车保险欺诈案件时有发生。

四、汽车保险理赔的原则

汽车保险理赔是指保险人依据保险合同或有关法律法规的规定，受理被保险人提出的保险赔偿请求，进行查勘、定损、理算和实行赔偿的业务活动，是保险法律制度中十分重要的一环，是保险人履行其义务的主要形式。为了使被保险人尽快获得经济补偿，保险人应积极主动地做好理赔工作。理赔遵循以保险合同为依据、遵守国际惯例和有关国际公约、及时和合理作出赔偿的原则。

汽车保险业务量大，出险率高，标的流动性大，加上理赔工作技术性强、涉及面广，情况比较复杂。为了贯彻保险经营方针，提高汽车保险理赔工作质量，维护汽车保险当事人的合法权益，汽车保险理赔必须遵循以下原则。

（一）树立为投保人服务的指导思想，坚持实事求是的原则

汽车保险理赔体现了保险的经济补偿职能作用。当发生汽车保险事故后，保险人要急被保险人所急，千方百计避免扩大损失，尽量减轻因灾害事故造成的影响，及时安排事故车辆修复，并保证基本恢复车辆的原有技术性能，使其尽快投入生产运营。及时处理赔案，支付赔款，以保证运输生产单位（含个体运输户）生产、经营的持续进行和人民生活的安定。

在现场查勘、事故车辆定损及赔案处理等方面，要坚持实事求是的原则，在尊重客观事实的基础上，具体问题具体分析，即严格按条款办事，又结合实际情况进行适当灵活处理，使各方都比较满意。

（二）重合同，守信用，依法办事的原则

保险人是否履行合同，主要看其是否严格履行经济补偿义务。因此，保险人在处理赔案时，必须加强法制观念，严格按条款办事，该赔的一定要赔，而且要按照赔偿标准及规定赔足；不属于保险责任范围的损失，不滥赔，同时还要向被保险人讲明道理，拒赔部分要讲事实、重证据。要依法办事，坚持重合同，诚实守信，只有这样才能树立保险的信誉，扩大保险的积极影响。

（三）"主动、迅速、准确、合理"的优质服务原则

"主动、迅速、准确、合理"八字方针是保险理赔人员在长期的工作实践中总结出的经验，是保险理赔工作优质服务的最基本要求。"主动"，就是要求保险理赔人员对出险的案件，要积极、主动地进行受理和勘查现场，掌握出险情况，进行事故分析确定保险责任。"迅速"，要求保险理赔人员查勘、定损处理迅速、不拖沓、抓紧赔案处理，对赔案要核得准，赔款计算案卷缮制快，复核、审批快，使被保险人及时得到赔款。"准确"，要求从查勘、定损以至赔款计算，都要做到准确无误，不错赔、不滥赔、不惜赔。"合理"，要求在理赔工作过程中，要本着实事求是的精神，坚持按条款办事。在许多情况下，要结合具体案情准确定性，尤其是在对事故车辆进行定损的过程中，要合理确定事故车辆维修方案。

理赔工作的"八字"原则是辨证的统一体，不可偏废。如果片面追求速度，不深入调查了解，不对具体情况进行具体分析，盲目下结论，或者计算不准确，草率处理，则可能会发生错案，甚至引起法律诉讼纠纷。当然，如果只追求准确、合理，忽视速度，不讲工作效率，赔案久拖不决，则可造成极坏的社会影响，损害保险公司的形象。总的要求是从实际出发，为保户着想，既要讲速度，又要讲质量。

四、汽车保险理赔业务流程

中国保险监督管理委员会 2012 年印发的《机动车辆保险理赔管理指引》第四条规定："车险理赔一般应包括报案受理、调度、查勘、立案、定损（估损）、人身伤亡跟踪（调查）、报核价、核损、医疗审核、资料收集、理算、核赔、结销案、赔款支付、追偿及损余物资处理、客户回访、投诉处理以及特殊案件处理等环节。"

虽然不同保险公司的汽车保险理赔流程略有细微差别，但总体来说，都要经过受理报案、事故现场查勘与立案、定损、核损、赔款理算、核赔、赔付结案等步骤。汽车保险理赔业务的基本流程如图 6-1 所示。

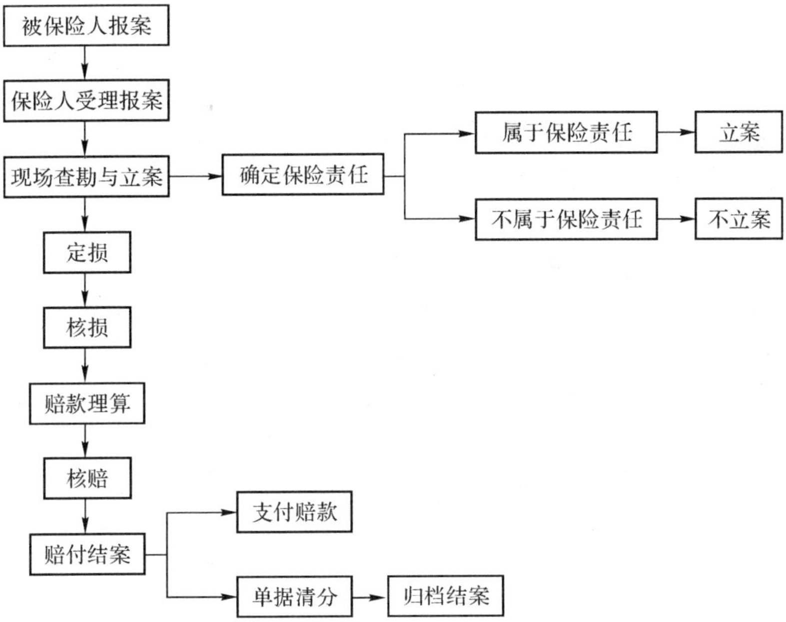

图 6-1　汽车保险理赔的基本流程

【项目实施】

结合本项目导入案例，根据所学知识，完成如表 6-1 所示的任务实施工单。

表 6-1　任务实施工单

序号	任务实施对象	任务实施步骤	任务实施结果
1	保险车辆 保险责任范围	1. 交强险	
		2. 车辆损失险	
		3. 第三者责任险	
		4. 玻璃单独破碎险	
		5. 盗抢险	
		6. 不计免赔特约条款	
		7. 自燃损失险	
2	此案例可能涉及的保险条款分析	结合该车购买的车险险种分析	
3	驾驶人	驾驶司机应采取的措施	

注：该车购买了交强险、车辆损失险、第三者责任险、玻璃单独破碎险、盗抢险、不计免赔特约条款、自燃损失险等险种。

【想一想，练一练】

一、名词解释

保险理赔　汽车保险理赔

二、简答题

1. 汽车保险理赔的特点是什么？
2. 汽车保险理赔的作用是什么？
3. 汽车保险理赔的基本原则是什么？
4. 汽车保险理赔的基本流程是什么？

项目二　受理报案

【项目描述】

机动车辆发生交通事故后，驾驶员或投保人（被保险人）会通过不同的方式向保险公司报案，受理报案是整个保险理赔流程的第一个环节。做好受理报案工作是汽车保险理赔工作有序开展的基础，也是判断能否进行理赔的重要环节。作为从事理赔服务的人员要对受理报案的流程及相关注意事项有充分的认识，本项目对受理报案环节进行了较为详细的说明和实施步骤建议。

【导入案例】

同本学习单元项目一。

【项目分析】

本项目通过介绍受理报案的相关知识，使学生掌握保险公司接受报案、查勘调度的基本概念与流程，了解保险人与被保险人各自在受理报案环节的义务，为汽车保险理赔后续各环节工作的开展做好基础工作。

【知识平台】

一、受理报案

（一）受理报案的含义

受理报案是指发生保险事故后，保险人接受被保险人诉求，根据保险合同对相关事项做出工作安排的业务过程。

(二)保险当事人的义务

1.被保险人的义务

人保2012年版《机动车保险条款》第二十九条规定:“发生保险事故时,被保险人应当及时采取合理的、必要的施救和保护措施,防止或者减少损失,并在保险事故发生后48小时内通知保险人;被保险人知道第九条(机动车盗抢保险)约定的保险事故发生后,应在24小时内向出险当地公安刑侦部门报案,并通知保险人。故意或者因重大过失未及时通知,致使保险事故的性质、原因、损失程度等难以确定的,保险人对无法确定的部分,不承担赔偿责任,但保险人通过其他途径已经及时知道或者应当及时知道保险事故发生的除外。”

2.保险人的义务

人保2012年版《机动车保险条款》第二十四条规定:“保险人应及时受理被保险人的事故报案,并尽快进行查勘。保险人接到报案后48小时内未进行查勘且未给予受理意见,造成财产损失无法确定的,以被保险人提供的财产损毁照片、损失清单、事故证明和修理发票作为赔付理算依据。”

(三)受理报案的主要工作内容

由上述保险人的义务看,受理报案的主要工作内容包括接受报案和查勘调度两个环节。

二、接受报案

(一)被保险人报案

1.报案方式

报案是指被保险人在发生事故之后以各种方式通知保险人,要求保险人进行事故处理的行为。及时报案是被保险人履行合同义务的一个重要内容。通常,被保险人可以通过电话、上门、电报、传真等方式向保险人的理赔部门进行报案。

中国保监会于2012年3月发布《非寿险业务准备金内控规范》第十四条规定:“保险公司应建立独立的报案中心或报案专线。报案中心或报案专线应保持独立性,由保险公司总公司统一管理,实现全国性或区域性集中管理,不得授权省及省以下分支机构管理。”第十五条规定:“保险公司报案中心或报案专线在受理保单等信息不明确的案件时,不得拒绝或延迟受理客户报案,应在报案系统中记录基本报案信息,并启动理赔流程;在经过查勘过程确定相关信息后,保险公司应在理赔系统中及时补齐此类案件承保、报案等信息。”我国各保险公司都开通了专线电话,指定专人受理报案事宜,所有报案由服务专线归口受理。其工作职能包括报案记录和报案注销。国内主要开展汽车保险业务保险公司的客服电话如表6-2所示。

表6-2　国内主要开展汽车保险业务保险公司的客服电话

公司名称	客服电话
中国平安财产保险股份有限公司	95512
中国人民财产保险股份有限公司	95518
中国太平洋保险股份有限公司	95500
中华联合财产保险股份有限公司	95585

续表

公司名称	客服电话
中国大地财产保险股份有限公司	95590
天安财产保险股份有限公司	95505
永安财产保险股份有限公司	95502
阳光保险集团股份有限公司	95510
安邦财产保险股份有限公司	95569
太平财产保险有限公司	95529

对于在异地出险的，如果保险人在出险当地有分支机构，则被保险人可以直接向保险人的当地分支机构进行报案；如果保险人在当地没有分支机构，则被保险人应直接向承保公司报案。不同事故可以选择不同的报案方式。

(1)单方财产损失

一般多采取现场拨打被保险车辆投保公司的报案电话，告知保险公司保险单号或车牌号。目前车辆基本上都有交强险标志，保单号就在交强险标志的上角。

(2)多方财产损失

如果是多方车辆发生交通事故(追尾事故除外)，需要第一时间拨打公安机关交通管理部门交通肇事电话"122"报案，出具责任判定书。有责任的一方或多方需要通知自己的保险公司进行现场查勘。

(3)多方财产损失与人员伤亡

此类事故原则上要以保证受伤人员生命安全为第一位，事故处理比较复杂，建议如有此类事故，要及时通知为被保险车辆投保的相关人员或者经销商。被保险车辆车主必须要保存好伤亡人员在医院所有花费的病历、发票及伤亡人员的身份证复印件。

2.报案原则

(1)无论单方事故还是双方事故，假如造成了人员伤亡，一定要在向保险公司报险的同时拨打"122"交通事故报警电话，通知交警勘查现场，判定双方责任，确定赔付比例。同时，应在第一时间救治伤者。

(2)事故发生后，尽量在报险之前不要移动车辆，以免破坏现场及相关痕迹，为保险公司及交警勘查现场增加难度，影响事实及责任的判定。当然，假如责任明确，必要时在保证损失不扩大的前提下，可以对车辆进行合理移动。例如，事故发生后，投保车辆处于悬崖边缘时，应该及时移动。

《中华人民共和国道路交通安全法》也有规定："交通事故发生后，当事人应当积极配合公安机关交通管理部门的事故现场处理工作，将车辆移至不妨碍交通的地点并清理现场。当事人车辆无法自行驶离的，由当事人或者公安机关交通管理部门通知清障公司将车辆移至不妨碍交通的地方，所需费用由当事人承担。"例如，两车追尾造成了交通拥堵，车主应该配合交管部门移动事故车辆。

(3)随身携带摄影、摄像器材的当事人，可在事故发生报险后自行拍摄现场情况，留下影像资料。对于单方事故，某些时候影像资料可以起到代查勘的作用。对于双方事故，这些资料也能起到证明事实经过的作用，成为明确双方责任的依据之一。

(4)事故发生后，当事人尽可能第一时间亲自向保险公司打电话报险，并如实说明事故经过，不得隐瞒相关信息或欺骗保险公司，否则将对事故经过判断和责任认定造成干扰，影响定损及赔付工作正常进行。

(5)驾驶员应随身携带自己的身份证、驾驶证以及被报险车辆的行驶证和保险卡，以便保险公司确认当事人身份以及是否投保车辆。

3.报案要素

(1)报案时机

保险事故发生后，应妥善保护好现场，在24小时内通知警察，在48小时内通知保险公司。如实陈述事故发生过程，并提供相关资料。

(2)报案方式

常见报案方式包括网上报案、电话报案、到保险公司报案、理赔员转达报案和传真报案等。

(3)报案时应陈述的要素

说明事故的发生地点、时间、车型、车牌号码、事故起因、有无发生火灾或爆炸、有无人员伤亡、是否已造成交通堵塞等。说明出险人的姓名、性别、年龄、住址、联系电话并待对方挂断电话后，再挂机。

4.报案注意事项

(1)事故发生后，应妥善保护好现场，在24小时之内通知警察。无现场无交警处理案件，保险公司原则上不予受理。

(2)事故发生后，必须及时向保险公司报案，报案时限为事故发生后48小时内。

(3)车(物)在修理之前必须先经保险公司定损。

(二)保险人接受报案

保险人接受报案工作的业务流程如图6-2所示。

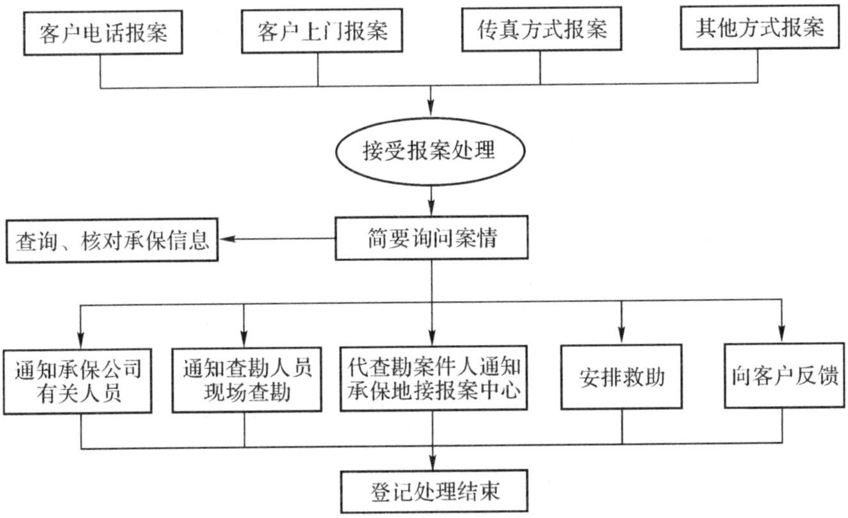

图6-2　接受报案业务流程

1.报案记录

接到被保险人报案电话后，进入报案系统界面进行报案记录。报案记录工作主要有以下几项内容：

(1)询问案情；

(2)查询出险车辆承保、理赔情况(包括商业机动车保险和机动车交通事故责任强制保险)；

(3)生成相应的报案记录；

(4)确定案件类型(本地自赔案、省内通赔案件和省间通赔案件)。

2.询问案情及报案登记

按照系统界面提示的报案登记内容逐项询问案情，并实时录入报案系统。主要询问以下信息：

(1)报案信息：报案人姓名、报案人联系电话、报案人手机；联系人姓名、联系人电话、联系人手机；报案日期、报案时间、出险日期、出险时间、出险原因等。

(2)出险信息：出险地点、本车责任、是否交强险责任、事故经过、事故涉及的损失等。其中，事故涉及的损失按"本车车损"、"本车车上财产损失"、"本车车上人员伤亡"、"第三者车辆损失"、"第三者人员伤亡"、"第三者车上财产损失"、"第三者其他财产损失"、"其他"的分类方式进行询问。涉及挂车交强险和商业第三者责任险赔付的案件，注意做好挂车报案信息和涉及损失的记录。涉及两车以上的交通事故，要提示报案人通知其他车辆驾驶员向其各自的保险国内公司报案。

(3)保险车辆的有关信息：保单号码、被保险人名称、号牌号码、牌照底色和厂牌型号等。确认报案人提供的保单信息与此次报案系统显示的保单信息是否一致。涉及主车和挂车事故的案件，同时了解挂车有关信息。

(4)第三方车辆信息及驾驶人员信息：对于涉及第三方车辆的事故，应询问第三方车辆的车型、号牌号码、牌照底色以及保险情况(提醒报案人查看第三方车辆是否投保了交强险)等信息。如果第三方车辆也是本公司承保且在事故中负有一定责任，则一并登记，进行报案互碰关联处理。

(5)记录事故处理结果。

3.向报案人复述相关重要信息

当案情主要信息询问完毕后，客服人员必须向报案人复述相关重要信息，确认后保存事故记录。

4.查询并核对承保信息

根据报案人提供的保单号码、号牌号码、牌照底色、车型、发动机号等关键信息，查询出险车辆的承保情况和批改情况。特别注意承保险别、保险期间，以及是否通过可选免赔额特约条款约定了免赔额。涉及挂车的事故注意查询挂车的承保情况。

结合被保险人报告的案情，判断出险时间是否在保单有效期限内、驾驶员是否为保单中约定的驾驶员、根据事故原因初步审核是否属于保险责任等。如果明显不属于保险责任的，应向被保险人说明，做好解释工作，并在报案系统内记录不受理的理由。在一般情况下，座席人员不可轻易拒赔。

5.查询历史出险、赔付信息

中国保险监督管理委员会2012年印发的《机动车辆保险理赔管理指引》第四十五条规定:“接报案时,理赔信息系统应自动查询并提示同一保单项下或同一车辆的以往报案记录,包括标的车辆作为第三者车辆的案件记录。对30天内多次报案的应设警示标志,防止重复报案并降低道德风险。”第四十四条规定:“报案时间超过出险时间48小时的,公司应在理赔信息系统中设定警示标志,并应录入具体原因。公司应对报案时间超过出险时间15天的案件建立监督审核机制。”

系统查询出险车辆的历史出险、报案信息(包括作为第三者车辆的出险信息),核实是否存在重复报案。对两次事故出险时间相近的案件,应认真进行核查,并将有关情况通知查勘人员进一步调查。

6.生成报案记录

根据出险车辆的承保情况和损失情况,正确选择案件类型并形成受理意见。如同意受理,经确认后,系统自动生成报案号。出险车辆的交强险和商业机动车保险在一个保单号下承保的,生成一条报案记录;出险车辆的交强险和商业机动车保险在多个保单号下承保的,在报案时进行本车多保单关联处理,生成一条报案记录。

中国保险监督管理委员会2012年印发的《机动车辆保险理赔管理指引》第四十二条规定:“公司应实行接报案全国或区域统一管理模式,不得将接报案统一集中到省级或以下机构管理。所有车险理赔案件必须通过系统接报案环节录入并生成编号后方可继续下一流程。”

7.告知客户相关注意事项及索赔流程

告知客户相关注意事项及索赔程序,如现场等待查勘注意事项、续报交警处理、索赔所需单据及相关流程等。

(1)发生机动车之间的碰撞事故的,应告知客户先通过交强险进行赔偿处理,超过交强险责任限额的部分,由商业保险进行赔偿。符合交强险“互碰自赔”条件的案件应引导客户按照《交强险“互碰自赔”案件》规定进行处理。

(2)如当事人采取自行协商方式处理交通事故,应告知双方在事故现场或现场附近等待查勘人员,或在规定时间内共同将车开至指定地点定损。

(3)对于涉及人员伤亡或事故损失超过交强险责任限额的,应提示报案人立即通知公安交通管理部门。

(4)对于通过可选免赔额特约条款约定了免赔额的,如果客户估计的损失金额低于约定的绝对免赔额,应对客户进行如下提示:①损失金额低于绝对免赔额的保险人不负责赔偿;②索赔后会引起下一保险期间费率的上涨。

如客户同意放弃索赔,应在报案处理界面上“处理结果”一栏中注明“因绝对免赔额客户同意放弃索赔”,并在报案系统中将报案记录注销,不进行查勘调度。

(5)对于超出保险期限,明显不属于保险责任的情况,应向客户明确说明,在报案处理界面上“处理结果”一栏中注明拒赔或不予受理的理由,并在报案系统中将报案记录注销,不进行查勘调度。

8.“双代”案件转报案

“双代”案件(代查勘、代定损)是对于在外地出险的事故,保险公司可派自己的查勘人员前往现场,也可委托当地保险公司或保险公估公司进行代理查勘。各知名保险公司均设立了有效的内部运作模式,加强异地出险查勘的管理。

(1)保险车辆在外地出险,应按“双代”实务规定,及时向出险地公司转报案并及时发送承保信息。

(2)外地承保车辆在本地出险,应按“双代”实务规定,及时向承保地公司转报案。

三、查勘调度

查勘调度的工作业务流程如图 6-3 所示。

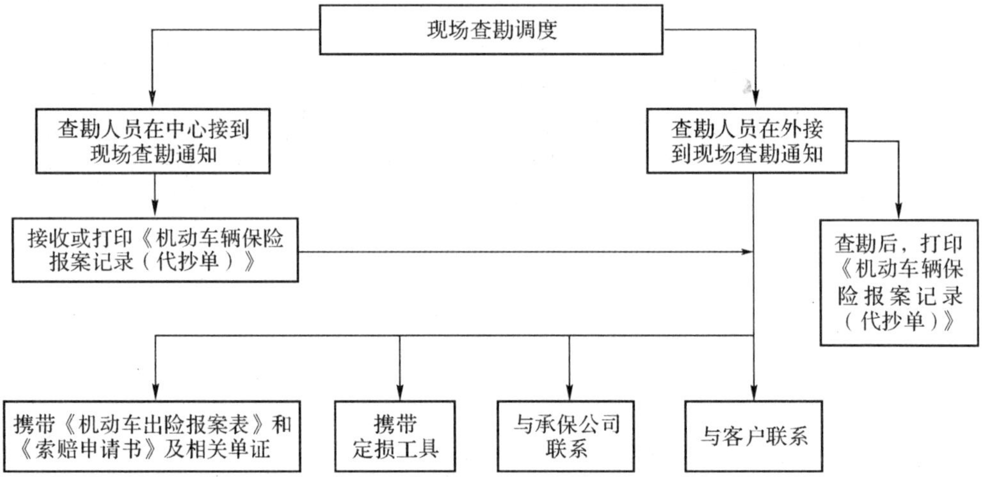

图 6-3　查勘调度业务流程

1. 及时调度查勘员进行现场查勘

调度员接到系统上传的报案信息后,第一时间确认保险标的的方位,并根据案情介绍程度,合理委派相关的查勘员赶赴标的现场进行查勘事务。

(1)调度原则:就近调度、一次调度。同一保险车辆的一起事故,不论生成几条报案记录,只生成一项查勘任务,进行一次查勘调度。通过系统掌握的当班查勘人员的工作动态就近调度,以保证查勘人员在最短的时间内到达事故现场。

(2)打印或传送《机动车保险报案记录(代抄单)》或《非车险报案记录(代抄单)》给查勘员。在一般情况下,保险公司查勘员都随身携带以上两种代抄单。同一保险车辆的一起事故存在多个报案记录的,应将所有报案记录和承保信息完整告知查勘员。

2. 告知查勘员的重要事项

根据对报案信息及保险车辆历史出险信息的了解、判断,告知查勘员赶赴现场需要核实的重点项目。

(1)查勘地点;

(2)事故描述;

(3)标的车型及其他事故方信息;

(4)事故方损失情况;

(5)报案驾驶员姓名;

(6)事故处理人员联系电话；

(7)优先处理案件；

(8)特别风险点提示，如起保近期出险、多次出险、公司关注风险驾驶员、公司关注风险报案号、超时报案等。

3. 及时通知医疗跟踪人员

事故涉及人员伤亡的，应及时通知医疗跟踪人员。

4. 立即安排救助

对于被保险人需要提供救助服务的案件，确认其加保了相应救助服务特约条款的，应立即实施救助调度，并记入“机动车特约救助书”，按救助案件处理。

对于未加保相应救助服务特约条款的被保险人，可协助其与救助单位取得联系。在被保险人同意支付相关费用的前提下，可以调度救助协助单位赶赴现场实施救助。但需在“机动车特约救助书”付费方式一栏选择“现场收费救助”项目。

5. 系统派工

调度人员联系落实查勘人员后，应在系统内派工。将案件任务分配至该查勘员的查勘平台，以便查勘员对案件的后续处理。

查勘调度环节结束后进入事故现场查勘环节。

【项目实施】

结合本项目导入案例和图 6-4、图 6-5 和表 6-3 提供的各种信息，根据所学知识，完成如表 6-4 和表 6-5 所示的任务实施工单。

1. 驾驶员证件信息

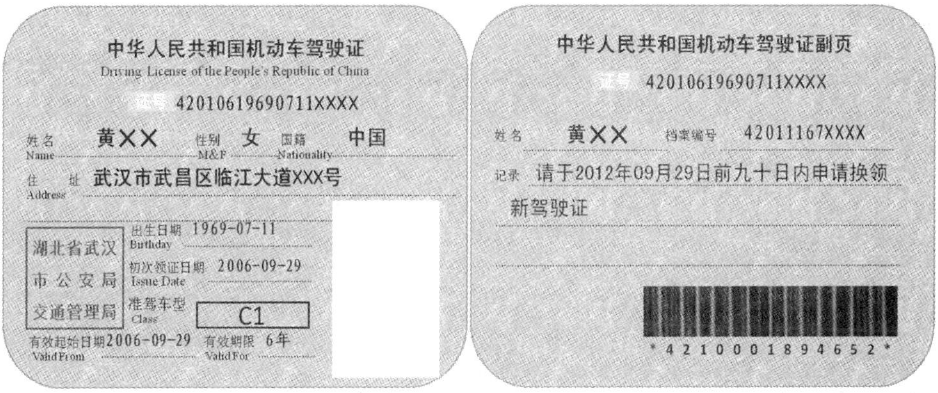

图 6-4　驾驶证

2. 车辆行驶证信息

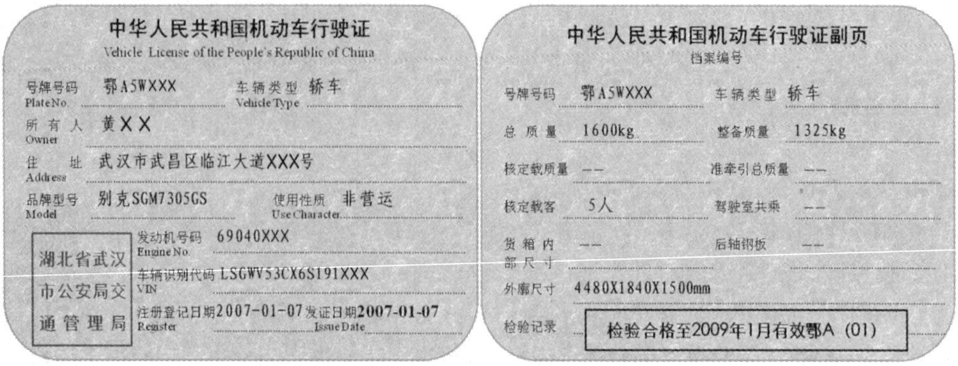
中华人民共和国机动车行驶证
Vehicle License of the People's Republic of China
号牌号码 PlateNo. 鄂A5WXXX 车辆类型 Vehicle Type 轿车
所有人 Owner 黄XX
住址 Address 武汉市武昌区临江大道XXX号
品牌型号 Model 别克SGM7305GS 使用性质 Use Character 非营运
发动机号码 Engine No. 69040XXX
车辆识别代码 VIN LSGWV53CX6S191XXX
注册登记日期 Register 2007-01-07 发证日期 Issue Date 2007-01-07
湖北省武汉市公安局交通管理局

中华人民共和国机动车行驶证副页
档案编号
号牌号码 鄂A5WXXX 车辆类型 轿车
总质量 1600kg 整备质量 1325kg
核定载质量 -- 准牵引总质量 --
核定载客 5人 驾驶室共乘 --
货箱内部尺寸 -- 后轴钢板 --
外廓尺寸 4480X1840X1500mm
检验记录 检验合格至2009年1月有效鄂A (01)

图 6-5 行驶证

3. 保单信息

表 6-3 保单基本信息

保单号：	PDAA200842018600T3××××	保险期间：	2008-01-08 至 2009-01-07
投保人姓名：	黄××	被保险人证件号：	42010619690711××××
被保险人姓名：	黄××	保单状态：	有效

标的信息

车库号	车架号	发动机号	核定载客人数	核定载重质量	车辆类型	车辆使用性质
鄂 A5W×××	045×××	270×××	5	未	客车	家庭自用

商业险种信息

保险项目	保额(元)	标准保费	实缴保费(元)	费率浮动系数	费率浮动事由
机动车损失保险	101430.00	1695.90	1187.13	1.0	无赔款优待:0.7
第三者责任保险	200000.00	1117.00	781.90	1.0	无赔款优待:0.7
玻璃单独破碎险	0.00	164.32	115.02	1.0	无赔款优待:0.7
盗抢险	72218.16	403.1	282.20	1.0	无赔款优待:0.7
不计免赔率特约条款	0.00	42.9	295.35	1.0	无赔款优待:0.7
自燃损失险	72218.16	122.77	85.94	1.0	无赔款优待:0.7

说 明：
车险费率浮动系数由各项车险费率浮动事由相乘获得。
根据中国保监会《关于进一步加强机动车辆保险监管有关问题的通知》(保监发〔2006〕19 号文)要求，自 2006 年 6 月 1 日起，各家保险公司通过无赔款优待、随人因素、随车因素等方式给予投保人的所有优惠总和不得超过车险产品基准费率的 30%。

缴费信息

应缴保费(元)	已缴保费(元)	欠缴保费(元)	缴费方式	缴费日期
2747.54	2747.54	0.0	银行转账	2008-01-7

表 6-4　任务实施工单

序号	任务实施对象	任务实施步骤	任务实施结果
1	电话受理报案	两人一组模拟电话受理报案并记录	座席： 报案人：
2	报案记录	填写机动车辆保险报案记录	填写表 6-5
3	查勘调度	1. 查勘地点	
		2. 事故描述	
		3. 标的车型及其他事故方信息	
		4. 事故方损失情况	
		5. 报案驾驶员姓名	
		6. 事故处理人员联系电话	
		7. 优先处理案件	
		8. 特别风险点提示	

表 6-5　机动车辆保险报案记录(代抄单)

保险单编号：　　　　　　　　　　　　　　　报案编号：

被保险人：		号牌号码：		号牌底色：	
厂牌型号：		报案方式：电话报案			
报案人：	报案时间：	联系人：		联系电话：	
出险时间：		出险原因：		是否是第一现场报案：	
出险地点：		驾驶人员名称：		准驾车型：	
驾驶证初次领证日期：		驾驶证号码：			
处理部门：		承保公司：		客户类别：	
VIN 码：		发动机号：		车架号：	
被保险人单位性质：		车辆初次登记日期：		已使用年限：	
新车购置价：		车辆使用性质：		核定载客　人 核定载质量　　千克	
保险期限：		车辆行驶区域：		车辆种类：	
主险条款类别：		争议解决方式：			
约定驾驶人员	主驾驶人员姓名：	驾驶证号码：		初次领证日期：	
	从驾驶人员姓名：	驾驶证号码：		初次领证日期：	
序号	险别(代码)	保险金额/责任限额	序号	险别(代码)	保险金额/责任限额
1	交通事故强制责任保险(BZ)		7		
2	车辆损失保险(A)		8		
3	第三者责任保险(B)		9		
4	驾驶员车上人员责任险(D3)		10		
5	乘客车上人员责任险(D4)		11		
6	不计免赔特约(M)[A、B、D3、D4]		12		
车辆出险信息					
特别约定					
双方约定					
本单批改次数：0		车辆出险次数：0	赔款次数：0	赔款总计：0.00	
被保险人住址：				邮政编码：	
联系人：		固定电话：		移动电话：	

签单人：　　　　经办人：　　　　核保人：　　　　抄单人：　　　　抄单日期：　　年　　月

【想一想,练一练】

简答题

1. 报案的基本原则有哪些?
2. 受理报案业务流程是什么?
3. 案情询问应了解哪些基本信息?
4. 查勘调度的基本流程及基本原则是什么?
5. 调度人员应告知查勘员的重要事项有哪些?

项目三　事故现场查勘与立案

【项目描述】

查勘人员接受查勘调度人员下达的查勘任务后,应尽最大可能第一时间赶赴事故现场,调查当事人和事故车辆的基本情况,询问、调查事故发生经过,拍摄现场照片,做好现场笔录,收集相关单证,对事故定性定责,缮制查勘报告等,为保险案件赔付打下基础。

【导入案例】

同本学习单元项目一。

【项目分析】

本项目通过介绍事故现场查勘的相关知识,使学生掌握现场查勘的含义、目的、作用和基本要求,把握现场查勘的基本业务流程。具备判断事故车辆与证件的真实性、分析出险原因、判定事故责任的能力,能够规范填写单证及查勘记录,缮制查勘报告。

【知识平台】

一、现场查勘概述

(一)现场查勘的定义

现场查勘是指运用科学的方法和现代技术手段,对事故现场进行实地勘查,通过分析留存的物证和询问认证等渠道获得事故产生原因,并采用拍照、绘图等方式将事故结果完整且准确记录下来的工作过程。查勘技术人员所采用的现场查勘技术是否科学、合理,对事故现场是否仔细、深入地调查,是现场查勘工作成功与否的关键。

(二)现场查勘的目的

现场查勘的目的有三个。

1. 确定事故的性质

通过现场查勘,可以确定事故的发生是否正常,是否为单纯的交通事故,是否为单方事故，有无第三方责任，有无骗保的可能。

2. 查明事故情节及要素

通过现场查勘，可以确定出险时间、地点、肇事人员、财产损失等情节，可取得各种痕迹、散落物、附着物等物证，可收集证人、证言等认证，可获得照片、影像等证据，能知晓现场布局、相互位置、间隔尺寸等信息。

3. 确认事故原因

通过现场查勘，了解周围环境、道路情况，分析道路、视距、视野、地形、地物等对事故发生的客观影响。通过对当事人和证人的调查取证，可确认当事人双方违反交通法规的主观因素。

（三）现场查勘的作用

(1)现场查勘是收集证据的基本措施，保险赔付的基础，以及保障客户利益的基本手段。

(2)现场查勘是有效识别保险欺诈的途径，能提高保险企业风险防范能力，提高保险企业经营效益。

(3)现场查勘对保险企业规范经营、树立公司品牌、提升公司形象具有重要的意义。

二、道路交通事故

（一）事故现场的种类

研究交通事故现场的种类，对于正确指导查勘工作具有十分重要的意义。

1. 原始现场

原始现场是指事故发生后至现场查勘前，没有被改变或破坏的现场。现场的车辆、人、畜及一切与事故相关的痕迹、物证都保持事故发生后的原始状态，能较为清楚地、真实地反映事故演变过程，对查勘的价值最大。强调保护现场的重要性，其目的就在于争取将现场保护在原始状态，为现场查勘提供有利条件。

2. 变动现场

变动现场是指交通事故发生后至查勘前，由于人为的或自然的原因，使现场的原始状态发生了部分或全部变动。这种类型的现场给调查工作带来种种不利因素，会使现场勘验失去某些本来可以获得的痕迹物证，导致分析判断案情上的困难。

变动现场分为正常变动现场和伪造现场。

(1)正常变动现场

正常变动现场是指在自然条件下非人为因素改变了原始状况，或不得已在不影响勘查结果的前提下人为地、有限度地改变了原始状态的交通事故现场。

每起交通事故要完全避免现场变动，几乎是不可能的，这是由现场的特殊性决定的。其主要原因有以下六条：

一是为抢救伤者或排除险情而移动了当事车辆，变动了伤者倒卧的位置和现场上的散落物；

二是在交通干线或城市繁华街道上发生交通事故后，造成交通堵塞，妨碍过往车辆通行，需立即排除，移动了当事车辆及其他物体；

三是执行任务的消防、救护、警备、工程救险车以及首长、外宾、外交使节乘坐的汽车在发生事故后先行完成任务驶离了现场；

四是过往车辆、行人及现场围观群众出于好奇心或不慎，车轮碾轧或摸扶、攀登事故车物，造成痕迹物证的变动；

五是气象变化，如刮风、雨淋、雪盖、水冲、日晒等自然条件的影响导致现场痕迹物证的消失或破坏；

六是其他正常原因，如车辆发生事故后，当事人未发觉而驶离现场。

凡属上述原因变动的现场，在查勘现场时，均应尽力找到当事人和目击者见证，并做好现场见证记录。

(2)伪造现场

伪造现场是指交通事故发生之后，当事人为逃避责任、毁灭证据或达到嫁祸于人的目的，故意将现场的痕迹、物证加以破坏，或者有意唆使他人改变现场遗留物的原始状态，或有意布置伪造现场。

伪造现场会给现场查勘工作造成极大的困难，但是由于发生事故后，肇事者心理状态极度紧张，一般只能破坏比较明显的痕迹和物证，不可能破坏全部痕迹和物证；而且交通事故有其固有的规律，这是任何人也破坏不了的，只要认真勘查，遵循事故发生的规律，仍能获取有价值的痕迹与线索。

(3)逃逸现场

逃逸现场是指肇事人为了逃避责任，在明知发生交通事故的情况下，故意驾车逃逸而造成的变动现场。如果当事人不知道发生事故而驾车驶离现场、造成现场变动的，不视为逃逸现场，而应为正常变动现场。

3.恢复现场

恢复现场包括两种情况：一是事故现场因某种原因撤离后，办案人员根据现场勘查笔录等材料重新布置恢复的现场，供事故分析或复查案件使用；二是由于种种原因原发现场已不存在，办案人员根据目击证人及当事人的指定，重新布置的现场。这种现场的痕迹或物证已经变动、消失，所以并不具有现场勘查的价值，不是现场勘查的对象，仅供形象地再现事故现场的有关交通元素的位置及相互关系，使人们可以客观地看到事故发生后的情景。

(二)事故类型

对道路交通事故进行分类，目的在于分析、研究、预防和处理道路交通事故，同时也便于统计和从各个角度寻找对策。根据分析的角度、方法不同，对道路交通事故的分类也不同。

1.按交通事故后果分类

《道路交通事故处理办法》第六条规定："根据人身伤亡或者财产损失的程度和数额，交通事故分为轻微事故、一般事故、重大事故和特大事故。"具体标准由公安部制定。公安部于〔1991〕113 号通知中对事故等级作了如下规定：

(1)轻微事故，是指一次造成轻伤 1 至 2 人，或者财产损失机动车事故不足 1000 元，非机动车事故不足 200 元的事故。

(2)一般事故，是指一次造成重伤 1 至 2 人，或者轻伤 3 人以上，或者财产损失不足 3 万元的事故。

(3)重大事故，是指一次造成死亡 1 至 2 人，或者重伤 3 人以上 10 人以下，或者财产损失 3 万元以上不足 6 万元的事故。

(4)特大事故，是指一次造成死亡 3 人以上，或者重伤 11 人以上，或者死亡 1 人，同时重伤 8 人以上，或者死亡 2 人，同时重伤 5 人以上，或者财产损失 6 万元以上的事故。

2.按交通事故第一当事者或主要责任者的内在原因分类

这类交通事故可分为三种，即由于交通事故第一当事者或主要责任者的观察错误、判断错误以及操作错误所引起的交通事故。

(1)观察错误:由于当事人心理或生理方面的原因,对外界环境的客观情况没有正确地观察;或由于道路条件不好,交通标志不清,以及由于交叉路口冲突区域太大等引起的观察错误。

(2)判断错误:包括对对方车辆的行动、对道路的形状和线形、对对方车辆的速度以及自己车辆与对方车辆的距离,过分相信自己的技术以至对自己车辆的性能和速度估计判断有误。判断过程往往发生在极短的时间内(一般为 1/10 秒),根据国外的统计资料,由判断错误而引起的交通事故约占 30%(日本统计资料为 35%)。

(3)操作错误:主要是技术不熟练,特别是初学驾驶的人员,由于对车辆和道路都不熟悉,遇到紧急情况时就不能应付自如,容易出现慌乱,发生操作错误而引起交通事故。除此以外,由于车辆本身机械故障(如制动失灵),更易导致操作错误。

3.按交通事故的对象分类

(1)车辆间事故:即车辆与车辆之间发生刮擦、碰撞而引起的事故。

(2)车辆与行人的交通事故:这主要是由于机动车闯上人行道而发生的压死、压伤行人,以及行人横穿道路时被机动车压死、撞伤等交通事故。

(3)机动车辆与自行车间的交通事故:由于我国公路交通主要是混合交通,因而这类事故在我国较多。

(4)车辆单元事故:包括车辆在下坡时由于行驶速度太快,车辆左右转弯或掉头时所发生的翻车事故,以及在桥上因大雾天气或因机器失灵而产生的机动车坠车的事故等。

(5)车辆与固定物碰撞事故:这里所指的固定物,包括道路上的作业结构物,路肩上的水泥杆(灯杆、交通标志等)、建筑物以及路旁的树林等。

(6)铁路岔口交通事故:这类事故在我国比较严重,这是由于岔口缺乏立体交叉和自动控制设备,加之岔口管理不善所致。

4.按违反交通法规的对象来分类

(1)机动车驾驶人员事故:指机动车驾驶人员违反交通法规而发生的事故,包括违反安全驾驶规程;违反限制车速的规定(如超速、高速行驶等),强行超车、逆行、通过交叉路口不减速,左、右转弯及掉头不适当;违反停车或临时停车规定;违反优先通行的原则,路口闯红灯,与前车不保持安全间距,装载不适当,酒后开车,机械失灵,过度疲劳;违反铁路岔口通行规定以及摩托车驾驶人员违反交通法规行车等所造成的交通事故。

(2)骑自行车人交通事故:这类事故在我国比较突出。骑自行车人违反交通法规包括在快车道上骑车、逆行、骑快车、左右转弯时无视来往机动车而猛拐,在交叉路口闯红灯,双手或一只手离开车把骑车,车闸失效,雨天骑车失控,骑车带人,在人行道上骑车以及载物不适当等。虽然说是骑自行车人的交通事故,但一般还是由机动车轧死轧伤引起。

(3)行人交通事故:行人交通事故是由于行人过失或违反交通法规而发生的交通事故。行人违反交通法规,包括无视交通信号,不走人行道,而在快车道或慢车道上行走,随意横穿公路、斜穿公路,在停车位前后横过公路,儿童在街上玩耍,行人在公路上作业或行走时精神不集中等。

5.按交通事故发生地点分类

交通事故发生地点一般是指哪一级道路,城市或郊区以及城市或乡域三种。在我国,道路分为高速公路、一、二、三、四级公路五个等级;也可分为公路与街道,前者是指郊区和乡村道路,后者是指城市道路。另外还可按在交叉路口和路段所发生的交通事故来分类。

6. 按汽车保险理赔责任认定分类

(1)单方事故

单方事故是指仅由一辆保险机动车,而无其他机动车辆参与导致的损害或伤害后果。如被保险车辆与电线杆、道路隔离栏、树木、房屋等发生事故。

(2)双方(多方)事故

双方(多方)事故是指被保险车辆与另一辆或多辆机动车之间发生保险合同约定的责任事故,造成的损害或伤害后果。如两车相撞、多车追尾等。

(3)"无法找到第三者"事故

"无法找到第三者"事故是指事故损失应由第三方赔偿,但无法找到第三方的事故。常见的有"标的车停放中被不明物碰撞(简称停放被撞案件)"、"标的车停放中被撞"等。

三、现场查勘工作流程

现场查勘基本业务流程如图 6-6 所示。

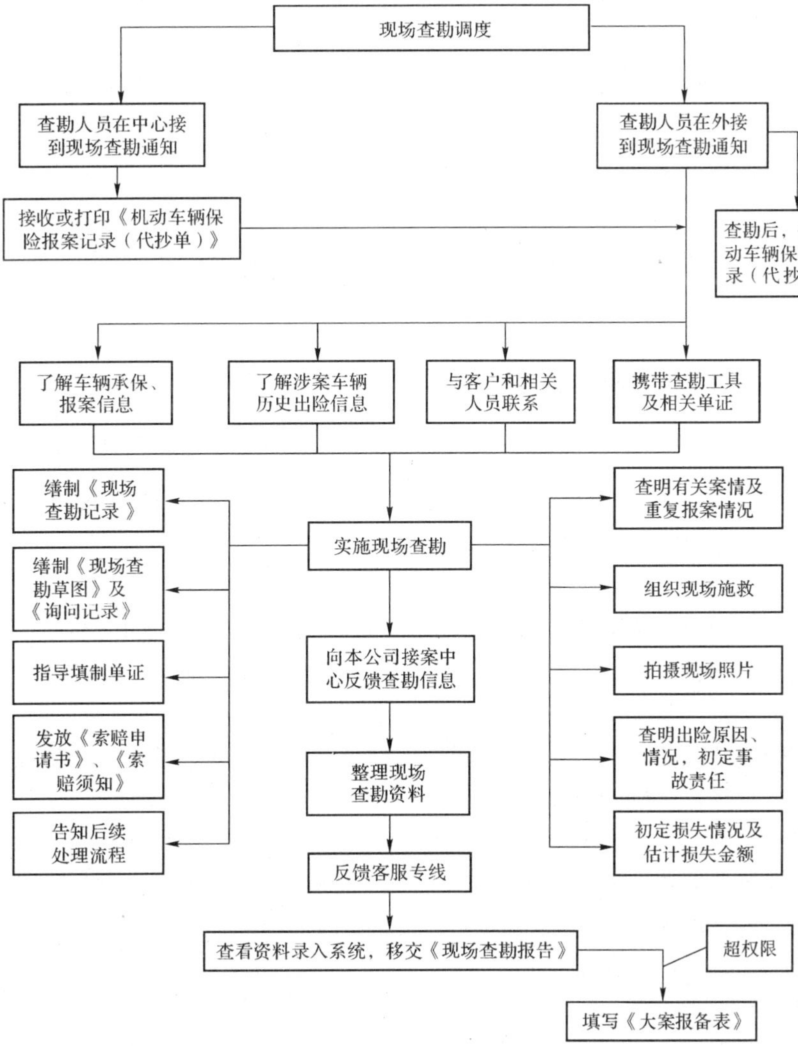

图 6-6　车险现场查勘基本业务流程

（一）查勘准备

查勘人员上岗前，应养成良好的查勘准备习惯。查勘准备是查勘工作顺利开展的基础，也是查勘人员人身安全的重要保障。查勘准备工作内容包括以下三个方面。

1. 准备并检查理赔服务车辆

理赔服务车辆必须保持内外整洁卫生，清洁干净；座椅不得放置与理赔工作无关的物品；仪表台和后备盖板不得放置任何物品；除随车工具、单证资料、赠送客户的矿泉水、《索赔指南》等物品外，行李箱不得放置其他与理赔工作无关的物品；准备常用险种条款明细、简易医疗工具箱等。

检查车辆外观是否完好，胎压是否正常，里程数及油量是否与“车辆使用登记表”记录情况相符，车上工具（警告牌、备胎及工具、反光背心、应急药箱等）是否齐全可用，行驶证、油卡及驾驶证是否携带，启动车辆检查其专向性、制动性、行驶性是否正常。

检查并准备车上携带工具，包括千斤顶、拖车绳、灭火器、消防锤、安全提示牌、电瓶连接线、胶鞋、雨衣等。

2. 检查并准备必备单证

检查现场需要派发的资料是否齐备。必备单证包括现场查勘报告及附页、出险通知书、询问笔录、索赔申请书、索赔指引、服务监督卡、旧件回收单、隐损件专用贴纸（标签）、定损单、简易事故处理单、现场草图纸、保户放弃索赔申请书等。

3. 检查并准备必备工具

检查专用相机、随身携带的移动终端、录音笔、手机、探照灯等电器是否完好可用，相应的电池及备用电池的电量是否充足够用，写字板、签字笔、印泥、笔录专用纸、卷尺、名片、工作吊牌、自喷漆、胶带等是否齐全。

（二）接受调度

查勘工作人员接到查勘通知后，应服从调度，联系事故相关人员及时赶赴事故现场进行查勘。

1. 记录案件相关信息

查勘人员接到查勘调度后，应详细记录案件编号、车牌号、车辆型号、联系人及电话、出险地点、事故情况、承保情况等调度员告知的案件相关信息。

2. 与被保险人（报案人）取得联系

在接受调度 3 分钟内与被保险人（报案人）取得联系，确认联系人及电话、车辆型号、出险地点、事故情况等。向报案人简单介绍查勘员到达前的事故处理办法，告知预计到达时间。特殊案件如水渍案件，应提醒驾驶员“不要启动发动机”等。

若查勘员接受查勘调度后无法联系被保险人（报案人），或经联系后确认的被保险人（报案人）情况与报案记录信息严重不符的，应立刻反馈客服中心。

3. 赶赴现场

查勘员赶赴事故现场过程中要及时与被保险人（报案人）保持联系，若查勘员估计不能在预计时间内到达事故现场，或因不可抗力无法到达事故现场时，应及时反馈给客服中心并与被保险人（报案人）联系说明情况。

（三）现场查勘

现场查勘可按照中国人民财产保险公司“六五四三二一”的方法和准则执行。

1.“车、证、人、路、货、行”六个方面

(1)车

①查验事故车辆是否属于承保标的,对 VIN 码、交强险标志、发动机号拍照,保单、行驶证对照确定标的信息。

②对事故车的结构及配置进行查验,重点查验事故车辆是否非法改装(增加栏板高度、加大轮胎、增加钢板片数及厚度、增加车厢宽度和长度、开天窗、客车安装行李架等)。

③汽车使用年限。弄清出险车辆的使用年限,对于界定事故车辆的合法性十分必要。

④使用性质。出险时使用性质与保单载明的是否相符。常见不相符的情况有营运货车按非营运货车投保,非营运乘用车从事营业性客运等,必要时做好取证工作。

(2)证

①驾驶证。对驾驶证真假、有效期、审检情况、准驾车型是否相符、是否暂扣、是否为被保险人允许的驾驶员、是否保单约定驾驶员进行核实;查验驾驶各种专用机械车、特种车的驾驶员有无国家有关部门核发的有效操作证,驾驶营运客车的驾驶员有无国家核发的有效资格证。

②行驶证。对行驶证真假、有效期、行驶证核定载重吨位数进行查验,对行驶证车主与被保险人关系进行查验,是否具备保险利益,确定出险车辆是否在其行驶证核定范围内运载。

(3)人

对真实驾驶人、是否为合格驾驶员、是否为车主准许的驾驶员、是否是驾驶员准驾车型、是否是保单约定驾驶员、是否酒后驾驶或服用违禁药物后驾驶进行查验。

(4)路

对出险路况进行查勘,防止故意、车底损失与路况不相符等情况发生。

(5)货

对标的车的装载、高度、宽度,原始运单的件数、价格和品种,发往什么地方,有无危险品进行查验,确定出险车辆是否违反装载规定。

机动车载货要遵循《中华人民共和国道路交通安全法实施条例》,不得超过机动车行驶证上核定的装载质量,装载长度、宽度不得超过车厢。

①重型、中型载货汽车、半挂车载物高度从地面起不得超过 4 米,载运集装箱的车辆不得超过 4.2 米;

②其他载货的机动车载物,高度从地面起不得超过 2.5 米;

③摩托车载物,高度从地面起不得超过 1.5 米,长度不得超出车身 0.2 米。两轮摩托车载物宽度左右不得超出车把 0.15 米,三轮摩托车载物宽度不得超过车身。

④载客汽车除车身外部的行李架和内置行李箱外,不得载货。载客汽车行李架载货,从车顶起高度不得超过 0.5 米,从地面起高度不得超过 4 米。

(6)行

对驾驶员是否故意行为、驾驶员有无违章行为进行判断、查验。

2.“问、闻、看、思、摄”五字法取证

(1)问

到达现场后向当事人和目击者询问相关情况,重点是出险时间(接近保险起保、终保日期的要做询问笔录)、地点、原因、经过、财产损失、人员伤亡(问清伤亡者性别、姓名及与车主和司机的关系，确定是车上人员还是三者人员)、施救情况等。

双方事故应重点询问事故对方司机事故发生原因及我方驾驶员是否为当事司机，并做好询问笔录以避免出现更换司机的道德风险。单方事故特别是有疑点的事故要多寻找附近的目击者询问情况，以验证事故的真实性。

(2)闻

通过闻确定驾驶员是否酒后驾车(尤其是13时至16时、20时至24时)，如有疑点，可以拨打“110”与公安人员一起取证。

出险气囊爆出的事故要进入车厢闻闻是否有火药味，刚引爆气囊不久车厢内会有火药味，如果没有，则该事故有疑点可进一步调查。

(3)看

①到达现场后仔细查看事故车辆及周围情况，查清事故发生的直接原因。以下列出几种事故现场查勘方法，仅供参考。

碰撞现场：动手摸一摸发动机是否有温度，观察碰撞痕迹，地面是否有碰撞后的残留物。

火灾现场：要寻找起火部位，观察烧毁情况，初步界定案件是否属于自燃。

水淹现场：观察事发地点是否能够造成水淹损失，是否属于保险责任。

盗抢现场：观察事发地点是否属于收费性营业场所。

②观察驾、乘人员是否神色惊慌，是否有掩盖事实迹象。

③观察路况场地，是否是在修理场地维修时发生的事故，是否是在营业性场地发生的保险事故。

④观察车辆、看刹车痕迹确定碰撞力度和速度，推定内部受损情况。观察路面轮胎压痕判断车辆行驶方向，地面压痕杂乱时，认真判定是否有设置假现场的可能。对前部受损严重的有条件的要现场打开引擎盖拍摄内部受损情况。

(4)思

综合分析、利用专业知识分析形成事故的真实原因，确定本次保险事故的损失。

(5)摄

为了如实反映事故现场的真实性，保留相关证据以备定损研究和事后核查之用。现场查勘人员应十分重视通过摄影来记录损失情况。因为现场照片是赔款案件的第一手资料，也是查勘报告的旁证材料，所以查勘人员应对此予以充分的重视。以下对现场拍摄方式、拍摄方法、拍摄要求等内容进行简要介绍。

①拍摄方式

一是方位摄影。在以事故车辆为中心的周围环境，采用不同的方位拍摄现场的位置、全貌，以反映事故现场的轮廓。(主要用于拍摄现场全貌。)

二是中心摄影。以事故接触点为中心，拍摄事故接触的各部位及相关部位，以反映与事故相关的重要物体的特点、状态和痕迹。

三是细目摄影。当需要拍摄事故现场各种痕迹、物证，以反映其大小、形状、特征时，需要采用细目摄影。

②拍摄方法

一是相向拍摄法。从两个相对的方向对现场中心部分进行拍摄，可以较为清楚地反映现场中心情况。

二是十字交叉拍摄法。从四个不同的地点对中心部分进行拍摄，以准确反映现场中心情况。

三是连续拍摄法。将现场分段进行拍摄，然后将分段照片拼接成完整的照片，此类方法适应于事故现场较大的情况。

四是比例拍摄法。将尺子或其他参照物放在受损物体旁边进行摄影，以便确定被摄物体实际大小。

③拍摄要求

一要拍摄第一现场的全景照片、痕迹照片、物证照片和特写照片。为记录事故的发生，应该尽量选择静止的固定参照物进入拍摄画面。拍摄全景照片时最好使用45°拍摄，尽量做到车辆的四个45°都进行拍摄，前两个45°反映侧面和前牌照，后两个45°反映侧面及后牌照。

二要拍摄能反映车辆号码与损失部分的全景照片。

三要拍摄能反映车辆局部损失的特写照片。

四要拍摄标的及三者车辆整体照片、车架号、发动机号、厂牌型号、驾驶证、行驶证正页正反面及副页、驾驶员上岗资格证(限营业性客运车辆)、各种专用机械车、特种车操作证，证件需明确反映年审情况。

五要拍摄被保险人或领款人信息(银行卡、身份证)。未能拍摄的，告知客户在后续环节提供，5000元以下案件可现场让客户电话问询被保险人或领款人身份证号和银行卡号。

六对载货汽车挂线杆的事故，要用尺子现场拉高度并拍摄远景和尺子刻度。对车辆盗抢现场要车主手拿写有车辆牌照号的牌子站在现场对其进行拍摄。

④注意事项

一是对于事故车辆内饰可能有损失的要提前进行拍摄。

二是对于车辆尚未损失的部位也要逐一拍摄，避免道德风险。

三是货运车辆必须拍摄该车运单。

四是查勘时，如果气囊、安全带、轮胎(数量)、电瓶、转向机(货车)、CD机(汽车)等配件有损失必须现场进行拍照确认，并使用“易碎贴”进行标记，之后注明在查勘报告中。对于可能损失及一些容易更换且金额较高的配件应逐一使用“易碎贴”标记，无现场的可在见到车辆的第一时间进行标记，防止道德风险。

3.四个基本问题

(1)是否属于保险车辆。

(2)是否属于保险责任。

(3)保险公司承保车辆驾驶员在保险事故中所承担的责任。

(4)估计损失金额(其中包括施救费、财产损失、人员伤亡等)。

查勘员在事故现场应核实、记录本公司的车险合同所涉及保险车辆的驾驶员、投保人及相关证件信息，根据调度员提供的被保险车辆的投保险种来判断本公司的保险责任，根据交警出具的“事故责任认定书”和现场查勘情况明确本公司保险车辆在本次交通事故中所负的责任并估算损失金额。

4.三项技能

(1)调查取证

重大、疑难案件必须在第一时间对相关当事人分别做询问笔录。询问笔录切忌过于简单，必须反映事故的出险时间、地点、原因、损失情况、施救情况、疑难问题等。询问时有条件的公司应配备有摄像功能的相机进行全程录像。对于盗抢险赔案和没有第一现场的案件，也必须做询问笔录，对事故进行询问和确认，从不同角度和不同方面搜集信息，为下一步理赔工作做好准备。询问笔录须由当事人签字按印。

(2)现场草图绘制

出险情况复杂，需要辅助确认保险责任的事故，需要查勘员绘制现场草图。现场图是反映事故车辆发生地点和环境情况的地形平面图。查勘员根据现场查勘的内容，迅速、全面地把现场的各种交通元素、痕迹、道路设施及物貌绘制在图纸上。现场图的基本内容包括表明事故现场的地点、方位、物貌、交通情况，标明交通元素及事故相关的遗留痕迹和散落物体的位置，标明事物的形状和根据事故痕迹标明事故过程中车、人、畜等的动态。现场草图的绘制应反映事故发生的起因、结果以及事故损失的真实情况，必须由被保险人和查勘员共同签字确认。

(3)填写《事故现场查勘报告》或《机动车保险快捷案件处理单》

完成查勘后，查勘员应出具《事故现场查勘报告》或《机动车保险快捷案件处理单》，详细、明了地反映车险事故查勘的各项要素及查勘结论，最后由查勘人员和被保险人签字确认。单证的填写要符合以下要素。

①案件基本信息的填写

基本信息包括被保险人信息和第三者信息，出险时间、出险原因、出险经过、损失部位及初步确认的损失项目，是否属于保险责任(保险责任不清晰的可以不填)等。

②双方签字确认

查勘报告缮制完毕后，请被保险人确认无误后现场签字(盖章)，不是被保险人报案的请现场当事人确认签字，及时翻拍并上传至理赔系统。

5. 两个顺序

查勘人员在估损车辆损失时，应按由表及里、由前往后两个顺序记录损坏情况。

(1)由表及里

对损坏配件项目按照“由表及里”的顺序进行登记。

(2)由前到后，从左到右。

在“由表及里”登记的同时，还应按照“由前到后，从左到右”进行登记，避免遗漏和重复登记。

6. 一个目标

查勘定损时，应考虑一个总体目标，兼顾车主、修理厂、保险公司三方的利益。

(四)指导报案人进行后续处理

告知被保险人后续的工作环节，以帮助被保险人合理、合法地依据保险合同，维护自己的权益。

1. 告知赔偿顺序

发生机动车之间的碰撞事故的，应告知客户先通过交强险进行赔偿处理，超过交强险责任限额的部分，由商业保险进行赔偿。交强险未在本公司承保的，应指导客户向交强险承保公司报案，由交强险承保公司对第三者损失先行定损。符合交强险“互碰自赔”处理条件的，应向客户告知互碰处理后续流程。

2.向报案人提供《机动车保险索赔须知》和《机动车保险索赔申请书》

在《机动车保险索赔须知》中完整勾选被保险人索赔时需要提供的单证，双方确认签字后交被保险人或报案人。指导报案人填写《机动车保险索赔申请书》，告知报案人交被保险人签名或盖章后，在提交索赔单证时一并向保险人提供。

3.告知客户后续理赔流程及注意事项

查勘时不能当场定损的，查勘人员应与被保险人或其代理人约定定损的时间、地点；对于事故车辆损失较重，需拆检后方能定损的案件，应安排车辆到拆检定损点集中拆检定损。向客户推荐公司特色理赔方案，引导客户选择快速、便捷的“一站式”后续服务。提醒被保险人保险公司有关车辆维修、理赔的注意事项，以及索赔所需要的各种单据和索赔流程等。

对于明显不属于保险责任或者存在条款列明除外责任的，应耐心地向客户解释，争取客户同意注销案件。

（五）查勘信息反馈与上传

(1)查勘员赶赴事故现场后须向调度中心及时反馈信息。现场查勘完毕后，也需向调度中心反馈现场查勘情况和查勘结论。

(2)调度中心根据查勘及时性、准确性、合理性的原则，向被保险人询问现场查勘员对案件处理的情况，并记录被保险人对现场查勘员的工作评价。

(3)一般案件查勘结束后一个工作日内录入查勘信息并上传查勘照片及相关单证。

（六）立案

1.立案的职能

立案主要解决判断保险责任和录入估损信息两项工作。主要职能有：对查勘发起的立案任务进行处理（交强/商业险）；录入、调整立案估损金额信息；输入巨灾信息代码；发起追偿任务。

2.立案的流程

立案的基本流程如图 6-7 所示。

3.立案的主要准备工作

立案的主要准备工作有：接收查勘记录及附页、查勘照片、询问笔录，以及驾驶证、行驶证照片/复印件等查勘资料，确保立案人员充分掌握查勘信息；查阅出险车辆的承保信息；查阅出险车辆的历史赔案信息。

4.录入估损信息

立案录入信息应区分交强险、商业车损险、商业三责险和车上人员责任险等险别，分别录入或调整估损金额。

保险公司车险的理赔系统一般都是采取可选项进行录入，损失分类有“全损”、“非全损”、“玻璃独碎”和“盗抢”等选项，赔案类别、出险区域、商业险赔偿责任、交强险赔偿、出险标志和出险原因也都为可选项。立案处理人员可以根据实际情况进行录入。

估损项分为涉案车辆、财产损失、人员伤亡三部分。车险理赔系统中要求录入的“估损金额”指赔案涉及保险财产/责任的损失金额，“估计赔款”指考虑事故责任比例、免赔和保险金额/责任限额等综合情况后保险公司应赔付的金额。

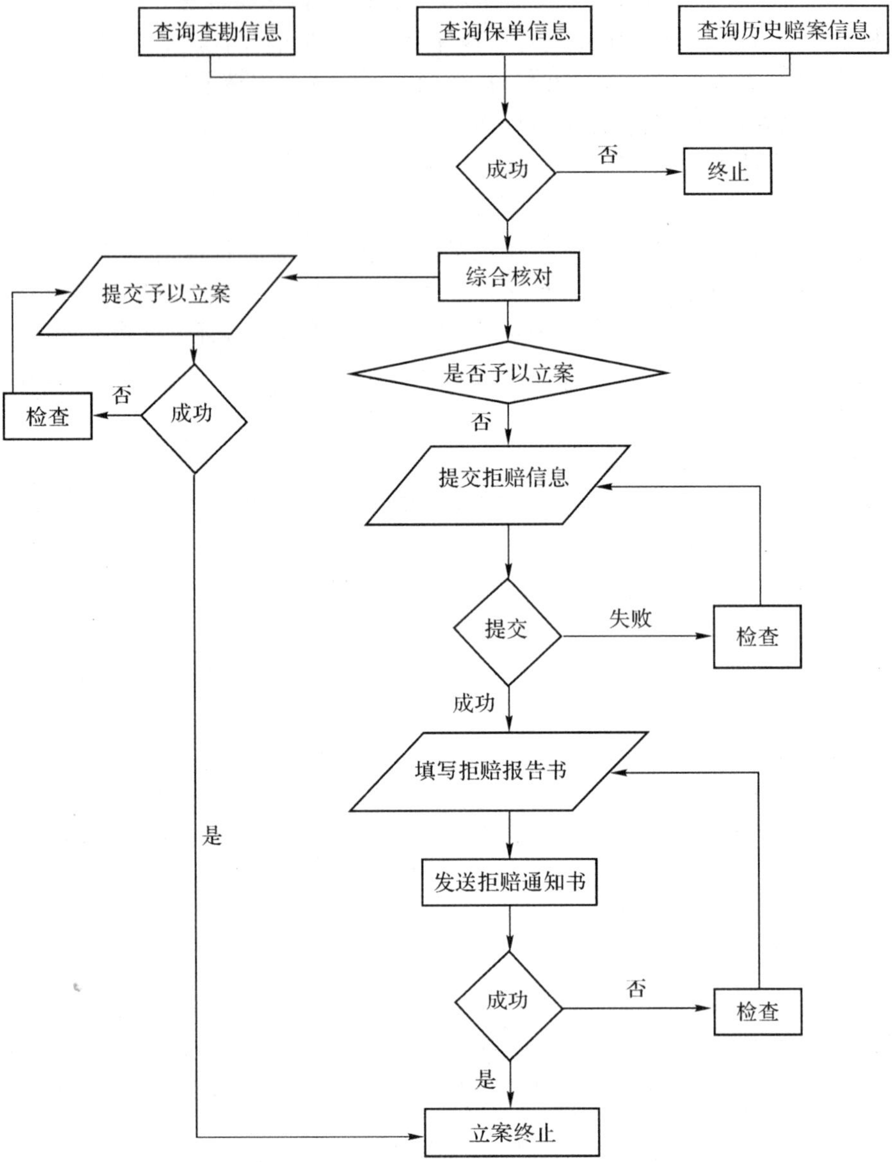

图 6-7　立案的基本流程

5. 立案的处理时限

立案任务在标的车查勘完成后 24 小时内生成。中国保监会发布的《非寿险业务准备金内控规范》第十七条规定："受理客户报案后，保险公司理赔人员应根据现场清点情况、承保条件、过往类似损失情况等，及时对案件进行立案。车险案件原则上应实行报案即立案，保险公司接到报案后应及时在理赔信息系统进行立案处理，系统应设置超过 3 日尚未立案则强制自动立案功能。"

【项目实施】

结合本学习单元项目一、项目二提供的案情信息，根据所学知识，完成如表 6-6～表 6-8 所示的任务实施工单。

表 6-6　填写机动车辆保险事故现场查勘记录

××××财产保险股份有限公司机动车保险事故现场查勘记录

保险单号：　　　　　　　　报案编号：

<table>
<tr><td colspan="2">出险时间：　　年　月　日</td><td colspan="2">出险地点：　省　市　县</td><td>案件性质(□自赔□本代□外代)</td></tr>
<tr><td colspan="2">查勘时间：　　年　月　日</td><td colspan="2">查勘地点：</td><td>是否第一现场：□是□否</td></tr>
<tr><td rowspan="4">保险车辆</td><td>厂牌型号：</td><td colspan="2">发动机号：</td><td>号牌底色：</td></tr>
<tr><td>号牌号码：</td><td colspan="2">车架号(VIN)：</td><td>初次登记日期：</td></tr>
<tr><td>驾驶人姓名：</td><td colspan="3">驾驶证号：□□□□□□□□□□□□□□□□□□　准驾车型：</td></tr>
<tr><td>初次领证日期：年　月　日</td><td colspan="2">性别：□男□女</td><td>联系方式：</td></tr>
<tr><td rowspan="3">三者车辆</td><td>厂牌型号：</td><td colspan="2">号牌号码：</td><td>交强险保单号：</td></tr>
<tr><td>驾驶员姓名：</td><td colspan="2">驾驶证号：</td><td>起保日期：</td></tr>
<tr><td>初次领证日期：年　月　日</td><td>性别:□男□女</td><td>准驾车型：</td><td>联系方式：</td></tr>
<tr><td rowspan="5">事故信息</td><td>出险原因</td><td colspan="3">□碰撞□倾覆□坠落□火灾□爆炸□自燃□外界物体坠落，倒塌
□雷击□暴雨□洪水□雹灾□玻璃单独破碎□其他</td></tr>
<tr><td>事故类型</td><td colspan="3">□单方肇事□双方事故□多方事故□仅涉及财产损失□涉及人员伤亡</td></tr>
<tr><td>事故涉及的第三方机动车数：</td><td colspan="2">第三者伤亡人数：　伤　亡</td><td>车上人员伤亡人数：　伤　亡</td></tr>
<tr><td colspan="4">事故处理方式：□交警□自动协商□保险公司□其他(　　)　　是否需要施救：□是□否</td></tr>
<tr><td colspan="4">预计事故责任划分：□全部□主要□同等□次要□无责　　核定施救费金额：</td></tr>
<tr><td rowspan="3">勘查信息</td><td colspan="4">被保险机动车出险时的使用性质　□家庭自用　□营业　□非营业
被保险机动车驾驶人是否持有有效驾驶证　□是　□否
被保险机动车驾驶人准驾车型与实际驾驶车辆是否相符　□是　□否
驾驶专用机械车、特种车及营业性客车的人员是否有相应的操作证、资格证　□是　□否
被保险机动车驾驶人是否为酒后驾车　□是　□否
被保险机动车发生事故时的驾驶人是否为合同约定的驾驶人　□是　□否
出险地点是否发生在合同约定的行驶区域以外　□是　□否
是否存在其他条款规定的责任免除或增加免赔率的情形(如存在应进一步说明)　□是　□否</td></tr>
<tr><td colspan="4">查勘意见(事故经过，施救过程，查勘情况简单描述和初步责任判断)</td></tr>
<tr><td>案件处理等级：</td><td colspan="2">理算顺序：</td><td>询问笔记　张，现场草图　张，事故照片　张</td></tr>
<tr><td rowspan="5">责任判断及损失估计</td><td>涉及险种</td><td colspan="3">□交通事故责任强制保险□商业车损险□商业三责险□车上人员责任险
□自燃损失险□盗抢险□玻璃单独破碎险□车上货物责任险□其他(　　)</td></tr>
<tr><td>立案建议</td><td colspan="3">交强险：□立案□不立案(注销/拒赔)□待确定(原因：　　　)
商业保险：□立案□不立案(注销/拒赔)□待确定(原因：　　　)</td></tr>
<tr><td rowspan="3">事故估损金额</td><td>总计：</td><td>□本车车损：</td><td>□第三者车辆损失：</td></tr>
<tr><td>□本车车上人员伤亡：</td><td>□第三者人员伤亡：</td><td>□本车车上财产损失：</td></tr>
<tr><td>□第三者车上财产损失：</td><td>□第三者其他财产损失：</td><td>□其他：</td></tr>
<tr><td colspan="3">查勘人员签字：</td><td colspan="2">被保险人(当事人)签字：</td></tr>
</table>

表 6-7 填写机动车辆事故现场查勘询问笔录

机动车辆事故现场查勘询问笔录

询问地点：______________________ 时间：

自　　时　　分　　开始

至　　时　　分　　结束

询问人姓名：____________________ 单位：______________________________

被询问人：姓名：____________ 性别：____________ 年龄：________________

职名：____________ 工作单位：______________________________

通信地址：____

兹将询问内容记录如下：依照《中华人民共和国保险法》和机动车辆保险条款的规定，我们就您所报案件的真实性进行调查询问，希望您能理解和配合，回答情况要属实，因为任何虚假的证词都可能导致保险人依照法律和保险条款的规定行使拒赔权，或诉诸法律。

询问人(签字、手印)：

被询问人(签字、手印)：

被询问人身份证号：

注：询问内容未完成，可接附页。　　　　共　页　第　页

表 6-8　指导被保险人填写索赔申请书

机动车辆保险索赔申请书

报案号码：

被保险人					联系电话		
地址					邮政编码		
车牌号码				厂牌型号			
发动机号码				车架号码			
交强险保单号					承保公司		
商业险保单号					承保公司		
报案人		联系电话		出险驾驶员		联系电话	
出险时间	年　月　日　时　分			出险地点			
开户名称		账号			开户银行		

其他事故方交强险信息

车牌号码	厂牌型号	被保险人	交强险保单号	承保公司	定损公司

出险经过及损失情况：

兹声明本被保险人报案时所陈述以及现在所填写和提供的资料均为真实情况，没有任何虚假或隐瞒，否则，愿放弃本保险单之一切权利并承担相应的法律责任。现就本次事故向贵司提出正式索赔。

被保险人(索赔权益人)签章：

年　　月　　日

特别申明：

1. **本索赔申请书是被保险人就所投保险种向保险人提出索赔的书面凭证。**

2. **保险人受理报案、现场查勘、估损核损、参与诉讼、进行抗辩、向被保险人提供专业建议等行为，均不构成保险人对赔偿责任的承诺。**

24 小时客户服务电话：955××

【想一想，练一练】

一、名词解释

现场查勘　立案

二、简答题

1. 现场查勘的特点和作用是什么？
2. 交通事故的种类有哪些？
3. 现场查勘的准备工作包括哪些？
4. 现场查勘的基本准则是什么？
5. 现场查勘的基本业务流程是什么？
6. 立案的主要准备工作有哪些？立案的基本工作要求是什么？

项目四　车险定损

【项目描述】

保险公司查勘人员在完成车险查勘工作后，受损车辆将接受保险公司指定维修企业的车险定损、核损和维修活动。车险定损是汽车保险理赔工作的核心环节，是合理、公正理赔的关键，定损岗位是保险公司的重要岗位，对相关工作人员的要求较高，需要较高的综合素养和专业知识。

【导入案例】

同本学习单元项目一。

【项目分析】

本项目通过介绍车险定损的相关知识，使学生掌握车险定损的基本工作流程和主要工作内容，把握车险定损的原则、方法和要求，能鉴定车辆的损失情况，准确报价配件和确定维修工时费；掌握确定车辆损失的项目和程度，确立维修项目、缮制定损单，确定损失金额、缮制损失确认书的方法。

【知识平台】

车险定损工作是一项技术性、业务性很强的工作。随着机动车辆日趋增多、车型日益复杂，对定损人员的要求越来越高。综合分析我国各大保险公司、公估公司的车险定损业务的开展，车险定损的基本工作流程如图 6-8 所示。

我国各大保险公司都非常重视车险定损环节的管理与监控，工作流程和规范也大同小异。本项目以中国人民保险公司的车险定损工作规范为主，参考其他具有代表性的保险公

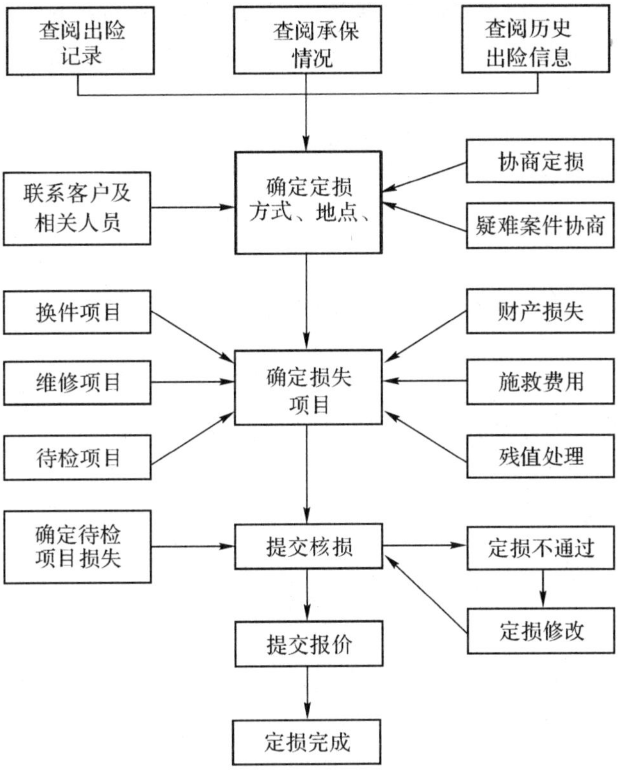

图 6-8　机动车定损的基本工作流程

司的相关内容进行车险定损环节知识的介绍。

一、定损准备

定损准备是指定损人员在了解现场查勘基本情况的基础上，协调被保险人、第三者和定损企业，确定定损方式、地点和时间等。

定损准备的基本工作流程如图 6-9 所示。

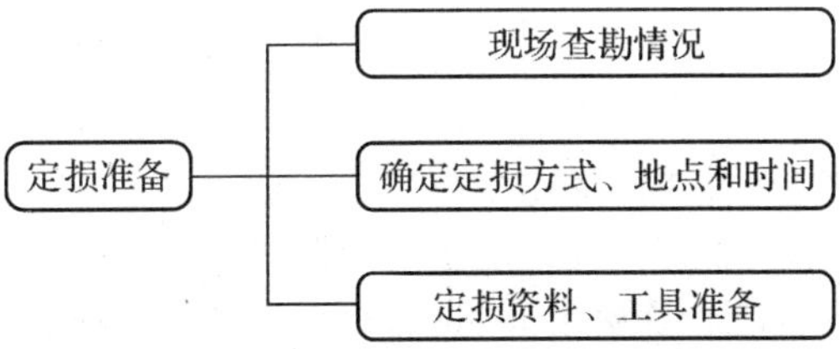

图 6-9　定损准备的基本工作流程

(一)了解现场查勘情况

定损人员通过“机动车辆保险事故现场查勘记录”和“机动车辆事故现场查勘询问笔录”，了解车辆事故原因、经过。通过“现场查勘照片”和“现场图”，明确车辆事故的起源点、肇事部位的撞击、震动可能引起损伤的部位。

(1)查阅查勘记录，了解车险事故损失情况和查勘员查勘意见。

(2)查看保险车辆承保情况,确定损失所对应的险别和赔付限额,定损时属于未承保险别的损失项应不予以赔付(常见的有车上人员伤亡、新增设备损失、发动机进水损失)。定损金额不得超过各险别的最高赔付限额。

(3)仔细阅读涉案车辆的出险记录,避免重复赔付。

(二)确定定损方式、地点和时间

1. 定损方式

(1)协商定损

一般适用于事故简单和损失较小的案件,指保险人、被保险人及第三者车辆三方就车辆损失达成共识,协商赔偿的方式。

(2)公估定损

保险人委托公估公司对事故车辆进行查勘和定损。

(3)聘请专家

对一些特殊案件或罕见车型,保险公司或被保险人聘请相关专家对受损车辆进行定损。

2. 定损地点

定损地点一般是保险公司指定的专业定损点,在特殊情况下可由被保险人指定。

3. 定损时间

定损时间一般由保险人、被保险人及第三者车辆三方协商确定,以约定时间为准。

(三)定损资料、工具准备

1. 定损资料准备

定损资料包括"机动车保险车辆损失情况确认书"和"机动车保险赔案照片粘贴用纸"等。

2. 定损工具准备

定损工具包括相机、手机、写字板、签字笔、卷尺和印泥等。

随着科学技术尤其是网络技术的发展,我国各大保险公司自 2008 年以来逐步推行了车险远程定损。车险远程定损是指在接到车辆出险报案后,保险公司协助车主将出险车辆送到离事故现场最近的、与其签有远程定损合作协议的汽车修理厂或 4S 店,通过视频,直接在车险远程定损主控中心进行定损。一般来说,只要车辆损失在 1000 元以上 50000 元以下,客户都能享受到保险公司远程定损系统带来的便利,主要是能够提高案件处理速度和减少客户的等待时间。

与传统定损方法相比,应用远程定损系统定损,简化了很多的程序,为客户节约了很多宝贵的时间。车险远程定损通过视频,直接在车险远程定损主控中心进行定损,人员现场管控明显增强,配件工时现场查询,价格水分明显减少,骗赔假案明显下降,有效地保证了车险定损客观、公正。车险远程定损地点既可以是保险公司指定的定损点,也可在车险事故现场。所需要的技术设备有 3G 摄像头、3G GPS 手机(事故现场定损)、宽视界摄像头(定损企业)等。

二、车辆定损报批

我国各大保险公司规定,事故车辆拆检前,估损金额超过分公司定损员定损权限时,定损人员须填写《重大案件定损报批表》(见表 6-9)上报上级保险公司审批授权后,方可进行定损。

表 6-9　重大案件定损报批表

填报单位：

报 案 号		定损车辆车牌号码	
被保险人		定损车辆厂牌型号	
出险时间		出险地点	
承保公司		标的/三责	
定 损 人		联系方式	

出险情况概要(详细出险原因、经过、施救情况)：

年　月　日

是否申请专家参与：	建议参与专家：
定损车辆停放地点(精确到县区)：	拆检情况：

估损金额：

填报单位中心主管意见：

年　月　日

省公司批复：

年　月　日

是否派遣专家参与		参与专家姓名	

三、确定车辆损失

（一）车辆定损的基本原则与注意事项

1. 车辆定损的基本原则

车辆定损原则的核心是“尽量修复”，遵循的基本原则如下：

(1)修理范围仅限于本次事故中所造成的车辆损失；

(2)能修理的零部件，尽量修复，不要随意更换新的零部件；

(3)能局部修复的不能扩大到整体修理；

(4)能更换零部件的坚决不能更换总成件；

(5)根据修复工艺难易程度，参照当地工时费水平，准确确定工时费用；

(6)利用简单工艺即可恢复，且修复不影响使用性能和外观质量的，应以修复为主；

(7)二级以上维修企业技术水平无法修复或在工艺上无法保证修复后质量的应更换；

(8)准确掌握汽车零配件价格，配件修复费用超过或等于该配件更换费用时应更换。

(9)所有更换件定损规格不得高于原车事故前装配的品牌、规格。

在实际工作中，由于配件价格差异较大，各类修理厂工时标准不一，各地配件工时也不尽相同，无法公布标准，只能根据事故损失情况和当时当地的市场行情协商确定。

2. 车辆定损的注意事项

(1)剔除保险车辆标准配置以外的新增设备损失(未承保新增设备损失险)。

(2)区分事故损失和机械损失。对于车辆损失，保险公司只承担条款载明的保险责任所导致事故损失的经济赔偿。凡因刹车失灵、机械故障、轮胎爆炸以及零部件的锈蚀、朽旧、老化、变形、断裂等机械本身原因所造成的损失，不负赔偿责任。若由于这些原因而构成碰撞、倾覆、爆炸等保险责任的，对机械故障部分不予赔偿，其他事故损失可以赔偿。

(3)对照历史案件信息，剔除本次损失中重复赔付的项目，界定新旧碰撞损失。如属于本次事故碰撞部位，一般会有脱落的漆皮痕迹和新的金属刮痕；非本次事故的碰撞处往往会有油污和锈迹。

(4)剔除保险条款中的除外责任所对应的损失，如发动机进水造成发动机的损失。

3. 定损估价的技术依据

定损估价的技术依据主要有：出险车辆的结构及整体性能；受损零部件拆装作业量；受损零部件的检测技术；修理工艺及所需工装器具；修理过程中所需的辅助材料及用量；出险车辆修竣后的检查、鉴定技术标准。

（二）定损照片的拍摄、上传与分拣

1. 定损照片拍摄规范

定损照片需包含车辆牌照，先拍摄远景照片，再对损失部位拍摄特写照片，在拍照时对于难以区分的配件应附对该部件详细说明的提示板；更换挡风玻璃的，要求对玻璃标记拍照，以便分辨是国产还是进口玻璃。

(1)人保规定，定损人员必须使用移动终端进行照片的拍摄，在移动终端无法完成正常拍摄的情况下，才可使用带有公司 LOGO 的专用数码相机进行拍摄。在拍摄照片时，相机应正确设置拍照日期、时间以及人员工号，并按一定顺序(比如从前到后、由外到内)对受损车辆进行拍照。

(2)对于查勘环节尚未拍摄到的理赔资料可在定损环节进行拍摄,如被保险人或领款人信息(身份证、银行卡)、标的车车架号、行驶证、驾驶证等。

(3)在车辆拆检前,要及时拍摄车辆拆检前照片。发动机、蓄电池等机舱内部件损坏,拆检前应掀起发动机罩拍摄全景受损照片,并用"易碎贴"对有可能受损的配件进行标记;驾驶室、车厢内部有损失,请对其拍摄全景受损照片,并用"易碎贴"对有可能受损的配件进行标记;变速箱底壳、车架等底盘件受损,拆检前应上举升架拍摄全景受损照片,并用"易碎贴"对有可能受损配件进行标记;拆检前要确认车辆气囊、安全带、轮胎(数量)、电瓶、转向机(货车)、CD机(汽车)等配件的损失,拍摄拆检前受损照片,并用"易碎贴"进行标记。

(4)定损时需拍摄有受损部位的整体照片(具体拍摄方法参照查勘拍摄方法),以及正确反映零部件的损失数量和受损程度的照片。

(5)对价值较高的受损零部件和需要更换的零部件(单价大于500元)、残损零配件等应单独拍照,并使用"易碎贴"进行标记。

2.定损照片的上传与分拣

(1)每辆受损车辆应确定2张以上有代表性的照片,重点反映受损车辆损失情况。

(2)定损员应按照精简、高效、准确反映受损情况的原则做好定损照片的筛选工作。一是对将要上传的照片进行准确、详细的文字描述。二是应合理确定需要上传到赔案中的照片,每车照片建议不超过300张。

(3)对于上传的案件照片,应该合理分拣。将车辆损失照片分拣到相应的涉案车辆中;对于价值较高的受损零部件和需要更换的零部件、残损零配件照片,应在定损后,分拣到对应的损失项目中。

(4)上传纸质单证时,需将单证照片调整至正确方向再进行上传,相关重要信息需有特写照片或用铅笔进行标记。

(三)确定保险车辆和三者车辆损失项目

1.更换项目的确定

一般来说,需要更换的零部件归纳为以下四种:

(1)无法修复的零部件

某些结构件由于原材料的缘故,碰撞后,一旦破损无法维修,只能更换。脆性材料的结构件一般具有这样的特性,如汽车灯具、汽车玻璃等。

(2)工艺上不可修复使用的零部件

工艺上不可修复使用的零部件主要有胶贴的各种饰条,如胶贴的挡风玻璃饰条、胶贴的门饰条、翼子板饰条等。这往往在保险汽车损失评估中产生争议。专业汽车评估人员时常要向保险人说明这一点。

(3)安全上不允许修理的零部件

为保证安全,某些特定零部件一旦发生故障或造成损坏,往往不允许修复后再用。如行驶系中的车桥、悬架;转向系中的所有零部件,如方向横拉杆的弯曲变形等;制动系中的所有零部件;安全气囊的传感器等。这些零部件在受到明显的机械性损伤后,从安全的角度出发,基本上都不允许再使用。

(4)无修复价值的零件

无修复价值的零件指发生事故后,从经济学角度看基本没有修复价值的零部件,即修复价值接近或超过零部件原价值的零部件。

对事故车辆定损时,损坏的零部件究竟是更换还是维修,必须坚持一定的原则,具体如下:

①质量、寿命有保证。修理后零部件使用寿命能达到新件寿命的80%以上,且应能与整车的使用寿命相匹配。

②修理零部件的费用与新件的关系。价值较低的,维修费用不高于新件价格的30%;中等价值的,维修费用不高于新件价格的50%;总成的维修费用,不可大于新件价格的80%。

③确保行车安全。

④灵活掌握。

⑤对某些老旧车型,凡市场上已很难购到且尚可修理的配件,其维修费用虽高一些,也要修复。

2.拆装项目的确定

有些零部件或总成并没有损伤,但是更换、修复、检验其他部件需要拆下该零部件或总成后重新装回。

拆装项目的确定要求汽车评估人员对被评估汽车的结构非常清楚,对汽车修理工艺了如指掌。在对被评估汽车拆装项目的确定有疑问时,可查阅相关的维修手册和零部件目录。

3.修理项目的确定

在现行的汽车损失评估(各地的价格认证中心)以及绝大多数机动车保险条款中,受损汽车在零部件的修理方式上仍以修复为主,所以在工艺上、安全上允许的且具有修复价值的零部件应尽量修复。

4.待查项目的确定

在车险查勘定损工作中,经常会遇到一些零件,用肉眼和经验一时无法判断其是否受损、是否达到需要更换的程度,甚至在车辆未修复前,就单独某零件用仪器都无法检测(除制造厂外)。例如转向节、悬挂臂、副梁等,这些零件在我们的定损工作中时常被列为“待查项目”,这些“待查项目”在车辆修理完工后大都成了更换项目。“待查项目”到底有多少确实需要更换?又确实更换了多少?这里到底有多少道德风险?这些问题始终困扰着保险公司的理赔定损人员。

减少“待查项目”,步骤如下:

(1)认真检验车辆上可能受损的零部件,尽量减少“待查项目”。例如,汽车发电机在受碰撞后经常会造成散热叶轮、皮带轮变形,散热叶轮、皮带轮变形后在旋转时很容易让人产生发电机轴弯的错觉,轴到底弯没弯、径向跳动量是多少,只要做一个小小的试验即可,用一根细金属丝,一端固定在发电机机身上,另一端弯曲后指向发电机前端轴心,旋转发电机,注意观察金属丝一端与轴心的间隙变化,即发电机轴的径向跳动量,轴的弯曲程度一目了然。用这种方法,可以解决空调压缩机、方向助力泵、水泵等类似问题。

(2)在确定需要待查的零件上做上记号,拍照备查,并告之被保险人和承修厂家。

(3)车辆初步修理后,保险公司的理赔定损人员必须参与对"待查项目"的检验、调试、确认全过程。例如,转向节待查,汽车初步的车身修理后,安装上悬挂等零部件后做四轮定位检验,四轮定位检验不合格,并且超过调整极限,修理厂提出要求更换转向节,于是保险公司的理赔定损人员也就同意更换转向节。至于更换转向节后四轮定位检验是否合格,是否是汽车车身校正不到位等其他原因,保险公司的理赔定损人员往往不再深究。

(4)"待查项目"确实损坏需要更换,保险公司的理赔人员必须将做有记号的"待查项目"零件从汽车修理厂带回。

用上述方法解决"待查项目"问题,汽车修理厂也无法获得额外利益,遵循了财产保险的补偿原则,最大限度地杜绝"待查项目"中的道德风险。

5. 工时费的确定

汽车修理工时包括更换、拆装项目工时、修理项目工时和辅助作业工时。工时费的确定是根据损失项目的确定而确定的,可以从评估基准地的《汽车维修工时定额与收费标准》中查到相应的工时数量或工时费标准。同时,适当考虑修理厂的资质,与被保险人协商确定。一般轻微事故中,可按维修项目分项定价;对重大事故的定损,应采取工时费包干的办法与修理厂进行谈判,一般应先谈妥工时费再拆解事故车辆,避免因谈判不成变更修理厂时带来被动。

(1)更换、拆装项目的工时费确定

汽车修理中更换项目与拆装项目的工时绝大多数相似,有时是相同的,所以通常将更换与拆装作为同类情况处理。

汽车碰撞损失的更换、拆装项目工时的确定可以从评估基准地的《汽车维修工时定额与收费标准》中查找,然而在我国绝大多数地区没有相应的工时定额与收费标准。通常我们可以首先查阅生产厂有无相应的工时定额,如果有,再根据当地的工时单价计算相应的工时费。在我国,汽车生产厂几乎没有一家在卖车时向汽车购买者明确告之碰撞损失后的修理费用,发生事故后汽车所有者与生产厂的售后服务站和保险公司往往因价格差异较大而产生矛盾。部分进口乘用车可以从《MITCHELL 碰撞估价指南》中查到各项目的换件和拆装工时。

(2)修理件工时费确定

零件的修理工时范围的确定比更换、拆装工时确定要复杂得多,其原因主要有以下几点:

①零件的价格决定零件修理工时的上限

不同汽车同样一个名称的零件价格差距甚远,从而造成同样一个名称的零件修理工时差距非常之大,例如同是发动机盖,零件价格从 300 元至 10000 元不等,从而造成其修理工时为 2～100 小时不等。

②地域的差异

同样一个零件在甲地的市场价格是 100 元,而在乙地的市场价格是 200 元,同样的损失程度,在乙地被认为应该修理,而在甲地则认为已不值得修理,所以同样这个零件在甲地的修理工时范围可能是 1～2 小时,而在乙地的修理工时范围可能是 1～4 小时。

③修理工艺

由于修理工艺的差异,如碰撞致车门轻微的凹陷,如果修理厂无拉拔设备,校正车门就必须拆下车门内饰板，这样车门的校正工时差距就会很大。又如桑塔纳普通型的发动机缸盖因碰撞经常造成发电机支架处断裂，按正常的修理工艺是可以采取亚弧焊工艺焊接的，但是，实际评估时会发现当地根本就没有亚弧焊设备，送到有亚弧焊设备的地方加工，往往因时间、运费等原因又不现实。

由于上述原因造成汽车零件的修理工时定额的制定相当困难，美国 MITCHELL 国际公司在《MITCHELL 碰撞估价指南》中对修理工时的描述也未做出明确的规定。因此，汽车评估人员应根据自己的理论知识和实践经验，结合评估基准时点的实际情况与当地的《汽车维修工时定额与收费标准》，较准确地确定修理工时。

(3)辅助工时确定

在汽车修理作业中除包括更换件工时、拆装件工时、修理工时外，还应包括以下辅助作业工时：

①把汽车安放到修理设备上并进行故障诊断；

②用推拉、切割等方式拆卸撞坏的零部件；

③相关零部件的矫正与调整；

④去除内漆层、沥青、油脂及类似物质；

⑤修理生锈或腐蚀的零部件；

⑥松动锈死或卡死的零部件；

⑦检查悬挂系统和转向系统的定位；

⑧拆去打碎的玻璃；

⑨更换防腐蚀材料；

⑩修理作业中当温度超过 60℃时，拆装主要电脑模块；

⑪拆卸及装回车轮和轮毂罩。

虽然上述每项工时不大，但对于较大的碰撞事故，各作业项累计通常是不能忽视的一项重要工作。最后必须注意：将各类工时累加时，若各损失项目在修理过中有重叠作业，则必须考虑将劳动时间减少。

6.涂饰费用的确定

汽车修理做漆全国各地收费标准不尽相同，如以每平方米多少元可以，以每幅多少元也可以，但是基本上都是按面积乘以漆种单价作为计价基础。

(1)面积的计算方法

根据全国大多数地区的计价方法，总结出这样一个计算方法：以每平方米计价单位，不足 1 平方米按 1 平方米计价，第 2 平方米按 0.9 平方米计算，第 3 平方米按 0.8 平方米计算，第 4 平方米按 0.7 平方米计算，第 5 平方米按 0.6 平方米计算，第 6 平方米以后每平方米按 0.5 平方米计算。

(2)漆种单价的确定

①确定漆种

根据汽车修复中使用的面漆的价格差异，可以将汽车面漆分为硝基喷漆、单涂层烤漆(常为色漆)、双涂层烤漆(常为银粉漆或珠光漆)、变色烤漆、环保水漆等。

②确定漆种的单价

市场上所能购买的面漆大多为进口和合资品牌，世界主要汽车面漆的生产厂家，如美国的杜邦和PPG、英国的ICI、荷兰的新劲等，每升单价都不一样，估价时常采用市场上都能够接受的价格。

每平方米的做漆费用中有材料费和工时费。在经济相对发达的地区，材料费较低而工时费较高，在经济相对落后的地区，材料费较高而工时费较低，综合起来，每平方米做漆费用差别不大，确定漆种的单价时可以在允许的范围内适当浮动。

③汽车塑料件做漆

由于塑料与金属薄板的物理性能不同，塑料的做漆与金属薄板表面做漆有一些差异。由于漆对塑料有很好的附着性，多数硬塑料不需要使用塑料底漆，而柔性塑料由于易膨胀、收缩和弯曲，应在漆层的底层喷涂塑料底漆，并在面层漆中加入柔软剂，否则会产生开裂和起皮现象。所以柔性塑料做漆的成本会略有增加，可考虑增加5%～10%的费用。

7.材料价格、修复价值和残值

(1)确立更换零配件的材料价格

汽配市场中一种零配件有多种价格，如何采价也是困扰机动车辆评估业的一大难题。根据评估学原理以及保险学原理，评估的基准时点应以出险时间为评估基准时，以出险地为评估基准地，以重置成本法为评估基本方法，这样就可以得到一种价格。专业机动车保险公估公司都有自己的采价和报价系统，如美国MITCHELL国际公司、德国DEKRA公司、中国杭州的“机动车辆保险理赔参考资料调研中心”、中国北京的精友公司等。材料的采价和报价是一个系统工程，它是由一组、一群专业人员，或者是一个专业公司来完成的，如各种专业的汽配报价公司。值得注意的是，由于我国不允许经销旧汽车配件，所以材料价格不得使用旧汽车配件价格。

(2)关于汽车的修复价值

从理论上讲，任何一辆损坏的汽车都可以通过修理恢复到事故以前甚至和新车一样的状况，但是这样往往是不经济的或无意义的。

①汽车现值

汽车均有一定的寿命，在事故前的价值被称为汽车现值或实际价值(有些保险合同对实际价值有特殊的定义)。虽然事故前的状况已不存在，但是有经验的评估人员还是可以比较准确地评估出被评估汽车的现值。汽车现值或实际价值还可以通过相关资料及信息查询后对被评估汽车进行修正。汽车现值(或实际价值)等同于汽车的年限折旧后的价值是保险从业人员时常犯的错误，汽车现值(或实际价值)有可能高于或低于汽车的年限折旧后的价值。

②推定全损

虽然被评估汽车还有一定的价值，但若其修复价值已达到或者超过其现值(实际价值)，则被评估汽车为推定全损。

③修复价值

若被评估汽车达到全损或推定全损，则被评估汽车已无修复价值。当碰撞造成被评估汽车损失较大时，都必须对被评估汽车的修复价值进行评定，这是一名专业汽车评估人员必须做的工作；否则，评估报告很容易引起保险索赔纠纷，因为它违反了财产保险的损失补偿原则。这也是汽车损失评估与旧汽车评估不可分割的重要原因之一。

(3)确定车辆损失残值

在保险车辆损失评估时，经常要确定更换件的残值，绝大多数保险条款都规定残值协商作价归被保险人，当保险公司与被保险人或修理厂协商残值价格大时，保险公司为了提高效率和减少赔付，常常会做一些让步。在实际操作中残值大多数折归修理厂，评估实务中的残值的实际价值通常高于评估单上的残值价值。

对于损失较大的事故，更换件较多，当委托人为保险公司时，通常会要求确定残值，残值的确定通常有以下几步：

①列出欲更换项目的清单；

②将被更换的旧件分类；

③估定各类旧件的总成；

④根据旧材料价格行情确定残值。

残值处理的基本原则是：残值折归被保险人的，应合理作价，并在定损金额中扣除；保险公司回收残值的，按照损余物资处理规定填写《保险车辆损失配件回收清单》(见表 6-10)，做好移交工作。对于可修可换的零部件定损为更换的，尤其是一些价值较高的零部件，为防止道德风险，应要求回收残值。

表 6-10　保险车辆损失配件回收清单

报案号：　　　　　　　　　　　　　　　　　　　　　　　　年　月　日

车牌号		厂牌型号	
车架号		定损地点	

损失配件名称	数　量	备　注
合　计		

损失配件交回人(签字)：　　　　　　　　　　损失配件接收人(签字)：

8. 非车辆财产损失的确定

保险事故除了可能造成车辆本身的损失外，还可能导致其他财产的损毁，从而引发第三者责任险和车上货物损失险的赔偿责任。

其他财产损失的确定，应会同被保险人和有关人员逐项清理，确定损失数量、损失程度和损失金额。同时，要求被保险人提供损失财产、货物的原始发票，货物运单，起运地货物价格证明等能够证明损失财产或货物实际价值的票据。

(1)确定第三者财产和车上货物的损失

第三者财产和车上货物的损失,应会同被保险人和有关人员逐项清点。

①确定损失数量、损失程序和损失金额。同一保险标的要注意避免重复赔偿。

②超过本级处理权限的,应及时报上级进行定损或核损。当地无法核定损失的,要及时向省公司上报,委托有资质的公估机构进行定损。

③制作《机动车保险财产损失确认书》一式两份,由被保险人签字确认,保险人、被保险人各执一份。

④涉及出险地三者物损的异地理赔案件,出险地公司应充分借助自身资源协助客户做好三者财产损失确定工作。聘请公估等专业机构的费用(仅限于对复杂财产损失定损)需与承保地公司沟通确认。

值得注意是,第三方在对财产损毁的赔偿方面往往提出远高于实际价值的要求,有些损失还包括间接损失以及处罚性质的赔偿,所以定损人员要在定损过程中识别间接损失和处罚性质的赔偿,予以剔除。

(2)确定财产损失的注意事项

①损失修复原则

第三者财产和车上货物的恢复以修复为主。无法修复或无修复价值的财产可采取更换的办法处理,更换时应注意品名、数量、制造日期、主要功能等。对于能更换零配件的,不更换部件;能更换部件的,不更换总成件。

②确定物损数量

交通事故中常见的财产损失有普通公路路产、高速公路路产、供电通信设施、城市与道路绿化等。相关财产的品名和数量可参照当地物价部门列明的常见品名和配套数量。受损财物的数量确定还必须注意其计算方法的科学性、合理性。

③损失金额的确定

对于出险时市场已不生产销售的财产,要依据原产品的主要功能和特性,使用市场上同类型产品替代。定损金额以出险时保险财产的实际价值为限。

④维修方案的确定

根据损失项目、数量、维修项目和维修工时及工程造价确定维修方案。对于损失较大的事故或定损技术要求较高的事故,可委托专业人员确定维修方案。

⑤市政和道路交通设施,如广告牌、电灯杆、防护栏、隔离桩、绿化树等,定损中按损坏物产的制作费用及出险地市政、路政、交管部门的赔偿标准核定,并向承保地公司提供当地赔偿标准、赔偿凭证等。

9.施救费用的确定

施救费用是指当保险标的遭遇保险责任范围内的灾害事故时,被保险人或其代理人、雇佣人员等采取措施抢救保险标的,防止损失扩大而支出的必要的、合理的费用。

在机动车辆保险中施救费用主要是指对于倾覆车辆的起吊费用、抢救车上货物的费用、事故现场的看守费用、临时整理和清理费用以及必要的转运费用。

施救费用的确定必须坚持合理、有效的原则,严格按照条款规定的事项进行确定。

(1)被保险人使用他人(非专业消防单位)的消防设备,施救保险车辆所消耗的费用及设备损失可以赔偿。

(2)保险车辆出险后,雇用吊车和其他车辆进行施救的费用,以及将出险车辆拖运到就近修理厂的运输费用,在当地物价部门颁发的收费标准内负责赔偿。

(3)在施救过程中,因施救而损坏他人的财产,如果应由被保险人承担赔偿责任的,可酌情予以赔偿。但在施救时,施救人员个人丢失的物品,不予赔偿。

(4)施救车辆在拖运受损保险车辆途中发生意外事故造成的损失和费用支出,如果该施救车辆是被保险人自己或他人义务派来抢救的,应予赔偿;如果该施救车辆是有偿服务的,则不予赔偿。

(5)保险车辆出险后,被保险人赶赴肇事现场处理所支出的费用,不予负责。

(6)只对保险车辆的施救费用负责。保险车辆发生保险事故后,若涉及两车以上,则应按责分摊施救费用。受损保险车辆与其所装货物(或其拖带其他保险公司承保的挂车)同时被施救,其救货(或施救其他保险公司承保的挂车)的费用应予剔除。如果它们之间的施救费用分不清楚,则应根据保险车辆与货物(其他保险公司承保的挂车)的实际价值按比例分摊赔偿。

(7)保险车辆为进口或特种车,在发生保险责任范围的事故后,当地确实不能修理,经保险公司同意去外地修理的移送费,可予负责,并在定损单上注明送修地点和金额。但护送车辆人员的工资和差旅费,不予负责。

(8)施救、保护费用与修理费用应分别理算。当施救、保护费用与修理费用相加,估计已达到或超过保险车辆的实际价值时,可按推定全损予以赔偿。

(9)车辆损失险的施救费是一个单独的保险金额,但第三者责任险的施救费用不是一个单独的责任限额。第三者责任险的施救费用与第三者损失金额相加不得超过第三者责任险的责任限额。

(10)施救费应根据事故责任、相对应险种的有关规定扣减相应的免赔率。

(11)重大或特殊案件的施救费用应委托专业施救单位出具相关施救方案及费用计算清单。

(四)与客户协商确定修理方案

定损工作结束后,定损人员要与客户协商确定车辆修理方案,包括换件项目、修理项目、检修项目。在协商确定修理方案时,应坚持以修复为主的原则。如客户要求将应修零部件改为更换时,超出部分的费用应由其自行承担,并在《机动车保险车辆损失情况确认书》中注明。

在定损过程中,车辆损失涉及变速箱损失(油底壳除外)的情况,定损员需对变速箱损失进行拍照并填写《变速箱损失报备表》(见表6-11)上报省公司,确定变速箱初步维修方案。

表 6-11　变速箱损失报备表

填报单位：

报案号		车牌号码	
厂牌型号		变速箱型号	
出险时间		VIN 码	
定损员		定损员联系电话	
车辆维修地点			
变速箱估损金额			
变速箱损失情况： 中心主任签字：　　　　年　月　日			
初步维修方案：			

（五）填写《机动车保险车辆损失情况确认书》等定损表格

1.《机动车保险车辆损失情况确认书》

完成定损后，定损员要出具《机动车保险车辆损失情况确认书》（见表 6-12），详细记录包括更换项目（见表 6-13）、修理项目（见表 6-14）、检修项目在内的车辆损失项目，同时也应一并明确财产损失程度及比例、施救费用、残值处理意见，并附上损失项目清单和照片，且应做到损失项目与损失照片一一对应。

损失确认书首页必须明确告知被保险人及其委托人"此定损非最终定损结果，需保险公司核损通过后才为最终结果"。有的财产保险公司要求将"此定损非最终定损结果，需保险公司核损通过后才为最终结果"，"以上材料价格以保险公司核价为准"刻成方条章留有被保险人签字的位置，盖章后要求被保险人在此签字确认。上述工作结束后，定损员须请被保险人在损失确认书上签字确认。

表 6-12 机动车保险车辆损失情况确认书

××××财产保险股份有限公司
机动车保险车辆损失情况确认书(抄单)

非正式定损单当前定损任务节点停留在[定损环节]

承保机构：　　　　报案编号：　　　　条款类别：

被保险人：		出险时间：
保险单号：		出险地点：
保险金额：	号牌号码：	事故责任：□单方肇事□全责□主要□次要□无责□互肇
厂牌型号：		制造年份：
发动机号：		定损时间：
车架号码(VIN 号)：		定损地点：
发动机型号：		变速箱型式：□手动□自动
送修时间：	修复竣工时间：	报价公司：□总公司□省公司□地市公司

损失部位及程度概述：

换件项目共计　　项，总金额：(人民币大写)	(¥：　　　　元)
修理费总计金额：(人民币大写)	(¥：　　　　元)
辅料费总计金额：(人民币大写)	(¥：　　　　元)
管理费总计金额：(人民币大写)	(¥：　　　　元)
定损合计金额：(人民币大写)	(¥：　　　　元)
残值作价金额：(人民币大写)	(¥：　　　　元)

保险合同当事人各方经协商，同意以本确认书及所附《修理项目清单》及《零部件更换项目清单》载明的修理及更换项目为确定本次事故损失范围的依据，并达成如下协议：

1. 本确认书所列修理费总计金额均包含各项税费，其为保险公司认定的损失最高赔付金额，超过此金额部分，保险公司不予赔付。

2. 修理项目、修理工时费及修理材料费确认以所附《修理项目清单》为准。

3. 更换项目及换件工时费确认以所附《零部件更换项目清单》为准。

4. 更换项目需要报价的，本确认书只确认更换项目数量，金额及换件工时费确认以所附《零部件更换项目清单》中保险公司报价为准。

保险公司 签章： 年　月　日	被保险人 签章： 年　月　日	索赔时需提供 4S 店维修发票，不能提供 4S 店维修发票的下浮最终定损金额的 20%。 年　月　日

表 6-13　零部件更换项目清单

机动车保险车辆损失情况确认书
零部件更换项目清单(代询价单)

非正式更换项目清单当前定损任务节点停留在[定损环节]

承保机构：　　　　　　　　报案编号：　　　　　　　　条款类别：

<table>
<tr><td colspan="3">保险单号：</td><td colspan="3">厂牌型号：</td><td colspan="3" rowspan="2">本栏为保险人内部询报价使用</td></tr>
<tr><td colspan="3">号牌号码：</td><td colspan="3">保险金额：</td></tr>
<tr><td rowspan="2">序号</td><td colspan="2">零部件</td><td rowspan="2">配件编号</td><td rowspan="2">数量</td><td rowspan="2">工时费</td><td rowspan="2">估计价格</td><td rowspan="2">报价</td><td rowspan="2">备注</td></tr>
<tr><td>部位</td><td>名称</td></tr>
<tr><td>1</td><td></td><td></td><td></td><td></td><td></td><td></td><td></td><td></td></tr>
<tr><td>2</td><td></td><td></td><td></td><td></td><td></td><td></td><td></td><td></td></tr>
<tr><td>3</td><td></td><td></td><td></td><td></td><td></td><td></td><td></td><td></td></tr>
<tr><td>4</td><td></td><td></td><td></td><td></td><td></td><td></td><td></td><td></td></tr>
<tr><td>5</td><td></td><td></td><td></td><td></td><td></td><td></td><td></td><td></td></tr>
<tr><td>6</td><td></td><td></td><td></td><td></td><td></td><td></td><td></td><td></td></tr>
<tr><td>7</td><td></td><td></td><td></td><td></td><td></td><td></td><td></td><td></td></tr>
<tr><td>8</td><td></td><td></td><td></td><td></td><td></td><td></td><td></td><td></td></tr>
<tr><td>9</td><td></td><td></td><td></td><td></td><td></td><td></td><td></td><td></td></tr>
<tr><td>10</td><td></td><td></td><td></td><td></td><td></td><td></td><td></td><td></td></tr>
<tr><td>11</td><td></td><td></td><td></td><td></td><td></td><td></td><td></td><td></td></tr>
<tr><td>12</td><td></td><td></td><td></td><td></td><td></td><td></td><td></td><td></td></tr>
<tr><td>13</td><td></td><td></td><td></td><td></td><td></td><td></td><td></td><td></td></tr>
<tr><td>14</td><td></td><td></td><td></td><td></td><td></td><td></td><td></td><td></td></tr>
<tr><td>15</td><td></td><td></td><td></td><td></td><td></td><td></td><td></td><td></td></tr>
<tr><td>16</td><td></td><td></td><td></td><td></td><td></td><td></td><td></td><td></td></tr>
<tr><td>17</td><td></td><td></td><td></td><td></td><td></td><td></td><td></td><td></td></tr>
<tr><td>18</td><td></td><td></td><td></td><td></td><td></td><td></td><td></td><td></td></tr>
<tr><td>19</td><td></td><td></td><td></td><td></td><td></td><td></td><td></td><td></td></tr>
<tr><td>20</td><td></td><td></td><td></td><td></td><td></td><td></td><td></td><td></td></tr>
<tr><td>21</td><td></td><td></td><td></td><td></td><td></td><td></td><td></td><td></td></tr>
<tr><td>22</td><td></td><td></td><td></td><td></td><td></td><td></td><td></td><td></td></tr>
<tr><td colspan="4">小计</td><td></td><td></td><td></td><td></td><td></td></tr>
</table>

核准人：　　　　　　　　定损复核人：　　　　　　　　定损制单人：

表 6-14　修理项目清单

机动车保险车辆损失情况确认书

修理项目清单

非正式修理项目清单当前定损任务节点停留在[定损环节]

承保机构：　　报案编号：　　条款类别：

保险单号：	厂牌型号：
保险金额：	号牌号码：

序号	修理项目名称	工时	工时费	材料费	备注
1					
2					
3					
4					
5					
6					
7					
8					
9					
10					
11					
12					
13					
14					
15					
16					
17					
18					
19					
20					
小计					

核准人：　　定损复核人：　　定损制单人：

2.《事故车辆大件更换审批表》

对于驾驶室(含驾驶室壳)、大梁、车壳、发动机、变速箱，以及其他单价超过 1 万元的(不含高档轿车外附件)配件，定损员需填写《事故车辆大件更换审批表》(见表 6-15)，明确残值及自付比例，中心主任、主管领导审核签字。

表 6-15 事故车辆大件更换审批表

××××财产保险股份有限公司
________分公司理赔中心事故车辆大件更换审批表

报案号： 年 月 日

被保险人			厂牌型号		
牌照号码		制造年份		保险金额	
出险时间		出险地点		定损地点	

拟更换零部件名称：________ 配件金额：________元

总成件拟与客户协商承担比例：____%。 残 值：________

定损员签字：

损失照片：

建议承担比例：____% 残值：________

中心主任室签字：

建议承担比例：____% 残值：________

主管领导签字：

备注：五大件分别为驾驶室(含驾驶室壳)、大梁、车壳、发动机、变速箱。表中还包括其他单价超过 1 万元(不含高档轿车外附件)的配件。

3.《机动车保险车辆损失情况简易确认书》

损失较小的案件可以出具《机动车保险车辆损失情况简易确认书》(见表 6-16)，它适用于事故车辆零部件更换项目和修理项目均在 6 件以下，但不适用《机动车保险快捷案件处理单》(见表 6-17)的案件。

以上纸质单证需翻拍后上传系统，做到纸质定损单与系统定损单保持一致。

表 6-16　机动车保险车辆损失情况简易确认书

××××财产保险股份有限公司

机动车保险车辆损失情况简易确认书

承保机构：　　　　报案编号：　　　　条款类别：

被保险人：	出险时间：
保险单号：	出险地点：
保险金额：	事故责任：□全部□主要□同等□次要□无责□单方
厂牌型号：	
制造年份：　　发动机号：	定损时间：
车架号码(VIN 号)：	定损地点：
发动机型号：	变速箱型式：□手动□自动
送修时间：　　修复竣工时间：	报价公司：□总公司□省公司□地市公司

损失部位及程度概述：

	序号	零部件		配件编号	数量	工时数	估计价格	报价	备注
		部位	名称						
零部件更换项目清单	1								
	2								
	3								
	4								
	5								
	6								
	小计								

	序号	修理项目名称	工时	工时费	材料费	备注
修理项目清单	1					
	2					
	3					
	4					
	5					
	6					
	小计					

换件项目共计　　项，总金额：(人民币大写)　　　　(￥：　　　元)

修理费总计金额：(人民币大写)　　　　(￥：　　　元)

残值作价金额：(人民币大写)　　　　(￥：　　　元)

保险合同当事人各方经协商，同意以本确认书载明的修理及更换项目为确定本次事故损失范围的依据，并达成如下协议：

1. 本确认书所列修理费总计金额均包含各项税费，其为保险公司认定的损失最高赔付金额，超过此金额部分，保险公司不予赔付。

2. 修理项目、修理工时费及修理材料费确认以所附《修理项目清单》为准。

3. 更换项目及换件工时费确认以所附《零部件更换项目清单》为准。

4. 更换项目需要报价的，本确认书只确认更换项目数量，金额及换件工时费确认以所附《零部件更换项目清单》中保险公司报价为准。

保险公司 签章： 年　月　日	被保险人 签章： 年　月　日	索赔时需提供 4S 店维修发票，不能提供 4S 店维修发票的下浮最终定损金额的 20%。年　月　日

表 6-17　机动车保险车辆小额赔案简易处理单

××××财产保险股份有限公司
机动车保险小额赔案简易处理单

报案号：

<table>
<tr><td rowspan="9">索赔申请</td><td>被保险人</td><td colspan="2"></td><td>保单号码</td><td colspan="4"></td></tr>
<tr><td>牌照号码</td><td></td><td>发动机号</td><td></td><td>使用性质</td><td colspan="3">□营业□非营业□家庭自用</td></tr>
<tr><td>厂牌型号</td><td></td><td colspan="2">车架号码(VIN 码)</td><td colspan="4"></td></tr>
<tr><td>保险时间</td><td colspan="3">年　月　日　时至　年　月　日　时</td><td>出险类型</td><td colspan="3">□单方事故□双方事故</td></tr>
<tr><td>出险时间</td><td colspan="2">年　月　日　时　分</td><td>出险地点</td><td colspan="4"></td></tr>
<tr><td>出险原因</td><td colspan="2">□碰撞□倾覆
□玻璃破碎□其他</td><td>事故处理单位</td><td colspan="4">□交警部门□公安部门□保险公司
□其他：______</td></tr>
<tr><td>开户名</td><td></td><td>开户行</td><td colspan="2"></td><td>账号</td><td colspan="2"></td></tr>
<tr><td>驾驶员姓名</td><td></td><td>性别</td><td>□男□女</td><td>本案联系人姓名</td><td></td><td>联系电话</td><td></td></tr>
<tr><td colspan="8">出险经过：

报案人声明：本人(或经被保险人授权的委托人)确知本《出险通知书》是向保险人索赔的重要文书，并严重声明以上内容均如实填写，无任何隐瞒、虚构之情形，否则将自愿放弃一切权利并承担相应的法律责任。
保险人或驾驶员(签章)：　　　　年　月　日</td></tr>
<tr><td rowspan="4">查勘意见</td><td>驾驶证号</td><td></td><td>准驾车型</td><td></td><td>驾驶证审验</td><td colspan="3">审验合格至　年　月　日</td></tr>
<tr><td>查勘地点</td><td colspan="3">□现场□修理厂□保险公司□停车场□其他</td><td>查勘时间</td><td colspan="3">年　月　日　时　分</td></tr>
<tr><td>行驶证审验</td><td colspan="2">审验合格至　年　月　日</td><td>承保险种</td><td colspan="4">□车损□三者□不计免赔□其他</td></tr>
<tr><td colspan="8">查勘意见：
查勘员(签章)：　　　　年　月　日</td></tr>
<tr><td rowspan="7">损失情况</td><td colspan="2">鉴损项目</td><td>数量</td><td>金额</td><td colspan="2">鉴损项目</td><td>数量</td><td>金额</td></tr>
<tr><td colspan="2"></td><td></td><td></td><td colspan="2"></td><td></td><td></td></tr>
<tr><td colspan="2"></td><td></td><td></td><td colspan="2"></td><td></td><td></td></tr>
<tr><td colspan="2"></td><td></td><td></td><td colspan="2"></td><td></td><td></td></tr>
<tr><td colspan="2"></td><td></td><td></td><td colspan="2"></td><td></td><td></td></tr>
<tr><td>标的车定损合计</td><td></td><td>三者车定损合计</td><td></td><td>三者物损合计</td><td colspan="3"></td></tr>
<tr><td>定损时间</td><td colspan="3">年　月　日　时　分</td><td>定损地点</td><td colspan="3"></td></tr>
<tr><td rowspan="2">定损协议</td><td colspan="8">经双方同意定损总计为：人民币　　仟　佰　拾　元　角　分(￥　　　　元)，在维修发票提交保险公司之前支付本案赔款的83%，本年年终之前提供发票，支付剩余的赔款，逾期不能提供的，剩余赔款不再支付。
被保险人或委托代理人(签章)：　　　　查勘定损员(签章)：
年　月　日　　　　年　月　日</td></tr>
<tr><td colspan="8">□针对本次事故一切损失，本人自愿放弃索赔。
被保险人或委托代理人(签章)：　　　　年　月　日</td></tr>
</table>

此单证不作为最终赔付依据

（六）追加定损

车辆定损原则上采取一次性定损。定损人员在损失确认后，需告知车辆维修人员在维修过程中发现其他配件损坏，应立即通知定损人员，待定损人员现场确认配件损失后方可继续进行修理。

如受损车辆定损完毕后发现尚有因本次事故造成的损失而未被确认的项目，需要增加修理的，由定损员填写《保险车辆增加修理项目申请单》（见表 6-18），经主管领导核实审批后，与追加损失配件定损照片一同上传至系统，方可追加修理项目和修理费用。

追加定损项目时，应注意区分零部件损坏是在拆检过程中、保管过程中、施救过程中发生，还是保险事故发生时造成的损失。

表 6-18　机动车保险增加修理项目申请单

××××财产保险股份有限公司

________市分公司保险车辆增加修理项目申请单

报案号：　　　　　　　　　　　　　　　　　　　　　　　　　　　　年　月　日

被保险人/第三者		厂牌型号	
车架号（VIN 号）		车牌号	
定损地点		定损时间	

追加原因：

项目名称	数量	金额	配件编码

使用说明：

1. 保险事故当事人经各方协商同意，签订《车辆损失确认书》后，如发生新增加的项目和费用，应与保险公司签订《增加项目申请单》，应以保险公司出具的以上两份材料为准。
2. 新增项目及金额应以保险公司核损、报价为准，《增加项目申请单》应与《车辆损失确认书》一同存入赔案。

定损员 签字：	被保险人/第三者 签字：	承修厂家 签章：

主管领导签字：

年　月　日

（七）代查案件车辆定损

异地理赔案件代定损权限与本地案件定损权限相同。

1.客户要求回承保地修理

如客户要求回承保地修理，应告知客户与承包公司联系，是否同意回承保地定损，经承保地公司同意后，方可回承保地定损。应告知客户回承保地发生的拖车等费用需与承保地公司联系、协商、核定。出险地公司必须向承保地公司提供当地拖车等费用标准。

如因处理事故需要，必须在当地确定损失金额的，出险地公司以出险地修、换件价格标准确定修理更换项目和金额，并在损失情况确认书注明“修理前须由承保公司按照实际修理地标准重新核定损失金额”，并由客户签字确认。

2.客户要求在出险地修理

按出险地修、换件价格标准确定损失金额，出险地公司应主动帮助客户安排修车事宜。

3.异地出险车辆需送至第三地修理的车辆

经承保地公司确认后，由第三地分公司理赔中心负责车辆的代定损工作。

【项目实施】

结合本学习单元项目一、项目二提供的案情信息，以及如图6-10所示的车损现场照片信息，根据所学知识，完成如表6-19所示的任务实施工单。

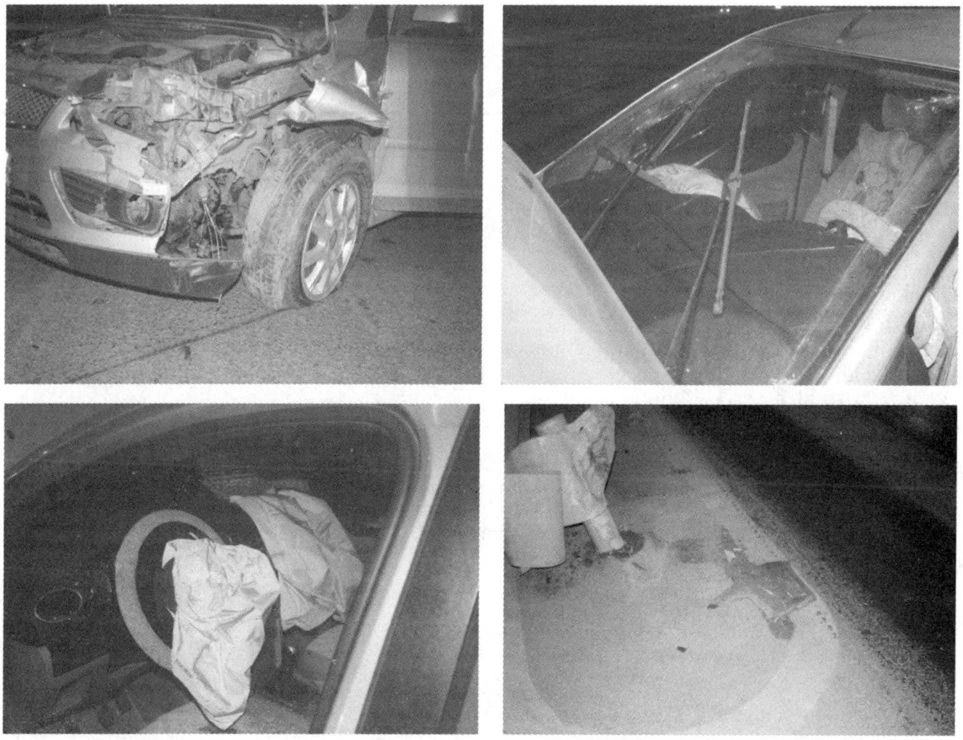

图6-10 受损车辆照片

表 6-19　任务实施工单

序号	任务实施对象	任务实施步骤	任务实施结果
1	定损准备	1.了解现场查勘情况	
		2.确定定损方式、地点和时间	
		3.定损资料、工具准备	
2	确定车辆损失	1.定损照片的拍摄、上传与分拣	
		2.更换项目	
		3.修理项目	
		4.工时费	
		5.材料价格	
		6.残值	
		7.非车辆财产损失	
3	与客户协商确定修理方案		
4	车险定损涉及的主要表格及填写要点	1.	
		2.	
		3.	
		4.	
		5.	
		6.	

【想一想，练一练】

一、名词解释

车辆定损　汽车现值

二、简答题

1.车险定损的基本工作流程是什么？

2.定损准备的主要工作内容是什么？

3.定损照片的拍摄、分类、上传的基本要求是什么？

4.确定车辆损失的基本工作内容及工作要点是什么？

5.车险定损涉及的表格有哪些？

6.车险定损如何确定更换项目？

项目五　车险核损

【项目描述】

核损是对定损过程的核查和监督，是确保正确、合理理赔的关键环节。保险公司核损岗负责审核查勘定损报告及相关资料，对事故的真实性、保险责任和事故损失的正确性、准确性负责。参与疑难案件、重大案件、人伤案件的调查处理工作。负责核损情况的统计和分析工作，及时掌握查勘定损人员处理赔案的质量和时效以及工作技能。

核损岗是保险公司赔案处理质量管控的重要环节，对提升理赔质量，提高业务专业技能，加强保险理赔专业化建设均具有极为重要的意义。

【导入案例】

同本学习单元项目一。

【项目分析】

本项目通过介绍核损的相关知识，使学生掌握核损的基本概念及核损岗的工作职责，把握车险核损的工作流程和主要工作内容，具备对车险理赔案件审核情况统计与分析的能力。

【知识平台】

一、核损基础知识

(一)核损的含义

核损是指就保险事故的性质、事故车辆及物件的损失、人员伤亡情况进行审核，核定事故是否属于保险责任，对属于保险责任范围内的事故造成的损失金额进行审核。

(二)核损岗的工作职责

1.核损岗在车险理赔业务流程中的位置

核损岗在车险理赔业务流程中的位置如图 6-11 所示。

2.核损岗的主要工作职责

(1)负责指导、监督和考核查勘定损工作，是赔案管理质量管控的重要环节。

(2)检查查勘定损员是否按查勘定损规范完成现场查勘、定损，查勘定损资料是否上传完全。

(3)通过审核承保情况、报案情况、查勘情况、历史出险记录等信息，审核事故是否属于保险责任，案件是否存在虚假成分。

(4)负责疑难案件、重大案件、人伤案件转交调查处理等工作。

(5)负责医疗、人伤资料及人伤调查信息等资料真实性的审核。

(6)负责核定医疗、人伤损失，审核医疗、人伤赔偿项目、赔偿金额的准确性。

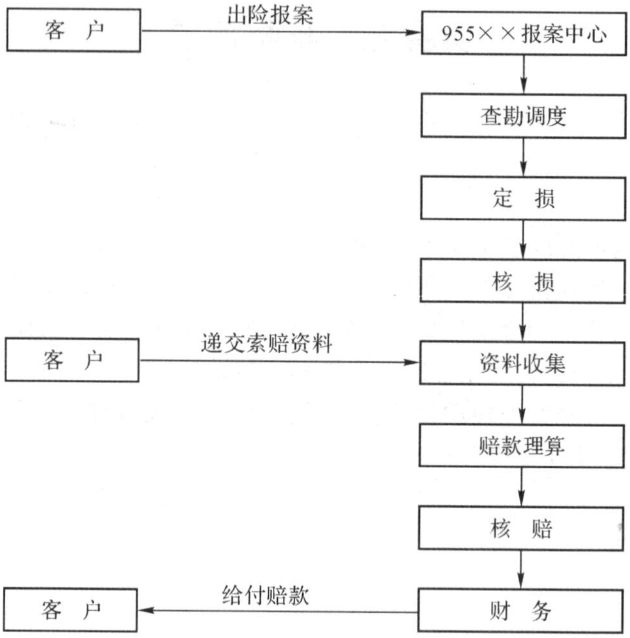

图 6-11 核损岗在车险理赔业务流程中的位置

(7)审核保险车辆定损结果的合理性、准确性。

(8)负责核损情况的统计与分析工作,及时掌握查勘定损人员处理赔案的质量和时效及工作技能,为制定合理的管控制度、流程及培训方案提供依据。

二、核损的主要工作内容

车辆保险核损工作包括单证审核、定责审核和定损审核三个方面。

(一)单证审核

单证审核是核损岗位工作流程的第一步,是指核损人员严格按照业务流程要求完成保险理赔案件所有单证的形式审核与实质审核,给出正确的审核结论的工作过程。

单证审核的内容如图 6-12 所示。

1. 审核被保险人提供单证的齐全性、真实性、规范性

(1)单证收集

单证收集是指接待客户,接受咨询,接收车险索赔资料,上传理赔单证影像资料,保证车险理赔案件资料及时准确流转的工作过程。

①单证收集人员现场结合理赔系统中案件信息及《索赔须知》接收客户的索赔单证,对已收集的单证进行初审,在接收资料后应向客户出具《索赔单证接收回执》。

②依据案件金额并参照理赔实务规定处理时效,告知客户保险公司赔案正常处理时效及理赔进程查询方式。

③提示客户保险公司将对赔案接收材料进行审核,若赔案需要补充其他单证,保险公司将会尽快通知,并与客户约定通知时限。

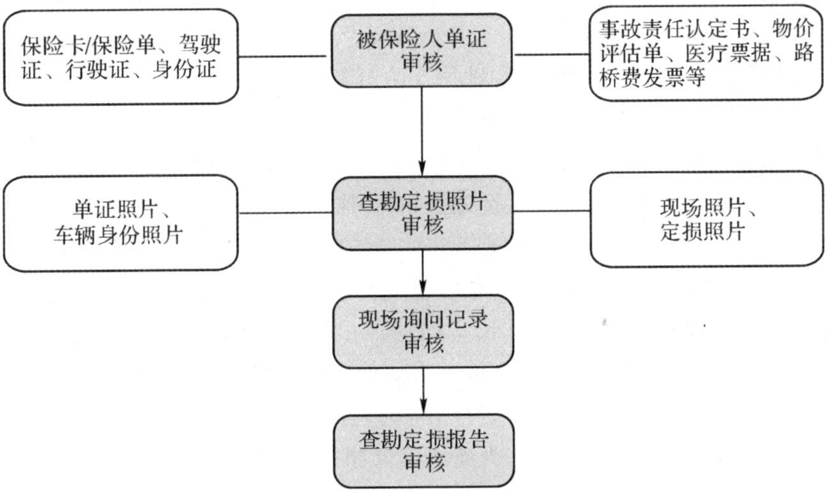

图 6-12　单证审核的内容

(2)审核单证的齐全性

每起车辆保险事故涉及的单证有四件:标的车的保险卡/保险单、标的车的行驶证、驾驶员的驾驶证、驾驶员/被保险人的身份证。

根据车辆保险事故的性质可能还涉及的单证有事故责任认定书、物价评估单、医疗票据、路桥费发票等。

(3)审核单证的真实性

在车辆保险理赔案件的资料收集过程中,存在大量作为赔款理算依据的各种证明文件,这些证明文件的真伪将直接影响赔偿金额的给付。在实际工作中索赔人伪造和涂改单证,以使这些证明文件有利于索赔人利益的现象时有发生。保险公司为了维护公司利益,往往通过以下几个方面来审核单证的真实性:

①单证的清晰度、防伪标志、行驶证副本的检验合格章等。

②单证出具单位的权威性、合规性。如客户提供非公安部规定格式化的交通事故证明,其真实性需经调查后进行认定。

③事故证明的主要种类及出具单位。道路交通事故认定书由交警部门出具;火灾事故证明及责任认定书由消防部门出具;水灾事故证明由气象部门出具;盗抢事故证明由刑侦部门出具;铁路、道路岔口事故证明由铁路公安部门出具。

(4)审核单证填写的规范性

单证填写的要素要齐全,签署人应具有保险合同、单证约定的合法资格。

(5)审核注意事项及审核结论

①注意事项:被保险人单证审核中的常见问题有驾驶证、行驶证未按期年审等。

②审核结论:符合要求。

2.审核查勘定损照片的规范性

查勘定损照片原则上应该全面、准确地反映事故所造成的损失范围和程度。

(1)查勘定损照片的基本要求

①必须是清晰的彩色照片。

②必须有准确的拍摄日期(年/月/日/时/分)。

③必须有人车合影照。

④照片上传尺寸规格:640×480(特殊情况除外)。

⑤必须拍摄前挡玻璃右上角交强险(内、外)标志。

(2)查勘定损照片的内容要求

①现场照片遵循从宏观到微观、从远渐进的原则。

要有全景照片、方位照片、中心(重点)照片、痕迹照片、损失细目照片、人与车合影照及交强险标志照,照片排序必须有序可循、有章可循。

②非现场照片即定损照片,主要反映车损的详尽情况,是为车辆损失的确定提供依据,对事故经过真实性的确认与取证。主要包括需要修复的部位、需要更换的部件。

必须注意的是,无论是否属于保险责任,无论是故意还是无意的事故行为,都需要拍照取证以证明车险事故的真伪,或证明是否属于保险事故。

③单证照片要有集中照片和分类照片及相关必要的其他照片。无论是事故现场,还是非事故现场,都必须对事故涉及的单证进行查验。单证拍摄实际上就是单证查验的过程,先将车险事故所涉及的单证集中拍照,体现单证是在同一时间内查验的。然后再根据理赔工作需要分门别类地拍照。相关必要的其他照片是指出险通知书、驾驶证和行驶证的验证照片等。

④车辆身份照片完整。车辆身份照片要有原始车架号照片、发动机号照片、铭牌照片、前后车牌照片等。尤其是车架号码,它是车辆的身份代码,是验证车辆的重要依据,也是每起车险事故照片的必要组成部分,因此车架号码必须清晰可见。

(3)照片合理排序要求

保险理赔系统内上传的照片应该按照现场方位、概貌、重点部位、车架号、人车合影、证件(驾驶证正、副证,行驶证正、副证,保单(卡),事故证明)、损失项目,从远到近、从整体到局部的顺序排列。同时要兼顾现场查勘、定损、核损、核赔等工作环节需要。

(4)审核注意事项及审核结论

①注意事项。查勘定损照片审核的常见问题有:

一是无人车合影照片、照片无日期或日期格式不规范、无测量受损部位与碰撞物高度、拍摄角度及拍摄顺序混乱;

二是第三者车辆未拍交强险,无标志时未注明投保公司、保单号及被保险人名称,或注明不够详细;

三是现场查勘定损不拍外观整体照片,易与当事方发生不必要的争议。

②审核结论:基本符合要求。

3.审核现场查勘报告是否符合规范与要求

(1)现场查勘报告填写的基本要求

①单证不能留空格,未填写项目全部用斜线划掉。

②字迹工整,不涂改,不出框。

③单证平整,无污物或褶皱。

④经办人员与相关当事人签名,字迹清晰且易于辨认。

⑤所有带“冒号”的空格均须紧跟冒号填写汉字或数字。

(2)现场查勘报告的内容要求

①出险时间与查勘时间具体到分钟。

②出险地点填写详细、具体、真实。

③出险原因具体、清晰。事故经过的描述包括时间、地点、任务、车辆行驶方向、出险原因、碰撞点、损失部位等要素。

④车牌号等基本信息正确无误。

⑤第三者车辆信息填写齐全,有第三者联系电话。

⑥查勘意见言简意赅,翔实地反映事实并清楚地表达查勘结论。

⑦车辆损失描述不得多写或漏写项目,建议定损金额合理。

(3)审核注意事项及审核结论

①注意事项。现场查勘报告审核中的常见问题有:

一是出险时间与查勘时间未具体到"分钟";

二是第三者车辆信息填写不齐全,无第三者联系电话;

三是出险事故经过的描述缺乏车辆行驶方向、出险原因、碰撞点、损失部位等要素。

②审核结论:基本符合要求。但存在填写出框的问题,第三者车辆信息填写不齐全,无第三者联系电话。

4.审核现场询问记录是否符合公司规范与要求

现场询问记录应更为详尽地体现保险事故发生的前因后果,当保险事故存在疑问时,可以作为具有一定法律效力的书面凭证。

现场询问记录的基本要求如下。

(1)内容完整

现场询问记录应包括:

①被询问人与保险事故案件的关系,在一般情况下是指当事标的司机、当事三者司机、车上乘客、目击证人、行驶证车主、被保险人本人等关系;

②被询问人与被保险人的关系,在一般情况下是被保险人本人,也有夫妻、朋友、兄弟姐妹、同事等关系;

③当事司机为当事车辆被保险人的,确认车辆使用原因;

④若当事司机不是当事车辆的被保险人,应询问使用车辆的原因,车辆使用是否取得被保险人的许可;

⑤保险事故发生的过程叙述,包括案发前和案发后;

⑥其他涉及问题。

(2)格式规范

现场询问记录的格式要求是:

①格式为"一问一答"式,分行书写,使用有横线格式的询问记录单证,每问间不留空行;

②信息填写应按照格式栏提示的内容要求详细填写,且应由保险公司询问人员填写;

③询问栏中被询问者的姓名、身份证件号码等须加按被询问者手印,错误记录涂改后也应加按被询问人手印;

④询问结束后,应有被询问人亲笔书写的对询问记录内容无异议的确认语句,并加按被询问人手印。

(3)审核注意事项及审核结论

①注意事项。现场查勘报告审核的常见问题有：

一是遗忘注明被询问人与本案的关系，以及被询问人与被保险人的关系；

二是当被询问人是当事司机时，遗忘确认车辆使用原因；

三是涂改处无签章或加按手印。

②审核结论：基本符合要求。

(二)定责审核

定责审核是审核案件是否属于保险责任。定责审核的项目及流程如图 6-13 所示。

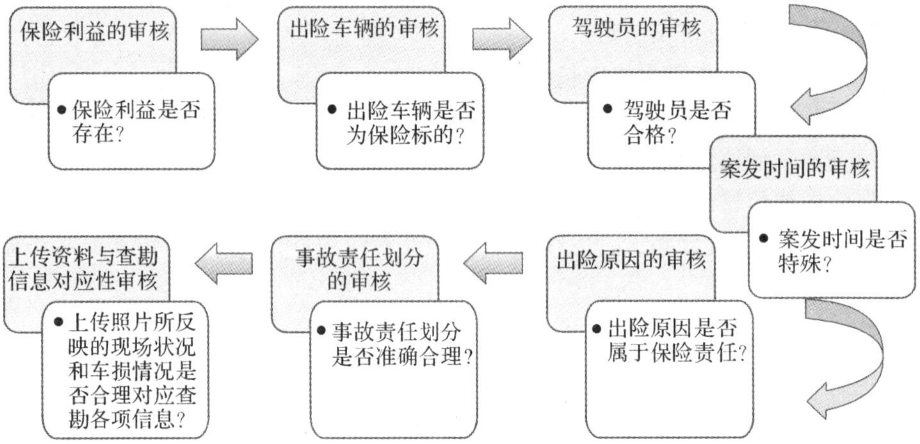

图 6-13　定责审核的项目及流程

1. 审核保险利益

(1)审核车主与被保险人是否相符。通过对比车辆行驶证和保险卡/保险单来确认。若车主与被保险人为同一人，则符合保险利益原则；反之，此案件可以提出拒赔。

(2)审核被保险人与索赔人是否相符。根据保险合同，只有被保险人才具有提出保险金索赔申请的请求权。如果被保险人与索赔人为同一人，则索赔申请有效；反之，则索赔人无权要求赔偿，保险公司可以拒赔此案。

(3)审核结论：保险利益存在。

2. 审核出险车辆

(1)审核是否为保险标的。通过核对被保险机动车车型、牌照号码、发动机号码、车架号或 VIN 码、行驶证等与保险单或批单是否相符，来审核出险车辆是否为保险标的。

(2)审验出险时车辆使用性质与保单所载明的使用性质是否相符。如出险时车辆使用性质与保单所载明的使用性质不相符，保险公司可以拒赔的同时应要求解除保险合同。

(3)审核结论：保险利益存在。

3. 审核驾驶人

审核驾驶人姓名、驾驶证号码、准驾车型、初次领证时间等。注意检验驾驶证是否有效，是否被保险人及其允许的驾驶人，是否约定驾驶人。若不是，可以拒赔。

4. 审核案发时间

(1)结合现场查勘报告审核。如果现场查勘报告上未明确说明车险事故发生时间，或车险事故发生时间有涂改现象的，审核时应特别关注，提防被保险人伙同查勘人员的骗保行为。

(2)审核案发时间是否在保险期间内。若被保险人对保险期间记忆不清，而案发时间不在保险期间内，则保险公司可以拒赔。

(3)审核案发时间是否在敏感时间段。若保险事故发生在敏感时间段内，核损员就应特别关注。如保险期限刚刚开始时，存在带险投保的可能性；保险期限即将结束时，存在故意制造保险事故的可能性；保险事故发生在深夜且人烟稀少地段时，存在保险欺诈的可能性；保险事故发生时，保险车辆接近报废年限的，也存在保险欺诈的可能性。

5.审核出险原因

主要结合现场查勘报告、现场询问记录、现场照片和交警的交通事故责任认定书来审核车辆出险原因是否属于保险责任范围。

6.审核事故责任划分

主要结合现场查勘报告、现场询问记录、现场照片和交警的交通事故责任认定书来审核事故责任划分是否准确合理。

7.审核上传资料与查勘信息的对应性

主要审核上传的资料所反映的现场状况和车损情况是否能合理对应查勘各项信息，审核上传资料的规范性、真实性和有效性，从而保证上传资料的可信度。

(三)定损审核

定损审核是结合本地区汽车维修行业维修工时、配件价格、品牌及保险理赔系统提供的资料，对经定责审核确认属于保险责任范围内的事故损失进行损失金额确定是否合理的判定过程。

定损审核的项目及流程如图6-14所示。

1.审核车辆损失

(1)审核车辆损失项目与损失程度

①剔除被保险车辆新车出厂时车辆标准配置以外新增加的设备(购买“新增加设备损失险”车辆除外)，损失项目和损失程度分别进行审核。

②区分本次事故和非本次事故。

③损失严重的车辆应解体后再确认损失金额。

④估损金额超过本级处理权限的，应及时报上一级协助定损。

(2)审核损失金额

①审核更换的零部件是否按照规定进行了报价，报价是否合理且有据可查。

②审核维修工时及维修工时费确定是否有根有据、合情合理。

2.车辆全损/推定全损的审核

(1)车辆全损/推定全损的条件

①事故车辆无法施救。

②保险车辆的施救费用达到或超过保险事故发生时车辆的实际价值。

③事故车辆修理费用达到或超过保险事故发生时事故车辆的实际价值。

④当事故车辆修理费用与施救费用之和，达到或超过保险事故发生时事故车辆的实际价值时，可以与被保险人协商采取推定全损处理。

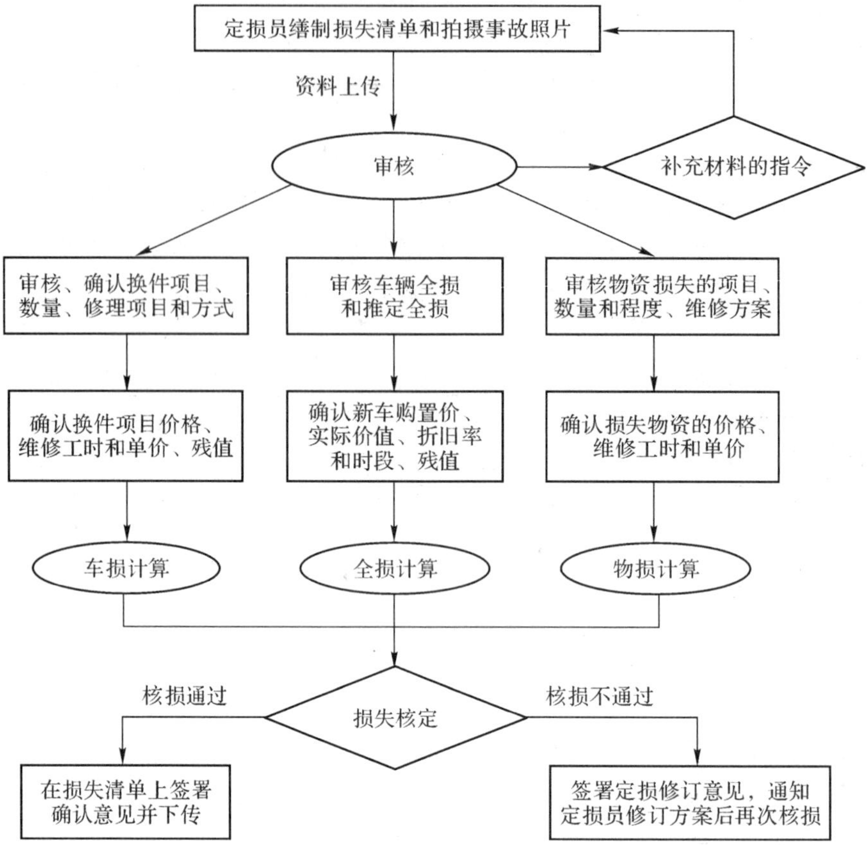

图 6-14　定损审核的项目及流程

(2)全损/推定全损的计算

①被保险人收回残余物资:定损金额=实际价值-残值。

②保险人收回残余物资:定损金额=实际价值。

3.审核物资损失

(1)审核物资损失项目与损失程度

①物资损失项目和损失程度分别进行审核。

②明确区分本次事故和非本次事故物损及物损范围。

③核定物损数量。

(2)审核损失金额

①审核损失物资报价是否合理且有据可查。

②审核损失物资维修工时及维修工时费确定是否有根有据、合情合理。

4.得出核损后损失计算金额,出具金额意见

对于通过了单证审核、定责审核的车损赔案,若属于保险责任范围内事故损失的损失金额确定合理,出具核损通过的结论和金额意见。

(四)审核结果处理

1.对审核通过赔案处理

对审核通过赔案,得出核损后损失计算金额,出具核损意见,移交下一环节并及时录入

系统中的未决案卷管理。

2. 对审核未通过赔案处理

对审核未通过赔案，应直接退回查勘定损人员，说明退案原因，指导或协助查勘定损人员按要求完成案件的回勘及复勘工作，并在《退案登记表》登记。

如果是核损金额低于原报损金额的，必须明确差额原因，明确回复案件上报人员。原则上由外勤人员与相关维修单位或当事人协商解决，必要时可以考虑更换同类别的车辆维修单位。重大案件、疑难案件、人伤、物损案件应及时反馈到上级有关部门。

三、审核情况统计与分析

保险公司核损部门的一项重要工作内容是对核损工作的审核情况进行统计与分析，从而对查勘定损工作进行评价，以及保险理赔案件的事后查询与跟踪。

(一)每日案件的分类整理

1. 基础性问题案件

基础性问题是指查勘信息的录入填写、查勘定损照片的拍摄、定损信息的录入填写、旧件封签使用、人车合影等基本业务的工作规范与要求。所核损的案件中存在这些问题的就属于基础性问题案件。

基础性问题案件数与核损案件总数的比值就是基础性问题差错率。

2. 定责差错案件

定责差错案件是指属于除外责任的案件、扩大部位损失程度的案件、有明显道德迹象的案件、异常并案处理的案件、诸多案件信息问题未了解清晰的案件。

值得注意的是，有疑问但未采取复勘现场、约见或联系事故相关当事人、到有关单位和部门进一步调查的案件属于定责偏差案件。

案件定责差错率为定责差错案件数与核损案件总数的比值。

3. 定损差错案件

案件定损金额高于定损合理值，与正常定损金额偏差较大，以及定损项目遗漏、计算方法失当造成的价格偏差都属于定损差错案件。

案件定损差错率为定损差错案件数与核损案件总数的比值。

4. 合格案件

经核损无异议的车险定损案件。

5. 核减金额

核减金额是指对于核损后定损价格高于合理值的车险赔案，进行定损价格核减后，逐个案件核减金额的汇总。

各保险公司对车辆定损核损的指标考核要求是：基础性问题差错率控制在5%以内；定责差错率控制在1%以内；定损差错率控制在10%以内；一次性核损通过率达到80%以上。

(二)周、月、季度案件的分类整理

核损员在审核案件过程中，应做好相关案件的记录工作，如每日审核案件数、基础性问题案件数、定责差错案件数、定损差错案件数、核减金额等。在此基础上进行周、月、季度分类整理，对于存在问题的案件进行汇总，如表6-20所示。

表 6-20 案件审核问题汇总表

机构	报案号	保单号	标的车牌	问 题
××理赔部	×××××	××××××	X78239	车架号码拍摄不清晰,无单证照片,人车合影照片不合规范
	×××××	××××××	X22858	出险经过、损失情况及查勘意见录入均不合格,无人车合影照片
	×××××	××××××	XW5674	出险经过、损失情况及查勘意见录入均不合格,照片无日期
	×××××	××××××	XCV253	出险经过、损失情况及查勘意见录入均不合格,照片无日期,无单证照片
	×××××	××××××	X56282	出险经过、损失情况及查勘意见录入均不合格,照片无日期,车架号码拍摄不清晰
	×××××	××××××	XAW238	照片无日期,无单证照片,部分受损痕迹因碰撞造成但纳入划痕险,损失情况及查勘意见录入均不合格

(三)撰写周、月、季度案件审核报告

核损员通过周、月、季度案件的分类整理数据分析,撰写周、月、季度案件审核报告,为保险查勘定损工作评价提供技术支持,也便于保险案件的事后跟踪与查询。

【项目实施】

结合本学习单元项目一～项目四提供的案情信息,以及如图 6-15～图6-24所示的定损单据资料,根据所学知识,完成如表 6-21 所示的的任务实施工单。

表 6-21 任务实施工单

序号	任务实施对象	任务实施步骤	任务实施结果
1	单证审核	1. 被保险人单证	
		2. 查勘定损照片	
		3. 现场询问记录	
		4. 现场查勘报告	
2	定责审核	1. 保险利益	
		2. 出险车辆	
		3. 驾驶员	
		4. 案发时间	
		5. 出险原因	
		6. 保险责任	
		7. 材料对应性	
3	定损审核	1. 车辆损失项目及金额	
		2. 物资损失项目及金额	
4	审核结论		

××××财产保险股份有限公司
机动车保险车辆损失情况确认书 （抄单）

非正式定损单当前定损任务节点停留在［定损环节］

承保机构：××××财产保险股份有限公司武汉市电话营　报案编号：RDAA20084201000013XXXX　条款：XXX机动车保险

被保险人：黄XX	出险时间：2008年1月13日
保险单号：PDAA200842018600T3XXXX	出险地点：武昌/白沙洲大道/白沙洲大市场
保险金额：373648.16　号牌号码：鄂A5WXXX	事故责任：□单方肇事 ■全部 □主要 □同等 □次要 □无责 □互碰
厂牌型号：别克SGM7305GS轿车	制造年份：
发动机号：69040072	定损时间：2008-1-18
车架号码（VIN号）：LSGWV53CX6S19XXXX	定损地点：武汉XX汽车销售有限公司(汉阳店)
发动机型号：	变速箱型式：■手动　□自动
送修时间：　修复竣工时间：	报价公司：□总公司 □省公司 □市公司

损失部位及程度概述：

前部

核损员：

换件项目共计41项，报价总金额：（人民币大写）	贰万壹仟贰佰捌拾圆贰角陆分	（¥：21280.26元）
修理费总计金额：（人民币大写）	贰仟陆佰圆整	（¥：2600.00元）
辅料费总计金额：（人民币大写）	零	（¥：0.00元）
管理费总计金额：（人民币大写）	零	（¥：0.00元）
定损合计金额：（人民币大写）	贰万叁仟捌佰捌拾圆贰角陆分	（¥：23880.26元）
残值作价金额：（人民币大写）	壹仟壹佰柒拾伍圆整	（¥：1175.00元）

保险合同当事人各方经协商，同意以本确认书及所附《修理项目清单》及《零部件更换项目清单》载明的修理及更换项目为确定本次事故损失范围的依据，并达成如下协议：

1. 本确认书所列修理费总计金额均已包含各项税费，其为保险公司认定的损失最高赔付金额，超过此金额部分，保险公司不予赔付。
2. 修理项目、修理工时费及修理材料费确认以所附《修理项目清单》为准。
3. 更换项目及换件工时费确认以所附《零部件更换项目清单》为准.
4. 更换项目需要报价的，本确认书只确认更换项目的数量，金额及换件工时费确认以所附《零部件更换项目清单》中的保险公司报价为准。

此单材料为估计价格，最终价格以××报价中心报价为准！

保险公司 签章：　数字签名人 周■■ DN cn=周■■ c=CN-中 H o=PICC ou=■■ email=zhoulezhen@picc.com 日期 2008.1.20 15:43:31 +08'00' 年　月　日	被保险人 签章： 年　月　日	索赔时需提供4S店维修发票，不能提供4S店维修发票的下浮最终定损金额的20% 年　月　日

图 6-15　机动车保险车辆损失情况确认书

机动车保险车辆损失情况确认书
零部件更换项目清单(代询价单)

非正式更换项目清单当前定损任务节点停留在【定损环节】

承保机构：XXXX财产保险股份有限公司
报案编号：RDAA20084201000013XXXX　　条款类型：机动车保险

保险单号：PDAA200842018600T3XXXX			厂牌型号：别克 SGW7305GS 轿车			本栏为保险人内部询报价使用		
号牌号码：鄂 A5WXXX			保险金额：373648.16					
序号	零部件		配件编号	数量	工时费	估计价格	报价	备注
	部位	名称						
1	车轮和轮胎	轮胎	191012	1	0.00	493.20		
2	前保险杠	前保险杠皮（下）	001105	1	0.00	180.36		
3	转向连杆机构/转向机	转向横拉杆拉杆球头（左）	046313	1	0.00	151.20		
4	右前翼子板	前叶子板（右）	026000	1	0.00	618.11		
5	左前悬架系统	前减震器（左）	056500	1	0.00	508.50		
6	左前悬架系统	前减震器轴承（左）	056530	1	0.00	88.17		
7	左前翼子板	前叶子板内衬（左）	025410	1	0.00	90.84		
8	左前照灯	前大灯（左）	004000	1	0.00	628.19		
9	车轮和轮胎	钢圈	091007	1	0.00	627.11		
10	前保险杠	前保险杠格栅（左）	001429	1	0.00	66.59		
11	前风挡	前风挡玻璃	010000	1	0.00	844.20		
12	安全气囊	气囊卷簧	034360	1	0.00	454.44		
13	安全气囊	副驾驶员安全气囊	034010	1	0.00	2226.66		
14	冷却系统	散热器下导流器	040330	1	0.00	86.87		
15	左前门金属构件	前门限位器（左）	015200	1	0.00	84.27		
16	左前悬架系统	前转向节（左）	056100	1	0.00	449.63		
17	转向连杆机构/转向机	转向器防尘罩（左）	046412	1	0.00	97.51		
18	前保险杠	前保险杠饰条（右）	001340	1	0.00	68.13		
19		后视镜前三角饰板		1	0.00	80.00		
20	左前悬架系统	前减震器上盖（左）	056520	1	0.00	111.71		
21	前保险杠	前保险杠饰条（左）	001341	1	0.00	68.13		
22	前保险杠	前保险杠格栅（右）	001428	1	0.00	66.16		
23	仪表台	仪表台壳	029100	1	0.00	2058.54		
24	右前悬架系统	前减震器（右）	057500	1	0.00	508.50		
25	左前悬架系统	前下摆臂（左）	056400	1	0.00	1155.09		
26	前桥	前平衡杆小连杆（左）	054033	1	0.00	124.72		
27	前风挡	前风挡雨刮水壶	010253	1	0.00	143.16		
28	前围	散热器框架	050600	1	0.00	1686.54		
29	左前门金属构件	前门下铰链（左）	015120	1	0.00	144.24		
30	前保险杠	前保险杠皮（上）	001104	1	0.00	526.91		
31	专项连杆机构/转向机	转向横拉杆（左）	046315	1	0.00	134.78		
32	左前翼子板	前叶子板（左）	025000	1	0.00	618.11		
33	制动系	前制动盘（左）	048101	1	0.00	313.20		
34	车轮和轮胎	前轮毂（左）	091121	1	0.00	542.30		
35	左车身侧面结构件	A 柱内板（左）	065030	1	0.00	1011.92		
36	左车身侧面结构件	侧围总成（左）	065400	1	0.00	1367.32		
37	前保险杠	前保险杠支架（左）	001621	1	0.00	30.80		
38	安全气囊	驾驶员安全气囊	034000	1	0.00	1499.99		
39	前桥	前半轴（左）	054121	1	0.00	1116.04		
40	冷却系统	散热器护板（左）	040350	1	0.00	43.27		
41	前围	散热器框架下横梁	050601	1	0.00	164.85		
	小计			41	0.00	21280.26		

核准人：　　　　定损复核人：　　　　定损制单人：

图 6-16　零部件更换项目清单

机动车保险车辆损失情况确认书
修理项目清单

非正式修理项目单当前定损任务节点停留在［定损环节］

承保机构：　XXXX财产保险股份有限公司武汉市电话营销营业部

报案编号：　RDAA20084201000013XXXX　　　　条款类别：　XXX机动车保险

保险单号：	PDAA200842018600T3XXXX	厂牌型号：	别克SGM7305GS
保险金额：	373648.16	号牌号码：	鄂A5WXXX

序号	修理项目名称	工时	工时费	材料费	备注
1	电工:拆装仪表台 气囊安装	150.00	300.00		
2	钣金:左前门 轮罩板 事故切焊拆装	350.00	700.00		
3	喷漆:前杠 机盖 翼子板	600.00	1200.00		
4	机修:左前悬挂拆检 前桥拆检	200.00	400.00		
5					
6					
7					
8					
9					
10					
11					
12					
13					
14					
15					
16					
17					
18					
19					
20					
21					
22					
23					
24					
25					
26					
27					
28					
29					
30					
小计		1300.00	2600.00	0	

核准人：　　　　　　定损复核人：　　　　　　定损制单人：

图 6-17　修理项目清单

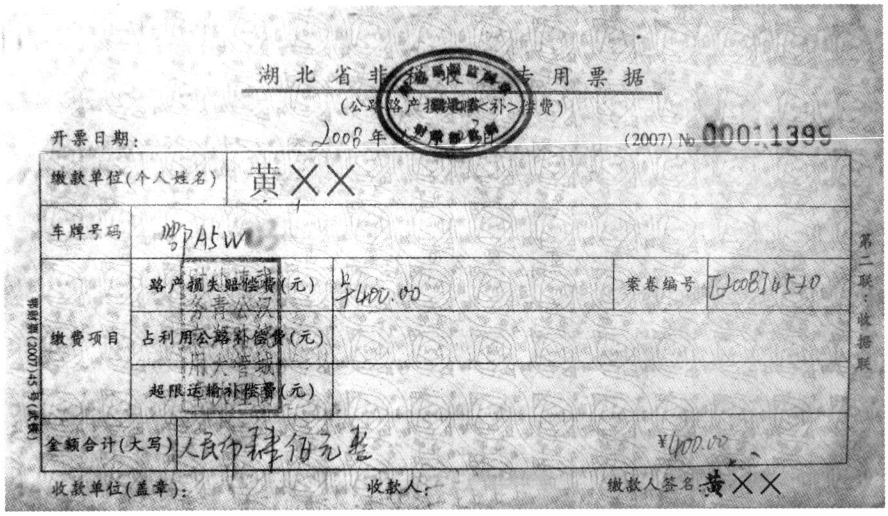

湖北省非税收入专用票据

(公路路产损失赔<补>偿费)

开票日期：2008 年　　月　　日　　(2007) № 0001399

缴款单位(个人姓名)	黄XX			
车牌号码	鄂A5W			
缴费项目	路产损失赔偿费(元)	¥400.00	案卷编号	[illegible]
	占利用公路补偿费(元)			
	超限运输补偿费(元)			
全额合计(大写)	人民币肆佰元整		¥400.00	

收款单位(盖章)：　　收款人：　　缴款人签名 黄XX

第二联：收据联

图 6-18　路产损失赔偿发票

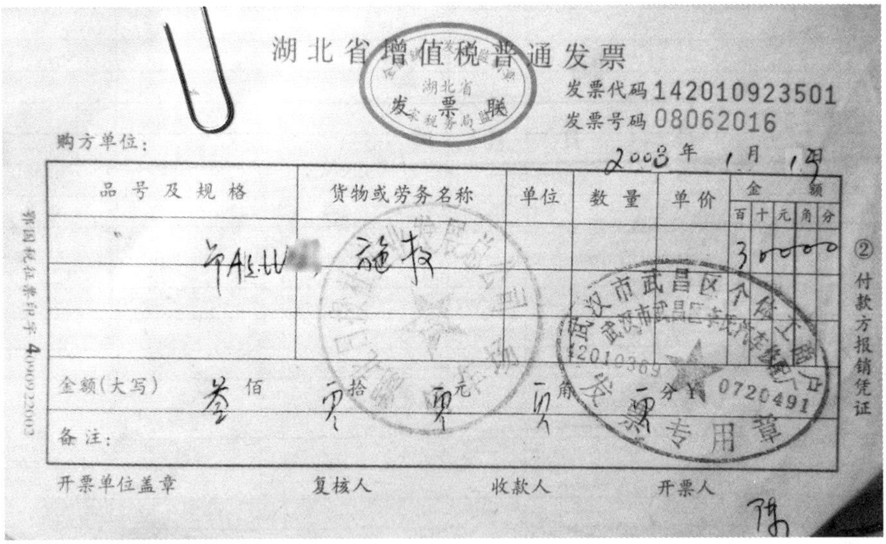

湖北省增值税普通发票

发票代码 142010923501

发票号码 08062016

购方单位：　　2008 年 1 月 1[illegible] 日

品号及规格	货物或劳务名称	单位	数量	单价	金额
	鄂A5W　施救				300.00

金额(大写) 叁佰零拾零元零角零分 ¥

备注：

开票单位盖章　　复核人　　收款人　　开票人 陈

② 付款方报销凭证

图 6-19　车辆施救费用发票

武汉市公安局交通管理局
事故认定书
00112733

事故时间：2008年1月13日21点25分事故地点：白沙洲大道大市场路口

当事人姓名	联系方式	驾驶证号	车辆牌号	保险凭证号
甲：黄××	12345678910	42010619690711××××	鄂A5W×××	
乙：				

交通事故事实	甲	后车撞击前车	转弯车不让直行车
		前车后滑碰撞后车	违法调头
		机动车撞击停放车辆或其它固定物	驾车逆行
		违法变更车道	不按规定会车
		不按规定让行	单方肇事
	当事人签名：黄××		
责任及调解结果	甲	全部责任	无责任
		主要责任	次要责任
		同等责任	同等责任
	当事人签名：黄×× 交通警察：		

武汉市公安局交通管理局 武昌大队 交通事故处理专用章 2008年1月13日

有下列情形之一或者调解未达成协议及调解生效后当事人不履行的，当事人可以向人民法院提起民事诉讼：
（一）当事人提供不出交通事故证据，因现场变动、证据灭失，交通……证交通事故事实的；
（二）当事人对交通事故认定有异议的；
（三）当事人拒绝在事故认定书上签名的；
（四）当事人不同意由交通警察调解的。

第二联交当事人

图 6-20　事故认定书

××××财产保险股份有限公司
机动车辆保险索赔申请书

保险单号：PDAA200842018600T3XXXX　　　　报案编号：

重要提示：请您如实填写以下内容，任何虚假、欺诈行为，均可能成为保险人拒绝赔偿的依据。

被保险人：黄××	号牌号码：鄂A5WXXX	号牌底色：蓝
厂牌型号：别克	发动机号：	车架号（VIN）：
报案人：黄××	报案时间：2008年1月13日	是否第一现场报案：☑是　□否

××××财产保险股份有限公司＿武汉分＿公司：

＿2008＿年＿1＿月＿13＿日＿21点25分＿时，驾驶人＿黄××＿（姓名），

驾驶证号　42010619690711XXXX　，初次领证日期＿2006＿年＿9＿月＿29＿日，

驾驶机动车＿鄂A5WXXX＿（号牌号码），行至＿白沙洲大市场＿（出险地点），

因＿驾驶不慎＿（出险原因），发生

＿碰撞（护栏）＿

的事故，造成＿车辆前部＿损失。

你公司已将有关索赔的注意事项对我进行了告知。现按照保险合同的约定，向你公司提出索赔申请。

本被保险人声明：以上所填写的内容和向你公司提交的索赔材料真实、可靠，没有任何虚假和隐瞒。如有虚假、欺诈行为，愿意承担由此产生的所有法律责任。

被保险人（法人）签章：黄××

2008 年　1 月　13 日

身份证号：42010619690711XXXX

联系电话：	地址：	邮政编码：

图 6-21　机动车辆保险索赔申请书

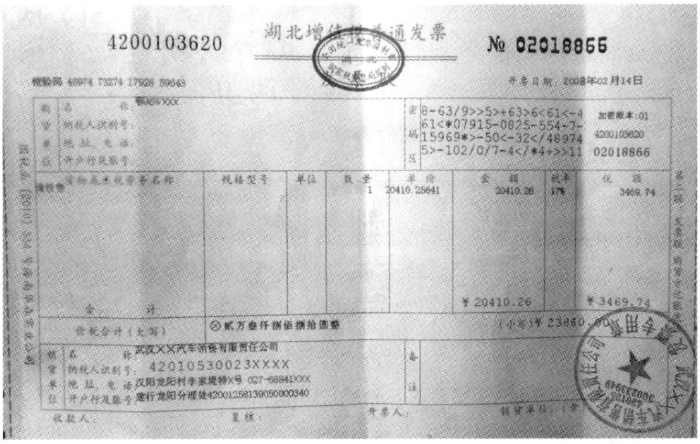

4200103620　湖北增值税普通发票　№ 02018866

校验码 40974 73274 17928 59643　开票日期：2008年02月14日

购货单位 名称：鄂A5WXXX

纳税人识别号：

地址、电话：

开户行及账号：

密码区：8-63/9>>5>+63>6<61<-4 61<*07915-0825-554-7- 15969*>-50<-32</48974 5>-102/0/7-4</*4+>>11

加密版本：01 4200103620 02018866

货物或应税劳务名称	规格型号	单位	数量	单价	金额	税率	税额
维修费			1	20410.25641	20410.26	17%	3469.74
合计					¥20410.26		¥3469.74
价税合计（大写）	⊗贰万叁仟捌佰捌拾圆整				（小写）¥23880.00		

销货单位 名称：武汉××汽车销售有限责任公司

纳税人识别号：42010530023XXXX

地址、电话：汉阳龙阳村李家堤特X号 027-68841XXX

开户行及账号：建行龙阳分理处42001258139050000340

备注

收款人：　复核：　开票人：　销货单位：（章）

图 6-22　车辆维修发票

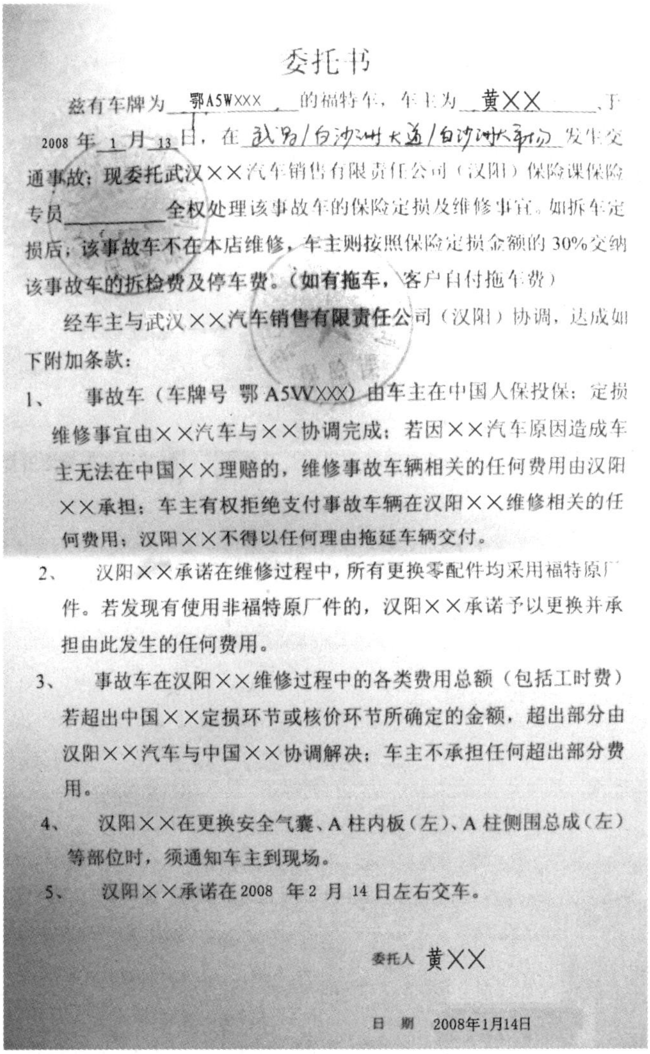

委托书

兹有车牌为＿鄂A5WXXX＿的福特车，车主为＿黄××＿，于2008年1月13日，在＿武阳/白沙洲大道/白沙洲大事办＿发生交通事故；现委托武汉××汽车销售有限责任公司（汉阳）保险课保险专员＿＿＿＿全权处理该事故车的保险定损及维修事宜。如拆车定损后，该事故车不在本店维修，车主则按照保险定损金额的30%交纳该事故车的拆检费及停车费。（如有拖车，客户自付拖车费）

经车主与武汉××汽车销售有限责任公司（汉阳）协调，达成如下附加条款：

1、　事故车（车牌号 鄂A5WXXX）由车主在中国人保投保；定损维修事宜由××汽车与××协调完成；若因××汽车原因造成车主无法在中国××理赔的，维修事故车辆相关的任何费用由汉阳××承担；车主有权拒绝支付事故车辆在汉阳××维修相关的任何费用；汉阳××不得以任何理由拖延车辆交付。

2、　汉阳××承诺在维修过程中，所有更换零配件均采用福特原厂件。若发现有使用非福特原厂件的，汉阳××承诺予以更换并承担由此发生的任何费用。

3、　事故车在汉阳××维修过程中的各类费用总额（包括工时费）若超出中国××定损环节或核价环节所确定的金额，超出部分由汉阳××汽车与中国××协调解决；车主不承担任何超出部分费用。

4、　汉阳××在更换安全气囊、A柱内板（左）、A柱侧围总成（左）等部位时，须通知车主到现场。

5、　汉阳××承诺在2008 年2 月 14 日左右交车。

委托人　黄××

日　期　2008年1月14日

图 6-23　委托书

XX财险武汉市分公司理赔
单证受理单

赔案流转号：1000107105

报案情况

报案号	RDAA20084201000013XXXX	保单号	PDAA200842018600T3XXXX PDAA200842018600T3XXXX
报案人	黄XX	车牌号	鄂A5WXXX
报案日期	2008-1-13	承保公司	
出险日期	2008-1-13	被保险人	黄XX
附加条款	特别约定见单缴费送单员01号已验证其行车证原件，车辆照片已照，资料已存档。		

已受理单证

驾驶证正、副本复印件， 行驶证正、副本复印件， 事故责任认定书， 现场查勘报告， 本车修理发票，本车施救费发票

还缺少单证

无

以上单证需我公司进一步审核，如需补充材料或有其他问题，我们将及时联系您；如无异议，我们将尽快结案，届时会以短信方式通知您。您会在登记的银行帐号中收到赔款，或者到我公司以下网点领取赔款。

问题记录

备注（根据单证情况）

客户资料

联系人：	联系人手机：	
收款人：	收款人手机：	证件类型：　身份证
证件号：	开户银行：	银行帐号：
银行所在省：	银行所在市：	银行支行：

经核对，以上客户资料准确无误。保险公司已向本人（本单位）说明了赔偿范围、标准、方法、数额等，本人（本单位）同意按以上方式结算赔款。

客户签字：＿＿＿＿＿＿　日期：＿＿＿＿＿＿

接单员：　电话：　接单日期：2008-02-16

图 6-24　单证受理单

【想一想，练一练】

简答题

1. 车损核损的概念和核损岗的工作职责及意义是什么？

2. 单证审核的主要内容及审核要点是什么？
3. 定责审核的主要内容及审核要点是什么？
4. 定损审核的主要内容及审核要点是什么？
5. 车险案件审核情况统计与分析的基本工作内容是什么？

项目六　车险人伤案件查勘与核损

【项目描述】

道路交通事故后果存在单纯车辆损失与车损人伤共存两种形式，而对于车损人伤共存的交通事故，人伤又包括车上人员伤害和车下人员伤害两种可能。人身伤害原因、程度的确定及适度治疗的核定，涉及项目多、政策性强，跨保险、法律、医学等学科，因此车险人伤案件查勘与核损是汽车保险理赔的一个涉及项目多、政策性强、医疗处理环节复杂、核损要求高的理赔环节。

【导入案例】 被保险人王先生驾驶家用小轿车于2007年9月22日16时与另一辆车发生两车碰撞事故，导致标的车的车上人员一死二伤，第三者的车上有5名人员受伤。标的车投保了车上人员责任险三个座位，1万元/座，保险金额共计3万元。

【项目分析】

本项目通过介绍车险人伤案件查勘与核损的相关知识，使学生熟悉车险人伤案件查勘与核损相关的法律知识、人身伤害的种类及车险人伤的分类，掌握车险人伤事故的查勘与核损的基本业务流程，把握小额车险人伤案件快速处理的业务流程。

【知识平台】

一、车险人伤案件查勘与核损概述

车险人伤案件理赔过程中，由于涉及项目多、政策性强、医疗处理环节复杂，加上消费者维权意识的增强，人伤案件理赔的技术含量越来越高，人伤理赔人员的工作难度也越来越大，尤其随着新修订《保险法》的实施，对人伤案件的处理提出了更高的要求。

（一）主要法律依据

1.《中华人民共和国道路交通安全法》（以下简称《道路交通安全法》）

（1）车辆驾驶人的抢救责任

《道路交通安全法》第七十条规定："在道路上发生交通事故，车辆驾驶人应当立即停车，保护现场；造成人身伤亡的，车辆驾驶人应当立即抢救受伤人员，并迅速报告执勤的交通警察或者公安机关交通管理部门。因抢救受伤人员变动现场的，应当标明位置。乘车人、过往车辆驾驶人、过往行人应当予以协助。"

(2)医疗机构的抢救责任

《道路交通安全法》第七十五条规定:“医疗机构对交通事故中的受伤人员应当及时抢救,不得因抢救费用未及时支付而拖延救治。”

(3)保险公司支付抢救费用的责任

《道路交通安全法》第七十五条规定:“肇事车辆参加机动车第三者责任强制保险的,由保险公司在责任限额范围内支付抢救费用。”

《道路交通安全法》第七十六条规定:“机动车发生交通事故造成人身伤亡、财产损失的,由保险公司在机动车第三者责任强制保险责任限额范围内予以赔偿;不足的部分,按照下列规定承担赔偿责任:(一)机动车之间发生交通事故的,由有过错的一方承担赔偿责任;双方都有过错的,按照各自过错的比例分担责任。(二)机动车与非机动车驾驶人、行人之间发生交通事故,非机动车驾驶人、行人没有过错的,由机动车一方承担赔偿责任;有证据证明非机动车驾驶人、行人有过错的,根据过错程度适当减轻机动车一方的赔偿责任;机动车一方没有过错的,承担不超过百分之十的赔偿责任。交通事故的损失是由非机动车驾驶人、行人故意碰撞机动车造成的,机动车一方不承担赔偿责任。”

(4)道路交通事故社会救助基金垫付抢救费用的责任

《道路交通安全法》第七十五条规定:“抢救费用超过责任限额的,未参加机动车第三者责任强制保险或者肇事后逃逸的,由道路交通事故社会救助基金先行垫付部分或者全部抢救费用,道路交通事故社会救助基金管理机构有权向交通事故责任人追偿。”

2.《机动车交通事故责任强制保险条例》(以下简称《交强险条例》)

《交强险条例》第二十一条规定:“被保险机动车发生道路交通事故造成本车人员、被保险人以外的受害人人身伤亡、财产损失的,由保险公司依法在机动车交通事故责任强制保险责任限额范围内予以赔偿。道路交通事故的损失是由受害人故意造成的,保险公司不予赔偿。”

《交强险条例》第三十一条规定:“保险公司可以向被保险人赔偿保险金,也可以直接向受害人赔偿保险金。但是,因抢救受伤人员需要保险公司支付或者垫付抢救费用的,保险公司在接到公安机关交通管理部门通知后,经核对应当及时向医疗机构支付或者垫付抢救费用。”“因抢救受伤人员需要救助基金管理机构垫付抢救费用的,救助基金管理机构在接到公安机关交通管理部门通知后,经核对应当及时向医疗机构垫付抢救费用。”

3.《最高人民法院关于审理人身损害赔偿案件适用法律若干问题的解释》(以下简称《司法解释》)

《司法解释》第十九条至第三十二条就医疗费、误工费、护理费、交通费、住院伙食补助费、营养费、住宿费、残疾赔偿金、残疾辅助器具费、丧葬费、被扶养人生活费、死亡赔偿金等给予了明确的规定。

《司法解释》第三十三条和第三十四条就残疾赔偿金、被扶养人生活费、残疾辅助器具费的给付给予了明确规定,保障了受害人的权益。

(二)车险人伤案件查勘与核损的含义

1.车险人伤案件查勘与核损

车险人伤案件查勘与核损是指对各类车辆保险事故中人伤案件进行实地查勘、复勘、调查取证以及对理赔材料的求证过程,是依据人身损害赔偿的法律规定,根据保险理赔的原则,对赔偿项目和赔偿标准进行调查确认。

伤情查勘是车险人伤案件查勘与核损的一个重要组成部分,主要针对伤者的伤情治疗情况以及由伤情产生的相关损失进行查勘确认、证据收集,适时跟进,通过沟通完成调解协商结案,避免后续因诉讼致使损失扩大。

2. 车险人伤案件的分类

(1)根据伤员的受损害程度,车险人伤案件分为普通门诊案件、普通住院案件、伤残案件、死亡案件和群体性案件。

(2)根据伤员的救治方式,车险人伤案件分为门急诊人伤案件和住院人伤案件。

(3)根据管控方式,车险人伤案件分为一般管控案件、严格管控案件和重点管控案件。

(三)人身损害的后果及赔偿项目

1. 人身损害后果

(1)造成人身伤害但未达到残疾;

(2)伤害致残;

(3)伤害致死。

2. 人身损害的赔偿项目

(1)造成人身伤害但未达到残疾的赔偿项目

《司法解释》第十七条明确规定:"受害人遭受人身损害,因就医治疗支出的各项费用以及因误工减少的收入,包括医疗费、误工费、护理费、交通费、住宿费、住院伙食补助费、必要的营养费,赔偿义务人应当予以赔偿。"

(2)伤害致残的赔偿项目

《司法解释》第十七条明确规定:"受害人因伤致残的,其因增加生活上需要所支出的必要费用以及因丧失劳动能力导致的收入损失,包括残疾赔偿金、残疾辅助器具费、被扶养人生活费,以及因康复护理、继续治疗实际发生的必要的康复费、护理费、后续治疗费,赔偿义务人也应当予以赔偿。"

(3)伤害致死的赔偿项目

《司法解释》第十七条明确规定:"受害人死亡的,赔偿义务人除应当根据抢救治疗情况赔偿本条第一款规定的相关费用外,还应当赔偿丧葬费、被扶养人生活费、死亡补偿费以及受害人亲属办理丧葬事宜支出的交通费、住宿费和误工损失等其他合理费用。"

二、车险人伤案件查勘与核损业务概述

中国保险监督管理委员会2012年印发的《机动车辆保险理赔管理指引》第六十八条规定:"总公司应建立人身伤亡案件(以下简称为'人伤')审核专业管理团队,省级及以下理赔部门设置专职人伤跟踪(调查)和医疗审核团队或岗位,参与人伤损失的事故查勘、损伤调查、处理跟踪、协助和解、参与诉讼、资料收集、单证审核和费用核定等工作。公司应制订人伤跟踪、审核实务,应实现提前介入、过程跟踪、全程协助、加强管控的目标。"我国各大保险公司目前均采用理赔系统办理车险查勘理赔相关事宜。

车险人伤案件管理组织架构如图6-25所示。

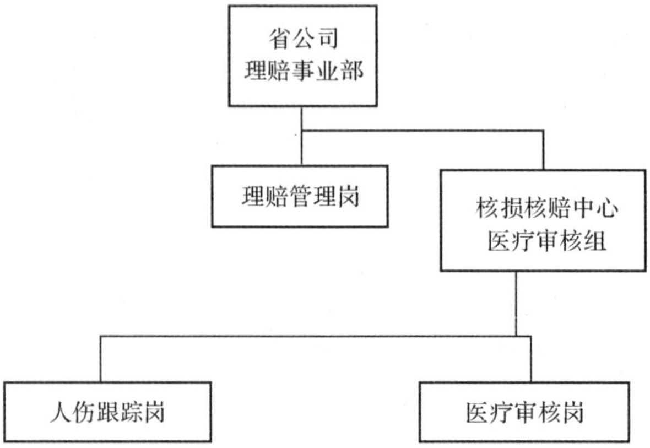

图 6-25　车险人伤案件管理组织架构

车险人伤案件查勘与核损业务基本流程如图 6-26 所示。

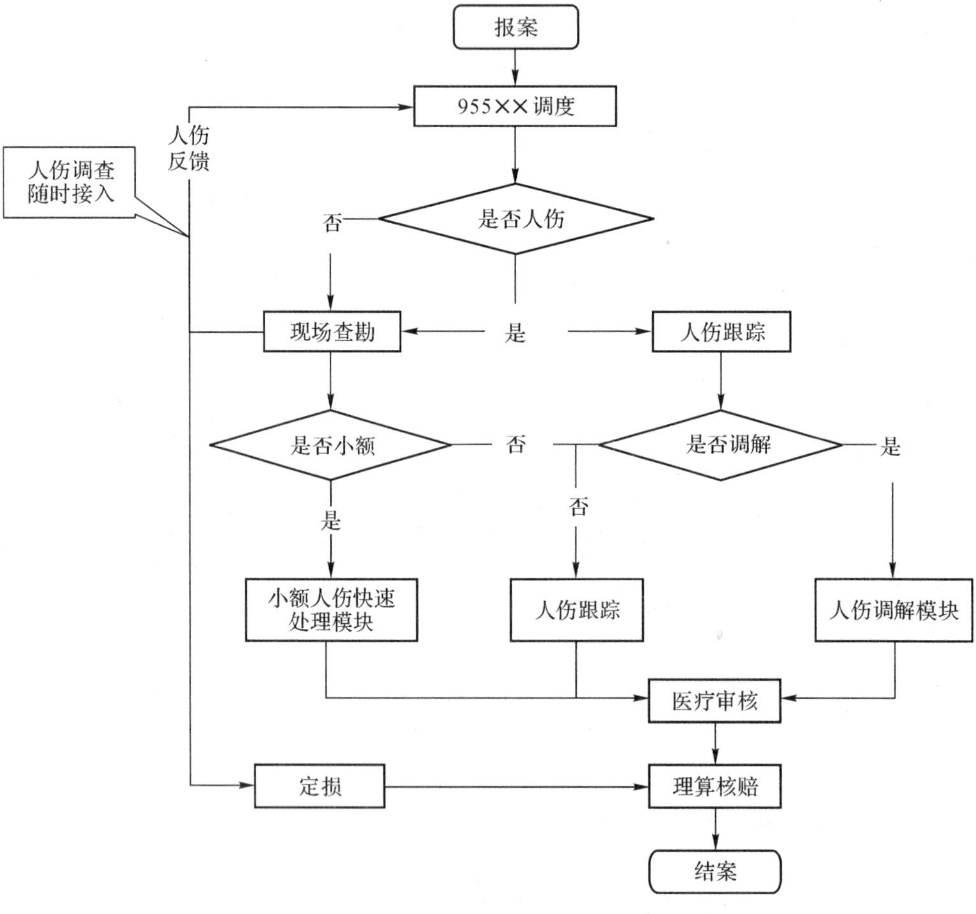

图 6-26　车险人伤案件查勘与核损业务基本流程

（一）报案调度环节

（1）客服专线电话接到人伤报案后，提醒其向交警报案，在理赔系统发起查勘和首次人伤跟踪任务。

（2）后期报案有人伤的，及时修改报案信息并发起首次人伤跟踪任务。

（3）接到适用小额快速处理的案件，按照小额快速处理流程处理。

（二）人伤现场查勘

1. 人伤现场查勘的主要工作要求

（1）所有人伤案件原则上都应分派现场查勘。查勘员接到人伤案件任务后，电话联系并安抚被保险人，了解事故的简要情况。

（2）标的车和相关人员仍在现场的，应赶赴第一现场查勘；没有第一现场条件的，应赴第二现场（医疗机构）进行复勘。

（3）了解事故责任的判定，全方位收集影响责任判定的证据资料。

（4）对死、残案件，可能存在责任免除事项、涉嫌扩大损失或骗赔的案件，收集证据，进行人伤调查。

（5）对适用小额快速处理的案件进行快速处理。

（6）其他现场处理和指引。如人伤医治过程中的合理用药要求等。

（7）查勘了解有人伤的案件，收集信息后，反馈给客服专线。在理赔系统录入信息，进行立案操作。

2. 人伤现场查勘工作的注意事项

（1）调度后3天内人伤跟踪任务未处理的，或人伤估损金额未录入的，理赔系统将强制估损赋值并自动立案。

（2）不属于保险责任或客户放弃索赔的案件，简要录入相关信息和估损金额后，对车险人伤部分进行注销处理。

（3）对适用小额人伤快速处理的案件进行快速处理。

（4）非小额快速处理案件提交人伤跟踪岗后续跟踪。

（三）人伤跟踪环节

人伤跟踪环节分为人伤首次跟踪、人伤探视、人伤调查、人伤后续跟踪四个环节。

1. 人伤首次跟踪

人伤首次跟踪一般采用电话跟踪的方式。内容包括安抚客户；收集案件信息；对轻伤门诊案件，告知注意事项、理赔流程、索赔资料、赔偿项目、标准和范围；对住院案件，确定简要信息后，到医院进行人伤探视；对死亡案件，确定简要信息后，对案件进行调查核实。

2. 人伤探视

电话联系被保险人后，跟踪人员到医院探视。人伤探视分人伤首次探视和人伤后续探视。

（1）人伤首次探视

人伤首次探视时，主要开展以下三方面工作：

①到护士站了解核实伤者信息。

②探视伤者。

一是慰问伤者，收集事故基本信息、伤者基本信息和损伤治疗基本信息。

二是告知注意事项、处理流程、索赔资料、赔偿事项等。

三是对可能致残的，指引伤者到合作鉴定所定残；对非合作鉴定所评残的，需提交伤残审核；如需安装假肢或辅助器具，指引伤者到合作配置机构。

③向医生了解信息。

一是了解伤者的损伤治疗情况，估计后续治疗时间和费用。了解伤者入院治疗的时间、费用等情况。

二是与医生协商沟通救治方案，告知交通保险法规，减少不合理费用发生。

(2)人伤后续探视

人伤后续探视时，向伤者了解近期的诊疗、康复和医疗费用情况，提醒临床治疗终结的办理出院手续；向医生了解治疗情况，并提醒医生合理检查和用药，临床治疗终结的办理出院手续。

人伤探视的注意事项有：

①在报案后48小时内及时开展人伤探视；

②探视前，了解承保情况，拟定探视要点、计划和安排；

③对涉及伤残、责任免除、扩大损失或骗赔的案件，提交调查；

④人伤探视完成后，及时在系统中录入信息，修正估损金额，转后续跟踪。

3.人伤调查

对社会影响大、涉及死亡伤残、涉嫌除外责任或其他有调查必要的案件，需开展人伤调查。

(1)人伤调查的基本内容

①事故基本情况调查，主要包括被保险人、保险车辆、驾驶员、出险的时间、地点和经过的调查核实。

②伤者基本情况调查，主要包括伤者姓名、年龄、诊断治疗、户籍性质、工作单位及收入、误工时间及损失残疾情况的调查核实。

③死者基本情况，主要包括死亡案件中死者姓名、年龄、户籍性质、工作单位等情况的核实。

④损伤治疗情况调查，主要是查印住院病案，了解事故经过、医疗诊断、治疗和遗嘱等情况，查看医疗费用、社保支付等信息。

⑤被抚养人基本情况调查，主要包括对被抚养人年龄、劳动能力、生活来源及共同抚养人的调查。

⑥事故处理情况调查，包括事故责任认定、免责情形、调查处理和赔偿履行等情况的调查核实。

(2)人伤调查的注意事项

①调查前，核实车辆承保情况，拟定人伤调查的工作要点、计划和安排。

②通过询问当事人、关系人和第三者进行调查核实。

③通过理赔资料出具的单位和机构调查核实。

④调查完成后，形成报告，及时向系统上传资料，提交后续跟踪人员。

4. 人伤后续跟踪

(1)人伤后续跟踪的基本内容

①损伤治疗跟踪。伤情有重大变化，重新住院或转院治疗的，提交人伤探视。

②案件处理跟踪。了解案件进展情况，对已处理的，催促索赔；对案件未处理的，引导调节处理。

③伤残评定跟踪。对于伤者需定残、安装假肢或辅助器具的，指引到合作的司法鉴定机构和假肢安装机构。无合作鉴定机构的，应推荐并陪同到公信力较强的伤残鉴定机构定残。伤者自行评残的，应提交鉴定报告并进行医疗审核，对鉴定结果存在异议的，要求进行重新评定。对于器质性损伤，告知保险公司直接定残赔付。

(2)人伤后续跟踪的注意事项

①后续跟踪的重要性。人伤后续跟踪是人伤案件处理的枢纽环节，具有承上启下、承前启后的作用。

②实施分类管理的原则。人伤案件分为门诊、住院、残疾和死亡四类。

③理赔记录。对案件信息、咨询和答复及时在系统中记录。

④估损修正。根据案件信息的逐步明确，随时修正估损金额。

(四)医疗审核

1. 审核标准

(1)《最高人民法院关于审理人身损害赔偿案件适用法律若干问题的解释》;

(2)卫生部印发的《道路交通事故受伤人员临床诊疗指南》;

(3)省/地市执行国家基本医疗保险药品目录、医疗服务设施目录和诊疗项目目录；

(4)保险公司相关的"理赔实务"和"核赔手册"。

2. 审核内容

医疗审核是对整个车险案件的审核，其审核内容如下。

(1)单证资料审核

主要是审核索赔资料的完整性和真实性，比较驾驶证、行驶证和身份证等信息是否与事故认定书记录的内容一致，是否与人伤跟踪或调查了解的情况一致，不一致或存在可疑的要逐一核实确定。

车险人伤案件理赔所需单证如表 6-22 所示。

表 6-22　车险理赔单证(人伤案件)

单证类型		所需单证	备注
事故单证	事故处理单证	事故认定书、调解书或法院判决书、调解书	同时涉及车损、人伤的，车损及人伤单证均需提供
		交通事故经济赔偿凭证	
		行驶证、驾驶证原件拍照，留存复印件	
	事故调查单证	人伤案件调查报告(内部提供)	
		人伤费用拟算表(内部提供)	
	事故理赔单证	索赔申请书和材料交接单；赔款收据(内部提供)；委托书(可下载)；被保险人和领款人身份证原件出示，留存复印件	

续表

单证类型		所需单证	备注
费用单证	医疗费	住院病历	涉及相关费用时，才提供相关单证
		医疗费发票(门诊治疗需提供处方发票)	
		住院费用明细清单	
		诊断证明	
		出院小结	
		医疗费用审核说明表(内部提供)	
	护理费	护理证明	
		护理人员身份证明;工资、收入证明	
	误工费	误工证明	
		误工人工资、收入(减少)证明	
	交通费	交通费票据	
	住宿费	住宿费发票	
	死亡赔偿金(丧葬费)	死亡证明或鉴定结论	
		死者身份证或户口原件出示，留存复印件	
	残疾赔偿金	残疾鉴定结论	
		受害人身份证原件出示，留存复印件	
	被扶养人生活费	户口原件出示，留存复印件	
		共同抚养人数证明	
	残疾辅助器费	配置证明、购买发票	

备注：1. 内部提供是指本单位由保险公司提供，委托书可从 www.955××.com 网站上下载。

2. 本表仅供参考，具体赔案所需单证请以当地机构理赔人员告知为准。

理赔服务咨询电话：955×× 投诉受理电话：955××

(2)保险责任审核

主要是审核事故认定书中事故时间、地点、当事人和事故经过等内容，查看事故责任和判定依据，确定是否属于保险责任范围。对可能存在责任免除事项或涉嫌扩大损失及骗赔的案件进行调查。

(3)人伤跟踪审核

主要是审核医疗跟踪人员跟踪任务处理的合理性、估损的准确性等。人伤跟踪审核可由保险理赔系统自动发起，或由人伤跟踪人员发起。

(4)人伤费用审核

主要是医疗审核人员根据审核标准对整个案件人伤部分的费用进行审核确定。人伤费用审核完成是理算任务发起的前提条件。

人伤费用审核包括以下两方面内容：

一是赔偿费用审核。包括医疗费、误工费、护理费、住院伙食补助费、营养费、交通费、后续治疗费、整容费、残疾赔偿金、残疾辅助器具费、死亡赔偿金、丧葬费、被抚养人生活费、住宿费、精神损害抚慰金等赔偿项目、标准和金额的审核确定。

二是伤残评定审核。包括器质性损伤评定和非器质性损伤评定。

人伤费用审核环节要注意解释说明和争议调解工作。医疗审核人员的审核结果要向被保险人等当事人做好解释说明工作，告知审核的依据和标准，以便当事人理解并同意保险公司的医疗审核结果。若被保险人等当事人对医疗审核结果争议较大，如属调解范围内的，可提交调解人员进行调解处理；如无法调解，则走诉讼仲裁途径。

（五）理算核赔

在医疗审核的基础上，理算核赔环节对车险人伤案件的项目和金额进行修改调整，在理赔系统操作后，与车险案件财产损失的理算核赔一并进入车险赔款理算、核赔等环节。

三、车险小额人伤案件快速处理

车险小额人伤案件快速处理是指针对人伤案件中伤者损伤轻微，索赔金额较低，且事故责任明确的案件，制定统一的标准，按特定简化流程、快速处理的理赔办法。

我国各大保险公司均出台了车险小额人伤案件快速处理相关的指导性文件，对车险小额人伤案件快速处理的指导意见在实质内容上是一致的，现总体介绍如下。

（一）车险小额人伤案件快速处理的目的

加快车险小额人伤案件的理赔速度，简化此类案件的索赔环节和理赔流程，提高客户服务满意度，同时通过快处快赔进一步从总体上控制人伤理赔费用，降低人伤案件赔付成本。

（二）车险小额人伤案件快速处理的范围

适用于道路交通事故保险车辆造成第三者人员受伤且责任明确、交强险在本保险公司投保，有条件在事故现场快速协商处理的人伤案件或责任明确，伤者经过一次性门诊治疗，主张或同意快速处理的人伤案件。

有条件快速处理的小额人伤案件一般包括下列特点：

(1)保险事故经交警处理，责任明确(包含无责任，无责任案件医疗费限额为人民币1000元)，事故与伤情的因果关系成立；

(2)事故当事人双方均在现场，同意现场快赔处理或伤者经过门诊检查后，当事双方同意立即快赔处理；

(3)伤者自行判断伤情轻微，正常活动仅轻微或不受影响，该类伤情多为胸、背、四肢的软组织损伤，如皮下血肿、皮肤擦伤、轻度软组织损伤、肌肉拉伤等。

（三）车险小额人伤案件快速处理各岗位职责

(1)车辆查勘定损人员、人伤跟踪人员及其他理赔人员在小额人伤案件快速处理规定的权限范围内对该类人伤案件的处理质量负责。

(2)医疗审核人员负责对小额人伤案件处理质量进行复核。

(3)总公司理赔事业部及省级分公司理赔事业部负责对小额人伤案件快速处理作业规范进行指导和监督。

（四）车险小额人伤案件快速处理标准

（1）无门诊检查或治疗，未发生任何医疗费用。

①伤者未发生任何医疗费用，伤者无明显体表特征，仅口头描述伤处不适的，一次性结案金额在500元以内。

②伤者未发生任何医疗费用，但有明显体表特征的软组织损伤、挫伤或多发伤，如皮肤裂伤在10cm以下或瘀血、擦伤、挫伤在$20cm^2$以下的，一次性结案金额在1000元以内。

③伤者未发生任何医疗费用，但有明显体表特征的软组织损伤、挫伤或多发伤，如皮肤裂伤在10cm以上或瘀血、擦伤、挫伤在$20cm^2$以上的，一次性结案金额在2000元以内。

（2）有门诊检查或治疗，已发生医疗费用。

①伤者已发生一次性门诊医疗费用，经检查无阳性体征，门诊病历无后续治疗或休息等遗嘱的，除已发生医疗费外，一次性结案金额在200元以内。

②伤者已发生一次性门诊医疗费用，经检查有阳性体征，或门诊记录上有需后续治疗或全休天数7天以下等医嘱的，除已发生医疗费外，一次性结案金额在1000元以内。

③伤者已发生一次性门诊医疗费用，门诊记录上有阳性体征，且门诊记录上有需要清创、拆线等手术或需要住院治疗，或全休天数在7天以上等医嘱的，除已发生医疗费外，一次性结案金额在2000元以内。

（3）对已发生医疗费用在1000元以下的案件，已发生部分无需医疗审核并全额赔付；已发生费用在1000～2000元的案件，查勘员需联系医疗审核人员，经医疗审核人员同意后可全额赔付；已发生医疗费2000元以上的人伤案件原则上不适用于小额人伤案件快速处理流程，可以通过一般调解程序处理，但医疗费需进行正常的医疗审核。

（4）标的车无责的车险人伤案件，已发生医疗费用赔付上限为1000元。

（5）上述金额为处理此类小额人伤案件的标准上限，各分公司可根据实际情况，在规定的上限范围内确定符合地区实际情况的标准，同时结合小额人伤案件出险和处理的情况，对各分公司的标准进行动态调整。

（五）车险小额人伤案件快速处理业务流程

车险小额人伤案件快速处理业务流程如图6-27所示。

1.客服专线调度环节

（1）客服专线统一受理车损人伤案件出险报案工作，提醒客户向公安交警部门报案，对所有涉及人伤报案都必须发起现场查勘任务，同时发起人伤跟踪任务。

（2）对报案时没有提及人伤，查勘员在现场查勘中了解到保险事故涉及人伤，需及时向客服专线反馈，发起人伤跟踪任务。

（3）确定交强险在本保险公司投保，并对客户报案时就能够判断伤者损伤轻微并有快速处理条件的，向报案人告知小额人伤案件快速处理流程，如事故双方都同意进行快速处理，则及时联系查勘员，并告知案件的承保和报案情况。

（4）客服专线接到伤者经过一次性门诊治疗，事故双方均同意快速处理的案件，应立即通知查勘员进行快速处理。

2.查勘环节

（1）查勘员在接到客服专线通知的人伤案件信息后，及时联系报案人员，确认事故当事人所在位置和案件处理情况，并提醒向公安交警报案，对有条件在现场等待并快速处理的案

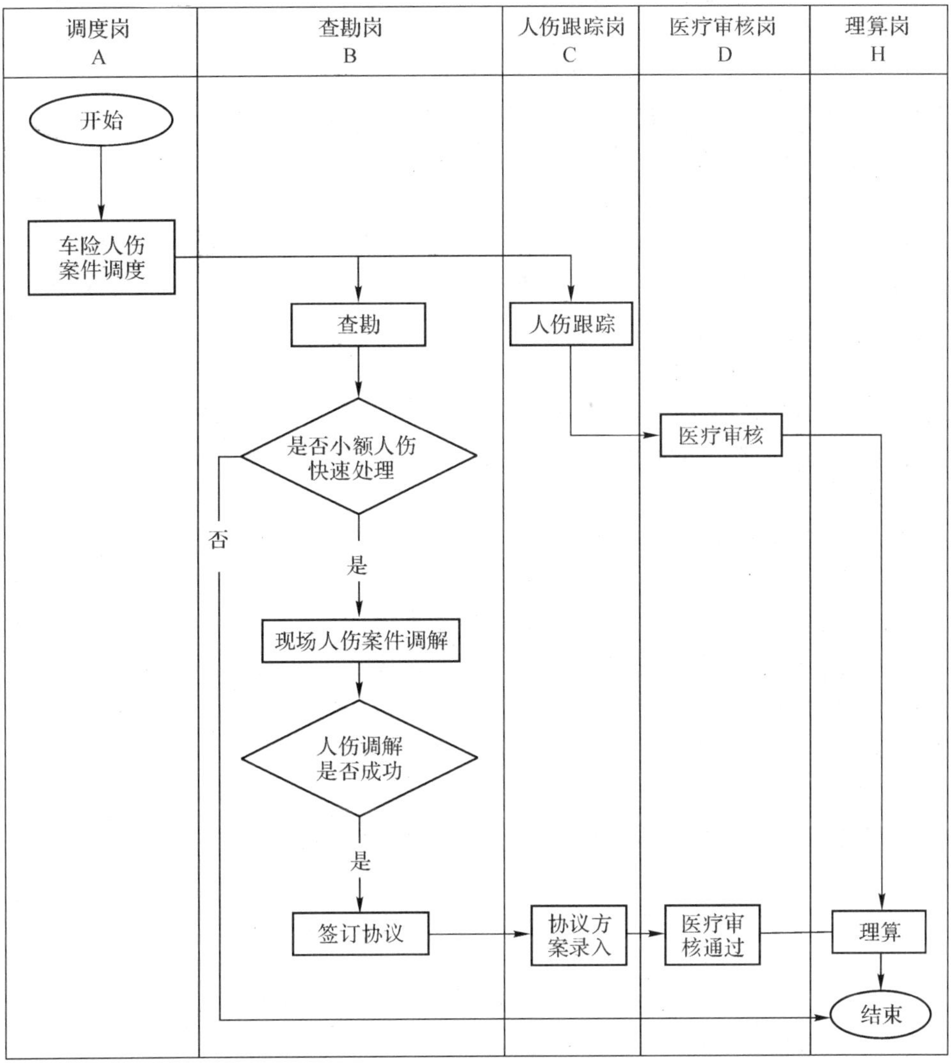

图 6-27　车险小额人伤案件快速处理业务流程

件，告知估计到达时间。

(2)伤者需赴医院治疗，但被保险人和标的车在现场的，查勘员应赴事故现场进行查勘工作(同车险现场查勘)，同时告知人伤案件理赔处理相关注意事项。

(3)伤者需赴医院治疗，且无条件进行现场查勘的案件，查勘员应电话告知人伤案件处理和理赔相关注意事项，如伤者一次性门诊治疗后，事故双方均同意快速处理的，可拨打客服专线。

(4)查勘员现场处理小额人伤案件，应遵循下列操作：

①常规现场查勘，核对交警责任认定书，排除保险事故免责情况，确定人伤事故属于保险责任范围。

②记录事故双方对事发经过的简单陈述，驾驶人不是被保险人(或实际车主)的，应电话联系被保险人，对车辆使用情况进行确认。

③拍摄事故现场、伤者本人及伤者损伤部位照片。

④在现场与伤者和被保险人进行沟通协商，在小额人伤案件快速处理标准范围内达成快速处理的赔偿协议，并由三方在现场快速处理单上签字。

⑤查勘员见证被保险人按协议支付赔款给伤者，并在快速处理单中注明；如事故双方同意保险公司直接把赔款支付给伤者，应提供伤者账户信息。

⑥查勘员在现场应完成下列单证的收集工作：拍摄驾驶证和行驶证，收集事故责任认定书、伤者身份证明、小额人伤案件快速处理确认书、被保险人和伤者的银行账户，如伤者有门诊检查和治疗的，需收集伤者医疗费用发票、病历等资料原件，如无法收集伤者病历本原件，需拍摄病历首页及有诊疗记录的页面。

⑦小额人伤案件快速处理尽可能在现场完成资料收集工作，查勘员资料收集完成后应在 24 小时内上传到理赔系统中，并在小额人伤快速处理界面正确录入伤者姓名、身份证号码等相关信息，提交医疗费用审核。并把相关资料移交综合岗资料收集人员。

⑧对已经达成快速处理协议，但因客观原因致部分材料无法收集的案件，查勘员在收集现有材料后，告知被保险人提交材料的方式，并在系统中备注说明，其他操作与上述相同。

(5)车险小额人伤案件快速处理查勘员的注意事项：

①提醒事故当事人向公安交警部门报案，出具事故责任认定书；

②查勘事故现场，排除事故免责情况，针对有醉酒驾驶、无有效驾驶证、行驶证或故意造成交通事故等嫌疑的交通事故，不能进行小额人伤案件快赔处理；

③赔款支付方式、客户放弃索赔等相关信息应在《小额人伤案件快速处理确认书》中赔款金额及支付方式备注栏中进行明确说明，并签字确认；

④客户与伤者当场完成支付手续的，伤者应在《小额人伤案件快速处理确认书》中赔款金额及支付方式备注栏备注已收到金额并签字确认，可不再单独签署赔款收据。

3.医疗审核环节

(1)对于已经签订小额人伤案件快速处理协议的案件，医疗审核人员在费用审核时仅进行上传资料和录入信息的复核，不再对人伤赔偿项目金额进行审核和修改。

(2)对已签署小额人伤案件快速处理协议，但存在资料不全的案件，医疗审核人员在进行费用审核处理时，应电话联系被保险人补交材料，并协助查勘员收集和上传资料，待资料完整后进行费用审核。

(3)医疗审核人员在人伤快速处理案件费用审核结束时对案件的处理质量进行评价和打分。

(4)开展小额人伤案件快速处理的分公司，应安排医疗审核人员进行电话值班，随时为查勘员提供技术支持。

4.理算核赔环节

(1)理算核赔环节不对小额人伤快速处理案件的项目和金额进行修改调整。

(2)案件中的门诊医疗费在交强险医疗费项下理算，一次性赔偿费用在交强险死亡伤残其他项下理算。

(3)理算核赔环节应按照万元以下一小时通知赔付时限要求完成小额人伤案件的快速处理。

（六）车险小额人伤案件快速处理注意事项

(1)查勘员须经过统一培训并通过考核后方能开展小额人伤快速处理工作。

(2)同一个保单年度内，小额人伤案件快速处理大于2件的，应及时开展反欺诈调查工作。

(3)医疗审核岗应定期在系统中提取小额人伤案件快速处理案件相关数据并进行分析排查，查看是否有异常数据，对同一伤者多次出险的，应提交反欺诈调查岗进行调查，防范骗赔等虚假案件的发生。

(4)伤者进行门诊检查治疗后，虽然接受快速调解处理但对一次性赔偿费用限额有异议的，查勘员应联系医疗审核岗，准确告知伤者的损伤治疗和索赔请求，根据医疗审核岗意见进行调解，如达成调解协议的，查勘员在系统中进行留言备注，该案件作为一般调解案件进行流程处理。

(5)事故涉及多人受伤的，每名伤者处理标准参照小额人伤案件快速处理标准，但总金额不应超过有责/无责交强险医疗费限额或人伤赔偿限额。部分伤者同意快速处理的，系统上不进行快速处理操作，收集好现场单证后，对快速处理成功的伤者信息和金额进行系统留言，系统处理按正常人伤案件操作，优先赔付快速处理人员金额，费用审核不得调整协议金额。

(6)被保险人为单位，或被保险人与驾驶人不是同一人的，协议可由驾驶人签署。

(7)案件赔款必须支付到被保险人或受害人账户，不得支付到其他第三人账户。对于招标业务，如赔款需要支付到被保险人以外的第三人账户，则需要提供加盖被保险人单位公章的付款委托书，同时必须提交省级公司审核确认。

小额人伤案件快速处理确认书如表6-23所示。

表 6-23　小额人伤案件快速处理确认书

××××财产保险股份有限公司

小额人伤案件快速处理确认书

保险单号：　　　　　　　　　　　　　　　　报案号：

<table>
<tr><td colspan="3">出险时间：　年　月　日　时</td><td colspan="3">出险地点：</td><td>案件性质(□自赔□通赔)</td></tr>
<tr><td colspan="3">查勘时间：　年　月　日　时</td><td colspan="3">查勘地点：</td><td>第一现场：□是　□否</td></tr>
<tr><td rowspan="3">车辆及驾驶员信息</td><td colspan="2">号牌号码：</td><td colspan="4">车辆信息备注：</td></tr>
<tr><td colspan="2">驾驶员姓名：</td><td colspan="3">驾驶证号：□□□□□□□□□□□□□□□□□□□</td><td>准驾车型：</td></tr>
<tr><td>性别：□男　□女</td><td>联系电话</td><td colspan="2"></td><td>事故责任</td><td></td></tr>
<tr><td rowspan="2">伤者信息</td><td colspan="2">伤者姓名：</td><td colspan="2">性别：□男　□女</td><td colspan="2">伤者方联系电话：</td></tr>
<tr><td colspan="2">伤者证件类型：</td><td>证件号码</td><td></td><td>事故责任</td><td></td></tr>
<tr><td>事故经过</td><td colspan="6"></td></tr>
<tr><td rowspan="4">小额人伤快速处理协议</td><td colspan="6">鉴于上述事故经过，伤者自认损伤轻微，根据交通事故相关法律和法规，经事故各方当事人自愿调解，就本次道路交通事故人身损害赔偿达成协议如下：
1.伤者已发生医疗费用由车方支付，医疗费金额为(大写)：________
2.除已发生医疗费以外，车方愿意一次性支付伤者各项赔偿款(大写)：________
3.费用支付方式：
□车方现金支付
保险赔款支付到：被保险人户名：________　开户行：________
被保险人账号：________
□委托保险公司支付到伤者账户：　伤者户名：________
伤者方账号：________　开户行：________</td></tr>
<tr><td colspan="6">赔款金额及支付方式备注：</td></tr>
<tr><td colspan="6">上述调解协商内容均为事故双方真实意图表述，协议书内容属实。本协议经各方当事人确认签字后生效，各方当事人依照本协议履行义务完毕后，包括但不限于交强险和商业险的本次事故全部赔偿责任终了，各方当事人互不追究责任。本协议一式三份，车方、伤者方和保险公司各留存一份。

车方(委托人)签名：　　日期：　　伤者方签名：　　日期：</td></tr>
<tr><td colspan="6">查勘意见：

查勘员签名：　　日期：</td></tr>
<tr><td>备注</td><td colspan="6"></td></tr>
</table>

【项目实施】

结合本项目导入案例，根据所学知识，完成如表6-24～表6-26所示的任务实施工单。

表6-24　车险人伤查勘与核损的基本流程

序号	任务实施对象	任务实施步骤		任务实施结果
1	首次调查（电话调查）	1.案件受理		
		2.查阅保单		
		3.了解事故经过		
		4.了解伤者信息	门急诊治疗病人	
			急诊留观治疗病人	
			住院治疗病人	
		5.立案预估与调整		
		6.履行告知义务		
		7.填写车险人伤查勘报告(电话联系记录)		表6-25
2	住院探视	1.探视前准备	熟悉案情	
			探视预约	
			探视准备	
		2.住院探视	核对伤者信息	
			缓和伤者情绪	
			了解事故原因	
			了解受伤程度	
			了解伤者基本信息	
			拍照与取证	
			了解治疗情况	
			与医生沟通协商	
			履行告知义务	
		3.填写《住院人伤查勘报告》		表6-26
3	过程跟踪	1.中期跟踪	适用范围	
			跟踪方式	
			跟踪内容	
			跟踪记录	
			告知义务	

续表

序号	任务实施对象	任务实施步骤		任务实施结果
3	过程跟踪	2.后期跟踪	适用范围	
			跟踪方式	
			跟踪内容	
			跟踪记录	
			告知义务	
		3.评残跟踪	适用范围	
			跟踪方式	
			鉴定受理	
			熟悉案情	
			鉴定分类和机构选择	
			参与鉴定	
			跟踪鉴定结果	
			鉴定机构维护	
			疑义鉴定收集	

表 6-25　车险人伤查勘报告(电话联系记录)

赔案编号：

电话询问记录	被保险人		*	伤亡情况	□伤　□死亡　□轻微伤　*
	联系人		*	联系电话	*
	出险日期			出险地点	*
	伤者情况	姓名	*	受伤部位	
		性别		住院情况	□是　□否　*
		年龄	*	伤者性质	□行人　□车上人员　□机动车　□非机动车
		工作		受伤人数	
护理情况				医疗费情况	
误工情况				其他费用情况	
调查人			*	是否进一步调查	□是　□否
需进一步调查内容					

预估金额		调查日期	

注：此调查表只录入一位伤者信息，单次事故多人人伤的需按一人一张调查表方式录入信息。

表 6-26　住院人伤查勘报告

<table>
<tr><td rowspan="11">基本信息查勘</td><td colspan="2">被保险人：　*</td><td>车牌号码：</td><td>联系电话：　*</td></tr>
<tr><td colspan="2">保单号：</td><td>出险时间：　*</td><td>报案时间：</td></tr>
<tr><td>查勘时间：　*</td><td>查勘人：　*</td><td colspan="2">赔偿限额：第三者____万元、车上人员责任____万元</td></tr>
<tr><td colspan="2">本案涉及伤亡人数共__人(其中伤__人、亡__人)</td><td colspan="2">伤者属□第三者(行人、骑车人、机动车对方车上人员)
□本车上人员(驾驶员、副驾座人员、后排座人员)</td></tr>
<tr><td>性别：□男　□女</td><td>年龄：　*</td><td>入院日期：　*</td><td>医院名称：　*</td></tr>
<tr><td>职业：　*</td><td>电话：</td><td>治疗科(室)：</td><td>病房(床)号：</td></tr>
<tr><td colspan="2">工资收入：</td><td>主治医生：</td><td>护理____人(护工、家属、其他)</td></tr>
<tr><td colspan="2">家庭住址：</td><td colspan="2">目前住址：</td></tr>
<tr><td colspan="2">家属联系人及电话：</td><td colspan="2">医院地址及联系电话：　*</td></tr>
<tr><td colspan="4">家庭供养情况：</td></tr>
<tr><td colspan="4">诊断情况：</td></tr>
<tr><td rowspan="3">住院期间查勘</td><td colspan="4">住院期间调查(第____次查勘)；已开支医疗费用________元，已住院天数______天。
治疗情况及损失预估：

查勘人：　　　　年　月　日</td></tr>
<tr><td colspan="4">住院期间调查(第____次查勘)；已开支医疗费用________元，已住院天数______天。
治疗情况及损失预估：

查勘人：　　　　年　月　日</td></tr>
<tr><td colspan="4">出院时情况：总住院天数____天；住院医疗费________元；陪护____人；医嘱休息____天；
出院后是否需继续治疗，是否会定残及可能定残等级：

查勘人：　　　　年　月　日</td></tr>
<tr><td>备注</td><td colspan="4">注：此调查表只录入一位伤者信息，单次事故多人人伤的需按一人一张调查表方式录入信息。</td></tr>
</table>

【想一想，练一练】

简答题

1. 车险人伤案件查勘理赔的主要法律依据有哪些？
2. 车险人伤案件的种类及人身损害的后果是什么？
3. 人身损害的赔偿项目分别有哪些？
4. 车险人伤案件查勘与核损的含义及业务流程是什么？
5. 车险小额人伤案件的特点及快速处理流程和注意事项是什么？

项目七　赔款理算

【项目描述】

赔款理算是保险公司在理赔过程中的一个关键环节，主要是根据定损单最终确定的赔偿明细和被保险人提交的事先约定的单证材料，按损失金额、责任比例、约定免费率、赔偿险别、赔偿限额、单证齐全程度等理赔原则分类缮制（理算）各项赔偿金额。缮制完毕后提交核赔人审核。

【导入案例】

同本学习单元项目一。

【项目分析】

本项目通过介绍赔款理算的相关知识，使学生掌握机动车交通事故责任强制保险、车辆损失险、第三者责任险、附加险等险种赔偿金额的计算方法，具备实事求是、公平、合法、合理进行赔款理算的能力。

【知识平台】

赔款理算是保险公司理算人员根据被保险人提供的经审核无误的有关费用单证，按照法律和保险合同的有关规定，根据保险事故的实际情况，核定和计算应向被保险人支付的赔偿金额，并将核定计算结果及时通知被保险人的工作过程。保险人应在与被保险人达成赔偿协议后10日内支付赔款。

汽车保险是针对机动车在正常使用过程中可能发生的各种可保风险而存在的一种保险行为，其目的在于发生车辆使用风险后，对被保险人的各种损失给予一定的补偿，以便于被保险人今后的正常生活、学习等，也保障社会秩序的稳定。因此，在学习赔款理算基本知识之前，要掌握损失确定的基本原则。

损失确定的关键是确定赔偿标准，也就是说对于损失按照哪种标准进行赔偿。车辆保险事故导致的损失一般分为部分损失、全部损失和推定全部损失三类，不同种类损失的赔偿标准有所不同。①部分损失。赔偿标准是按照重置价值进行赔偿。从修理工艺角度看，不可能把车辆恢复到出险前的状况。如果采用比例赔付的方式，则存在实际操作上的困难，同时也不利于切实维护被保险人的利益。所以，对于部分损失按照重置价值进行赔偿是合理的。②全部损失。赔偿标准应采用补偿的方式，即按照出险时车辆的实际价值进行赔偿。因为如果按照重置价值进行赔偿，极易诱发道德风险，所以采用补偿方式对于整个社会的公共利益而言是利大于弊的。③推定全部损失。推定全部损失是指受损车辆损坏严重，难以修复且修复费用已经超过甚至远远超过车辆出险时的实际价值。为确定合理的赔偿方案及控制赔偿金额，保险公司往往会与被保险人协商，推定保险车辆全部损失，按出险时保险车辆的实际价值进行赔偿。

根据我国《道路交通安全法》第七十六条的规定，车辆发生交通事故造成人员伤亡、财产损失的，无论被保险人是否承担事故责任，都首先由交强险在责任限额范围内进行赔偿，超过责任限额部分，被保险人如果购买了商业保险，在商业保险责任限额范围内按照“以责论处”的原则确定赔偿金额。

赔款理算工作包括单证收集与审核、赔款理算和缮制赔款计算书三个步骤。

一、单证收集与审核

(一)单证收集

单证收集主要是要求被保险人在向保险人提出索赔请求时提供有关单证。被保险人递交单证的便利性通常反映了保险公司的理赔服务水平，因此保险公司应尽可能地建立完善的服务网点。

1.单证收集方式

(1)接受被保险人亲自赴保险公司理赔服务网点递交办理索赔的单证；

(2)接受被保险人以邮寄方式递交的索赔单证；

(3)委托保险中介定点收集单证，如公估公司、保险代理公司；

(4)接受被保险人委托维修企业递交的单证。

2.赔案的种类

(1)仅涉及车辆/财产损失赔案；

(2)仅涉及人员伤亡损失赔案；

(3)同时涉及车辆/财产和人员伤亡损失赔案。

3.单证收集清单

三种赔案需要收集的单证如表 6-27 所示。

表 6-27　车险理赔所需单证清单

三种赔案收集单证的共性要求(共性清单)	仅涉及车辆/财产损失赔案(还需收集以下单证)	仅涉及人员伤亡损失赔案(还需收集以下单证)
①保险单正本	①车辆修理发票(涉及车辆损失时)	①伤者医院诊断证明
②索赔申请书	②施救费(拖车、吊车费用)发票及清单	②伤者医疗费报销凭证及费用明细
③事故证明(事故责任认定书/调解书/自行协商处理协议书/判决书或裁决书或调解书或仲裁书)	③财产损失清单(设备总体造价及损失程度证明或工程预算等)	③伤者住院、出院证明(住院病历)
④驾驶员驾驶证、营运客车驾驶员资格证、专用机械车/特种车驾驶员操作证	④购置、修复受损财产的费用单据	④伤者需要护理的证明及护理人员误工及收入证明
⑤机动车行驶证		⑤伤、残人员,亡者处理事故人员误工证明及收入情况证明、纳税证明(涉及误工费赔偿时)
⑥向第三方支付赔偿费用的过款凭证或法院执行凭证		⑥残者法医伤残鉴定书
⑦被保险人身份证明		⑦残者、亡者家庭情况证明、户籍证明、被扶养人丧失劳动能力证明(涉及被扶养人生活费赔偿时)
⑧领款人身份证明		⑧亡者医学死亡证明/户籍注销证明/尸检报告/火化证明
⑨领取赔款授权书(被保险人委托他人领取赔款时)		⑨交通费、住宿费用报销凭证(涉及住宿费、交通费赔偿时)
⑩赔款收据		

说明:同时涉及车辆/财产和人员伤亡损失的赔案需要收集的单证为以上共性单证、仅涉及车辆/财产损失赔案和仅涉及人员伤亡损失赔案所需的所有单证。

(二)单证审核

1.形式审核

形式审核是指理赔员对被保险人提供的有关单证在形式上的符合性进行审核,确认这些证明文件是否符合保险合同及理赔实务的要求。

形式审核往往在理赔窗口收取被保险人提供的理赔资料时进行。

2.实质审核

实质审核是指理赔员对被保险人提供的有关单证的真实性、合法性、合理性进行审核。

保险人对被保险人提交的索赔单证认真审核后,对其中不符合规定的项目和金额予以剔除;认为有关证明和资料不完整的,及时通知被保险人补充提供相关单证。审核无误后,保险人应根据保险事故的实际情况结合保险条款的有关规定,按险种分别计算应向被保险人实际支付的赔款金额。

二、赔款理算

赔款理算基本业务流程如图 6-28 所示。

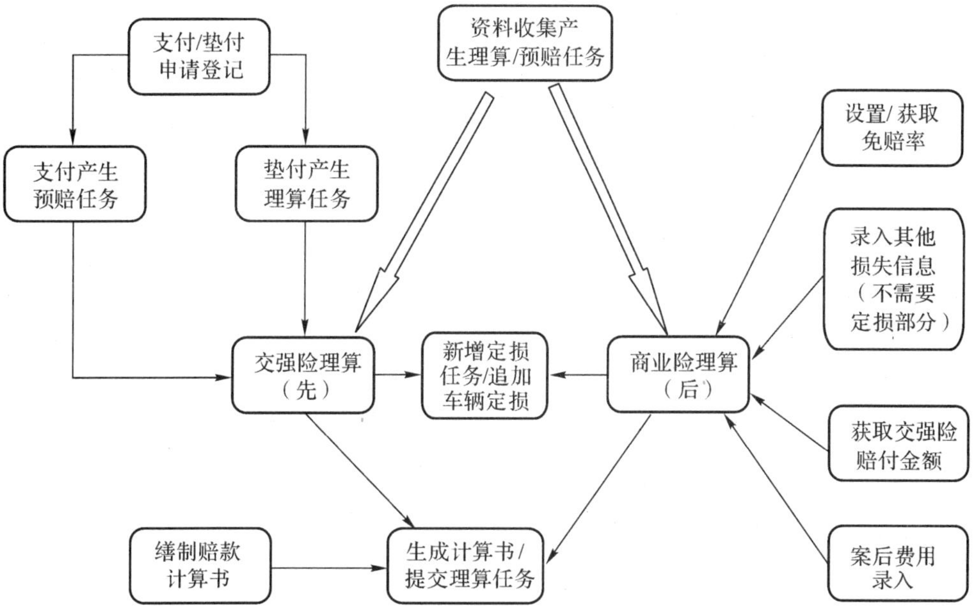

图 6-28　赔款理算基本业务流程

以下是以中国保险行业协会发布的《交强险理赔实务规程》(2009 版)、《机动车辆商业保险示范条款》(2012 版)和人保 2012 年版《机动车保险条款》的赔款计算，来逐项说明机动车交通事故责任强制保险、车辆损失险、第三者责任险、附加险等险种赔偿金额的计算方法。若未特殊说明，则两种条款的计算方法相同。

(一)交强险的赔款理算

1. 交强险赔款理算的基本原则

《机动车交通事故责任强制保险条款》第八条规定："在中华人民共和国境内(不含港、澳、台地区)，被保险人在使用被保险机动车过程中发生交通事故，致使受害人遭受人身伤亡或者财产损失，依法应当由被保险人承担的损害赔偿责任……"保险人按照交强险合同的约定对每次事故在如表 6-28 所列赔偿限额内负责赔偿。

表 6-28　交强险赔偿限额

	死亡伤残赔偿限额	医疗费用赔偿限额	财产损失赔偿限额	责任限额
车辆在道路交通事故中有责任	110000 元	10000 元	2000 元	122000 元
车辆在道路交通事故中无责任	11000 元	1000 元	100 元	

根据中国保险行业协会发布的《交强险理赔实务规程》(2009 版)，交强险的赔款理算如下。

(1)基本计算公式

保险人在交强险各分项赔偿限额内,对受害人死亡伤残费用、医疗费用、财产损失分别计算赔偿:

①总赔款=∑各分项损失赔款=死亡伤残费用赔款+医疗费用赔款+财产损失赔款

②各分项损失赔款=各分项核定损失承担金额,即

死亡伤残费用赔款=死亡伤残费用核定承担金额

医疗费用赔款=医疗费用核定承担金额

财产损失赔款=财产损失核定承担金额

③各分项核定损失承担金额超过交强险各分项赔偿限额的,各分项损失赔款等于交强险各分项赔偿限额。

注:“受害人”为被保险机动车的受害人,不包括被保险机动车本车车上人员、被保险人,下同。

(2)保险事故涉及多个受害人时

①基本计算公式中的相应项目表示为:各分项损失赔款=∑各受害人各分项核定损失承担金额,即

死亡伤残费用赔款=∑各受害人死亡伤残费用核定承担金额

医疗费用赔款=∑各受害人医疗费用核定承担金额

财产损失赔款=∑各受害人财产损失核定承担金额

②各受害人各分项核定损失承担金额之和超过被保险机动车交强险相应分项赔偿限额的,各分项损失赔款等于交强险各分项赔偿限额。

③各受害人各分项核定损失承担金额之和超过被保险机动车交强险相应分项赔偿限额的,各受害人在被保险机动车交强险分项赔偿限额内应得到的赔偿为:

$$\begin{array}{c}\text{被保险车辆交强险对某一}\\\text{受害人分项损失的赔偿金额}\end{array}=\begin{array}{c}\text{交强险分}\\\text{项赔偿限额}\end{array}\times\frac{\begin{array}{c}\text{事故中某一受害人}\\\text{的分项核定损失承担金额}\end{array}}{\begin{array}{c}\text{各受害人的分项核定}\\\text{损失承担金额之和}\end{array}}$$

【例 6.1】 A 车肇事造成两行人甲、乙受伤,甲医疗费用 7500 元,乙医疗费用 5000 元。设 A 车适用的交强险医疗费用赔偿限额为 10000 元,则 A 车交强险对甲、乙的赔款计算为:

A 车交强险赔偿金额=甲医疗费用+乙医疗费用=7500+5000=12500(元),大于适用的交强险医疗费用赔偿限额,赔付 10000 元。

甲获得交强险赔偿:10000×7500/(7500+5000)=6000(元)

乙获得交强险赔偿:10000×5000/(7500+5000)=4000(元)

(3)保险事故涉及多辆肇事车辆时

①各被保险车辆的保险人分别在各自的交强险各分项赔偿限额内,对受害人的分项损失计算赔偿。

②各被保险车辆按其适用的交强险分项赔偿限额占总分项赔偿限额的比例,对受害人的各分项损失进行分摊。分摊计算公式如下:

$$\begin{array}{c}\text{某肇事车辆某分}\\\text{项核定损失承担金额}\end{array}=\begin{array}{c}\text{该分项}\\\text{损失金额}\end{array}\times\frac{\text{适用的交强险该分项赔偿限额}}{\text{各致害方交强险该分项赔偿限额之和}}$$

注:根据肇事车辆有无责任情况按比例分摊。

a.肇事车辆中的无责任车辆，不参与对其他无责车辆和车外财产损失的赔偿计算，仅参与对有责方车辆损失或车外人员伤亡损失的赔偿计算。

b.无责方车辆对有责方车辆损失应承担的赔偿金额，由有责方在本方交强险无责任财产损失赔偿限额项下代赔。

一方全责，一方无责的，无责方对全责方车辆损失应承担的赔偿金额为全责方车辆损失，以交强险无责任财产损失赔偿限额为限。

一方全责，多方无责的，无责方对全责方车辆损失应承担的赔偿金额为全责方车辆损失，以各无责方交强险无责任财产损失赔偿限额之和为限。

多方有责，一方无责的，无责方对各有责方车辆损失应承担的赔偿金额以交强险无责任财产损失赔偿限额为限，在各有责方车辆之间平均分配。

多方有责，多方无责的，无责方对各有责方车辆损失应承担的赔偿金额以各无责方交强险无责任财产损失赔偿限额之和为限，在各有责方车辆之间平均分配。

c.肇事车辆中应投保而未投保交强险的车辆，视同投保车辆参与计算。

d.对于相关部门最终未进行责任认定的事故，统一适用有责任限额计算。

③肇事车辆均有责任且适用同一限额的，简化为各方肇事车辆对受害人的各分项损失进行平均分摊：

a.对于受害人的机动车、机动车上人员、机动车上财产损失：

某分项核定损失承担金额＝受害人的该分项损失金额÷$(N-1)$

b.对于受害人的非机动车、非机动车上人员、行人、机动车外财产损失：

某分项核定损失承担金额＝受害人的该分项损失金额÷N

注：N 为事故中所有肇事机动车的辆数。肇事车辆中应投保而未投保交强险的车辆，视同投保车辆参与计算。

④初次计算后，如果有致害方交强险限额未赔足，同时有受害方损失没有得到充分补偿，则对受害方的损失在交强险剩余限额内再次进行分配，在交强险限额内补足。对于待分配的各项损失合计没有超过剩余赔偿限额的，按分配结果赔付各方；超过剩余赔偿限额的，则按每项分配金额占各项分配金额总和的比例乘以剩余赔偿限额分摊；直至受损各方均得到足额赔偿或应赔付方交强险无剩余限额。

(4)受害人财产损失需要施救的，财产损失赔款与施救费累计不超过财产损失赔偿限额。

(5)对被保险人依照法院判决或者调解承担的精神损害抚慰金，原则上在其他赔偿项目足额赔偿后，在死亡伤残赔偿限额内赔偿。

2.交强险赔款理算的基本流程

交强险赔款理算的基本流程如图6-29所示。

(1)确定哪些损失属于本方(保险人承保的)车辆交强险中受害人损失。

(2)确定本方(本保险公司承保的)车辆在交强险项下的分项核定损失承担金额。

(3)对于分项核定损失承担金额没有超过交强险赔偿限额的，按分摊结果赔付；分项核定损失承担金额超过交强险赔偿金额的，在交强险限额内，按受害人分项核定损失承担金额占总分项核定损失承担金额的比例分摊。

(4)判断交强险是否赔足。若受害方没有得到全额赔付，同时需赔付方交强险限额未赔

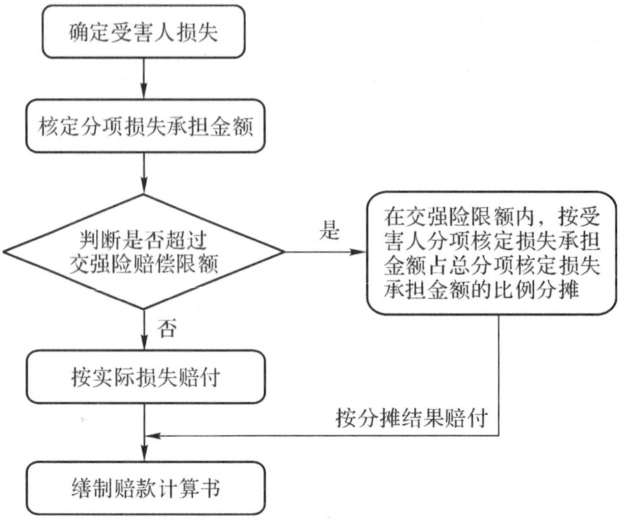

图 6-29　交强险赔款理算的基本流程

足，则在交强险限额内补足。

3. 交强险赔款理算示例

【例 6.2】 A、B 两机动车发生交通事故，两车均有责任。A、B 两车车损分别为 2000 元、5000 元，B 车车上人员医疗费用 7000 元，死亡伤残费用 6 万元，另造成路产损失 1000 元。设两车适用的交强险财产损失赔偿限额为 2000 元，医疗费用赔偿限额为 1 万元，死亡伤残赔偿限额为 11 万元，则：

(1)A 车交强险赔偿计算

A 车交强险赔偿金额＝受害人死亡伤残费用赔款＋受害人医疗费用赔款＋受害人财产损失赔款
＝B 车车上人员死亡伤残费用核定承担金额＋B 车车上人员医疗费用核定承担金额＋财产损失核定承担金额

①B 车车上人员死亡伤残费用核定承担金额＝60000÷(2－1)＝60000(元)。

②B 车车上人员医疗费用核定承担金额＝7000÷(2－1)＝7000(元)。

③财产损失核定承担金额＝路产损失核定承担金额＋B 车损失核定承担金额＝1000÷2＋5000÷(2－1)＝5500 元，超过财产损失赔偿限额，按限额赔偿，赔偿金额为 2000 元。

其中，A 车交强险对 B 车损失的赔款＝财产损失赔偿限额×B 车损失核定承担金额÷(路产损失核定承担金额＋B 车损失核定承担金额)＝2000×[5000÷(1000÷2＋5000)]＝1818.18(元)。

A 车交强险对路产损失的赔款＝财产损失赔偿限额×路产损失核定承担金额÷(路产损失核定承担金额＋B 车损失核定承担金额)＝2000×[(1000÷2)÷(1000÷2＋5000)]＝181.82(元)。

④A 车交强险赔偿金额＝60000＋7000＋2000＝69000(元)。

(2)B 车交强险赔偿计算

B 车交强险赔偿金额＝路产损失核定承担金额＋A 车损失核定承担金额＝1000÷2＋

2000÷(2－1)＝2500(元)，超过财产损失赔偿限额，按限额赔偿，赔偿金额为 2000 元。

【例 6.3】 A、B 两机动车发生交通事故，A 车全责，B 车无责，A、B 两车车损分别为 2000 元、5000 元，另造成路产损失 1000 元。设 A 车适用的交强险财产损失赔偿限额为 2000 元，B 车适用的交强险无责任财产损失限额为 100 元，则：

(1)A 车交强险赔偿计算

A 车交强险赔偿金额＝B 车损失核定承担金额＋路产损失核定承担金额＝5000＋1000＝6000(元)，超过财产损失赔偿限额，按限额赔偿，赔偿金额为 2000 元。

(2)B 车交强险赔偿计算

B 车交强险赔偿金额＝A 车损失核定承担金额＝2000 元，超过无责任财产损失赔偿限额，按限额赔偿，赔偿金额为 100 元。

B 车对 A 车损失应承担的 100 元赔偿金额，由 A 车保险人在交强险无责财产损失赔偿限额项下代赔。

(二)车辆损失险的赔款理算

1. 车辆损失险赔款理算的基本原则

(1)基本计算公式

综合《机动车辆商业保险示范条款》(2012 版)第二十九条和人保 2012 年版《机动车保险条款》第二十七条相关规定，考察我国各大保险公司车辆损失险赔款理算操作实际，本书对车辆损失赔款按人保的计算方法理算。

①全部损失

赔款＝(保险金额－被保险人已从第三方获得的赔偿金额)×事故责任比例×(1－事故责任免赔率)×(1－绝对免赔率之和)－绝对免赔额

②部分损失

被保险机动车发生部分损失，保险人按实际修复费用在保险金额内计算赔偿：

赔款＝(实际修复费用－被保险人已从第三方获得的赔偿金额)×事故责任比例×(1－事故责任免赔率)×(1－绝对免赔率之和)－绝对免赔额

③施救费

施救的财产中，含有本保险合同未保险的财产，应按本保险合同保险财产的实际价值占总施救财产的实际价值比例分摊施救费用。

(2)保险人在依据本保险合同约定计算赔款的基础上，按照表 6-29 确定事故责任比例和免赔率。

表 6-29 车险事故责任比例和免赔率

被保险车辆	事故责任比例	免赔率
负全部事故责任或单方肇事责任	100%	15%
负主要事故责任	70%	10%
负同等事故责任	50%	8%
负次要事故责任	30%	5%
被保险人根据有关法律法规规定选择自行协商方式处理交通事故，不能证明事故原因的		20%

(3)赔偿方式

人保2012年版《机动车保险条款》中的汽车损失保险条款第二十七条规定保险人按下列方式赔偿：

①按投保时被保险车辆的新车购置价确定保险金额的：

a.发生全部损失时，在保险金额内计算赔偿，保险金额高于保险事故发生时被保险车辆实际价值的，按保险事故发生时被保险车辆的实际价值计算赔偿。

保险事故发生时被保险车辆的实际价值根据保险事故发生时的新车购置价减去折旧金额后的价格确定。

保险事故发生时的新车购置价根据保险事故发生时保险合同签订地同类型新车的市场销售价格(含车辆购置税)确定，无同类型新车市场销售价格的，由被保险人与保险人协商确定。

折旧金额＝保险事故发生时的新车购置价×被保险车辆已使用月数×月折旧率

b.发生部分损失时，按核定修理费用计算赔偿，但不得超过保险事故发生时被保险车辆的实际价值。

②按投保时被保险车辆的实际价值确定保险金额或协商确定保险金额的：

a.发生全部损失时，保险金额高于保险事故发生时被保险车辆实际价值的，以保险事故发生时被保险车辆的实际价值计算赔偿；保险金额等于或低于保险事故发生时被保险车辆实际价值的，按保险金额计算赔偿。

b.发生部分损失时，按保险金额与投保时被保险车辆的新车购置价的比例计算赔偿，但不得超过保险事故发生时被保险车辆的实际价值。

③施救费用赔偿的计算方式同本条①、②，在被保险车辆损失赔偿金额以外另行计算，最高不超过保险金额的数额。

被施救的财产中，含有本保险合同未承保财产的，按被保险车辆与被施救财产价值的比例分摊施救费用。

【例6.4】 某保险车辆的保险金额40000元，车上载运货物价值30000元，发生属保险责任范围内的单方事故，保护与施救费用共支出1000元。则应赔付的施救费用为：

保险车辆施救费赔款＝1000×[40000/(40000＋30000)]＝571.43(元)

2.车辆损失险赔款理算的基本流程

车辆损失险赔款理算的基本流程如图6-30所示。

(1)确定被保险车辆的事故责任。

(2)确定被保险车辆的保险金额。

(3)确定被保险车辆的损失情况。

(4)未计算免赔率的车辆损失赔偿金额计算。

①全部损失或推定全损

未计算免赔率的车辆损失赔款＝(保险金额－残值－被保险人已从第三方获得的赔偿金额)×事故责任比例

a.保险金额＞车辆出险时实际价值，按车辆出险时的实际价值计算；

保险金额≤车辆出险时实际价值，按保险金额计算。

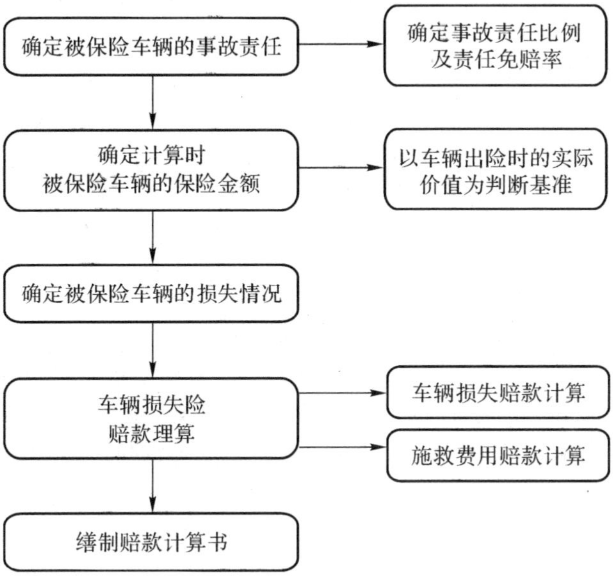

图 6-30　车辆损失险赔款理算的基本流程

车辆出险时实际价值＝出险时的新车购置价—折旧金额＝出险时的新车购置价×(1—被保险机动车已使用月数×月折旧率)

b. 保险金额≤车辆出险时实际价值时，总残值中有一部分是保户自保的，则

残值＝总残余价值×(保险金额/实际价值)

c. 被保险人已从第三方获得的赔偿金额一般为交强险赔付金额，则：

交强险对车辆损失赔偿金额＝交强险赔偿金额×核定修理费用/(核定施救费用＋核定修理费用)

②部分损失

被保险机动车发生部分损失，保险人按实际修复费用在保险金额内计算赔偿：

未计算免赔率的车辆损失赔款＝(实际修复费用－残值－被保险人已从第三方获得的赔偿金额)×事故责任比例×(保险金额/投保时被保险车辆的新车购置价)

注：赔款≥车辆出险时实际价值，按车辆出险时实际价值赔付，赔款＝实际价值；

赔款＜车辆出险时实际价值，按车辆出险时实际价值计算出的赔款赔付。

(5)未计算免赔率的施救费用赔偿金额计算。

《机动车辆商业保险示范条款》(2012 版)规定：“施救的财产中，含有本保险合同未保险的财产，应按本保险合同保险财产的实际价值占总施救财产的实际价值比例分摊施救费用。”

未计算免赔率的施救费用＝(核定施救费用－交强险对施救费赔偿金额)×事故责任比例×(保险金额/投保时被保险车辆的新车购置价)

①核定施救费用＝施救费用×(本保险合同保险财产的实际价值/总施救财产的实际价值比例分摊施救费用)

②交强险对施救费用赔偿金额＝交强险赔偿金额×核定施救费用/(核定施救费用＋核定修理费用)

(6)车辆损失险赔款理算

车辆损失险赔款＝(未计算免赔率的车辆损失赔偿金额＋未计算免赔率的施救费用赔偿金额)×(1－事故责任免赔率)×(1－绝对免赔率之和)－绝对免赔额

3. 车辆损失险赔款理算示例

(1)全部损失或推定全损的赔款理算

①当保险金额高于出险时被保险车辆实际价值时

【例 6.5】 一登记日期为 2006 年 5 月 1 日的 5 座家用小轿车，新车购置价(含车辆购置税)为 10 万元，于 2011 年 5 月 1 日投保了车损险，车损保额确定为 10 万元(足额投保)，保单确定行驶范围为湖北省。2011 年 8 月 5 日，该车因国庆自驾游至安徽境内发生单方事故造成车辆全损，标的车全责，残值 300 元。试计算保险公司的赔款。

计算分析：

a. 保险标的车全损，足额投保，且保险金额大于出险时车辆实际价值，则按车辆出险时实际价值计算赔款。

标的车实际价值＝出险时的新车购置价－折旧金额

＝出险时的新车购置价×(1－被保险机动车已使用月数×月折旧率)

＝10×[1－(12×5＋3)×0.6%]＝62200(元)

b. 单方事故无交强险赔偿。

c. 标的车全责，免赔率 15%。标的车出险时超出保单约定行驶范围，加扣 10%绝对免赔率。

计算结果：

未计算免赔率的车辆损失赔款＝(保险金额－残值－被保险人已从第三方获得的赔偿金额)×事故责任比例

＝(出险时车辆实际价值－残值－被保险人已从第三方获得的赔偿金额)×事故责任比例

＝(62200－3000－0)×100%＝59200(元)

车辆损失险赔款＝(未计算免赔率的车辆损失赔偿金额＋未计算免赔率的施救费用赔偿金额)×(1－事故责任免赔率)×(1－绝对免赔率之和)－绝对免赔额

＝(59200＋0)×(1－15%)×(1－10%)－0

＝45288(元)

②当保险金额等于或低于出险时被保险车辆实际价值时

【例 6.6】 若【例 6.5】其他条件不变，被保险人承保时车损保额确定为 6 万元，试计算保险公司的赔款。

计算分析：

标的车实际价值＝62200 元

计算结果：

未计算免赔率的车辆损失赔款＝(保险金额－残值－被保险人已从第三方获得的赔偿金额)×事故责任比例

＝(60000－3000－0)×100％＝57000(元)

车辆损失险赔款＝(未计算免赔率的车辆损失赔偿金额＋未计算免赔率的施救费用赔偿金额)×(1－事故责任免赔率)×(1－绝对免赔率之和)－绝对免赔额

＝(57000＋0)×(1－15％)×(1－10％)－0

＝43605(元)

(2)部分损失的赔款理算

【例 6.7】 一登记日期为 2011 年 5 月 1 日的 5 座家用小轿车，新车购置价(含车辆购置税)为 20 万元，于 2012 年 5 月 1 日投保了车损险、商业三责险等，车损保额确定为 20 万元(足额投保)，保单约定车损险每次事故绝对免赔额为 500 元。2011 年 7 月 5 日，因被保险人驾驶不慎，驾驶标的车与隔离墩相撞，造成标的车损失 2 万元，交警判标的车全责，残值 800 元。试计算保险公司的赔款。

未计算免赔率的车辆损失赔款＝(实际修复费用－残值－被保险人已从第三方获得的赔偿金额)×事故责任比例×(保险金额/投保时被保险车辆的新车购置价)

＝(20000－800－0)×100％×(20/20)

＝19200(元)

车辆损失险赔款＝(未计算免赔率的车辆损失赔偿金额＋未计算免赔率的施救费用赔偿金额)×(1－事故责任免赔率)×(1－绝对免赔率之和)－绝对免赔额

＝(19200＋0)×(1－15％)×(1－0)－500

＝15820(元)

(3)施救费的赔款理算

【例 6.8】 若在【例 6.5】中，处理事故的过程中存在 1 万元的合理施救费用，保险公司应如何赔偿施救费用？

计算分析：

车辆损失险赔款＝45288 元

未计算免赔率的施救费用＝(核定施救费用－交强险对施救费赔偿金额)×事故责任比例×(保险金额/投保时被保险车辆的新车购置价)

＝(10000－0)×100％×(100000/100000)

＝10000(元)

施救费赔款＝未计算免赔率的施救费用赔偿金额×(1－事故责任免赔率)×(1－绝对免赔率之和)－绝对免赔额

＝10000×(1－15％)×(1－10％)－0

＝7650(元)

【课堂练习】 若在【例 6.6】中,处理事故的过程中存在 1 万元的合理施救费用,保险公司应如何赔偿施救费用?

(三)第三者责任险的赔款理算

1.第三者责任险赔款理算的基本原则

《机动车辆商业保险示范条款》(2012 版)关于第三者责任险损失赔款理算的规定如下。

(1)赔款计算

①当[(依合同约定核定的第三者损失金额－机动车交通事故责任强制保险的分项赔偿限额)×事故责任比例]等于或高于每次事故赔偿限额时:

赔款＝每次事故赔偿限额×(1－事故责任免赔率)×(1－绝对免赔率之和)

②当[(依合同约定核定的第三者损失金额－机动车交通事故责任强制保险的分项赔偿限额)×事故责任比例]低于每次事故赔偿限额时:

赔款＝(依合同约定核定的第三者损失金额－机动车交通事故责任强制保险的分项赔偿限额)×事故责任比例×(1－事故责任免赔率)×(1－绝对免赔率之和)

(2)保险人按照《道路交通事故受伤人员临床诊疗指南》和国家基本医疗保险的同类医疗费用标准核定医疗费用的赔偿金额。

未经保险人书面同意,被保险人自行承诺或支付的赔偿金额,保险人有权重新核定。不属于保险人赔偿范围或超出保险人应赔偿金额的,保险人不承担赔偿责任。

人保 2012 年版《机动车保险条款》中关于第三者责任险赔款理算的相关规定与《机动车辆商业保险示范条款》(2012 版)关于第三者责任险赔款理算存在以上相同点外,还有如下规定:

①保险人在依据本保险公司约定计算赔款的基础上,在保险单载明的责任限额内,按如表 6-30 所示的免赔率免赔:

表 6-30　第三者责任险责任比例和免赔率

被保险车辆	事故责任比例	免赔率
负全部事故责任或单方肇事责任	100%	20%
负主要事故责任	70%	15%
负同等事故责任	50%	10%
负次要事故责任	30%	5%
违反安全装载规定的		增加 10%
保险事故发生时,驾驶人为非投保时指定驾驶人		增加 10%
保险事故发生在约定行驶区域以外		增加 10%

②保险人支付赔款后,对被保险人追加的索赔请求,保险人不承担赔偿责任。

③被保险人获得赔偿后,本保险合同继续有效,直至保险期间届满。

2.第三者责任险赔款理算的基本流程

第三者责任险赔款理算的基本流程如图 6-31 所示。

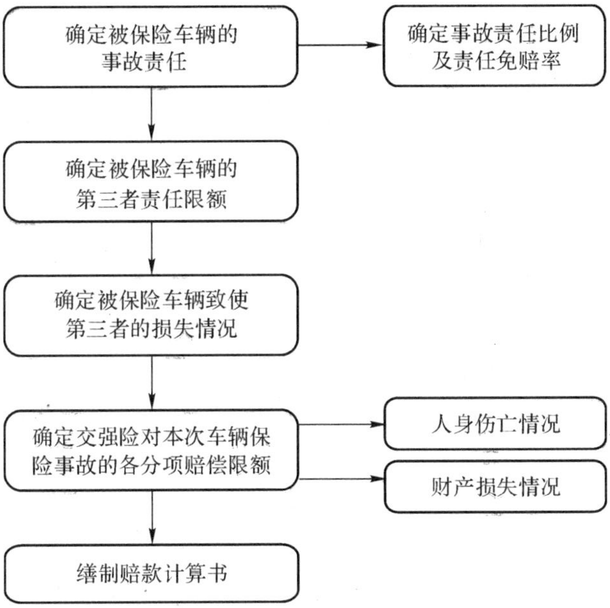

图 6-31　第三者责任险赔款理算的基本流程

(1)确定被保险车辆的事故责任；

(2)确定被保险车辆第三者责任限额；

(3)确定被保险车辆致使第三者遭受人身伤亡或财产直接损毁损失情况，包括死亡伤残赔款、医疗费用赔款和财产损失赔款；

(4)确定交强险对本次车辆保险事故的各分项赔偿限额；

(5)计算第三者责任险赔偿金额。

3.第三者责任险赔款理算示例

(1)被保险人按事故责任比例应承担的赔偿金额超过责任限额。

【例 6.9】 甲车与乙车相撞，出险时甲车超载，甲车无损，乙车总损失 9 万元。交警核定此次事故甲车负事故全部责任，乙车无责。甲车投保了交强险、商业三责险(保额 5 万元)。假设无其他特约免赔，问保险公司应如何赔付？

计算分析：

90000 元＞50000 元，则采用公式为：

赔款＝每次事故赔偿限额×(1－事故责任免赔率)×(1－绝对免赔率之和)

计算结果：

赔款＝50000×(1－20％)×(1－10％)

　　＝36000(元)

(2)被保险人按事故责任比例应承担的赔偿金额低于责任限额。

【例 6.10】 若【例 6.9】中其他条件不变，甲车商业责任险限额为 10 万元，保险公司该如何赔付？

计算分析：

90000 元＜100000 元，则采用公式为：

赔款＝(依合同约定核定的第三者损失金额－机动车交通事故责任强制保险的分项赔偿限额)×事故责任比例×(1－事故责任免赔率)×(1－绝对免赔率之和)

机动车交通事故责任强制保险的分项赔偿限额＝2000 元

计算结果：

赔款＝(90000－2000)×100％×(1－20％)×(1－10％)

＝63360(元)

(四)车上人员责任险的赔款理算

1.车上人员责任险赔款理算的基本原则

《机动车辆商业保险示范条款》(2012 版)关于车上人员责任险损失赔款理算的规定如下。

(1)被保险机动车一方在事故中所负的事故责任比例和免赔计算方式同第三者责任险。

(2)赔款计算如下。

①对每座的受害人，当[(依合同约定核定的每座车上人员人身伤亡损失金额－应由机动车交通事故责任强制保险赔偿的金额)×事故责任比例]高于或等于每次事故每座赔偿限额时：

赔款＝每次事故每座赔偿限额×(1－事故责任免赔率)×(1－绝对免赔率之和)

②对每座的受害人，当[(依合同约定核定的每座车上人员人身伤亡损失金额－应由机动车交通事故责任强制保险赔偿的金额)×事故责任比例]低于每次事故每座赔偿限额时：

赔款＝(依合同约定核定的每座车上人员人身伤亡损失金额－应由机动车交通事故责任强制保险赔偿的金额)×事故责任比例×(1－事故责任免赔率)×(1－绝对免赔率之和)

人保 2012 年版《机动车保险条款》中关于车上人员责任险理算的相关规定与《机动车辆商业保险示范条款》(2012 版)关于车上人员责任险理算存在以上相同点外，还有如下规定：

每次事故车上人员的人身伤亡按照国家有关法律、法规规定的赔偿范围、项目和标准以及本保险合同的约定进行赔偿。驾驶人的赔偿金额不超过保险单载明的驾驶人每次事故责任限额；每位乘客的赔偿金额不超过保险单载明的乘客每次事故每人责任限额，赔偿人数以投保乘客座位数为限。

保险人按照国家基本医疗保险的标准核定医疗费用的赔偿金额。未经保险人书面同意，被保险人自行承诺或支付的赔偿金额，保险人有权重新核定。不属于保险人赔偿范围或超出保险人应赔偿金额的，保险人不承担赔偿责任。

2.车上人员责任险赔款理算的基本流程

(1)确定被保险车辆的事故责任；

(2)确定被保险车辆每次事故每座赔偿限额；

(3)确定被保险车辆每座车上人员人身伤亡损失金额；

(4)确定交强险对本次车辆保险事故的赔偿金额；

(5)计算车上人员责任险赔偿金额。

(五)机动车全车盗抢险的赔款理算

1.赔偿计算

《机动车辆商业保险示范条款》(2012 版)关于机动车全车盗抢险赔款理算的规定如下。

(1)被保险机动车全车被盗抢的,按以下方法计算赔款:

赔款=保险金额×(1－绝对免赔率之和)

(2)被保险机动车发生本条款第五十一条第(二)款(被保险机动车全车被盗窃、抢劫、抢夺后,受到损坏或车上零部件、附属设备丢失需要修复的合理费用)、第(三)款(被保险机动车在被抢劫、抢夺过程中,受到损坏需要修复的合理费用)列明的损失,保险人按实际修复费用在保险金额内计算赔偿:

赔款=实际修复费用×(1－绝对免赔率)

人保 2012 年版《机动车保险条款》中关于机动车盗抢险赔偿还作出如下规定:

(1)全车损失,在保险金额内计算赔偿,但不得超过保险事故发生时被保险机动车的实际价值。

(2)部分损失,在保险金额内按实际修复费用计算赔偿,但不得超过保险事故发生时被保险机动车的实际价值。

2.责任履行

下列情况下,保险人支付赔款后,本保险合同终止,保险人不退还机动车盗抢保险及其附加险的保险费:

(1)被保险机动车发生全车损失;

(2)按投保时被保险机动车的实际价值确定保险金额的,部分损失一次赔款金额与免赔金额之和(不含施救费)达到保险事故发生时被保险机动车的实际价值;

(3)保险金额低于投保时被保险机动车的实际价值的,部分损失一次赔款金额与免赔金额之和(不含施救费)达到保险金额。

(六)附加险的赔款理算

1.玻璃单独破碎险

赔款=实际损失

2.车载货物掉落责任险

(1)损失金额未超过赔偿限额:

赔款=实际损失×(1－20%)

(2)损失金额超过赔偿限额:

赔款=赔偿限额×(1－20%)

3.车辆停驶责任险

(1)未超过最高赔偿天数:

赔款=约定日赔偿金额×约定修理天数

(2)超过最高赔偿天数:

赔款=约定日赔偿金额×约定最高赔偿天数

4.自燃损失险

(1)全部损失：

赔款=(保险金额－残值)×(1－20%)

(2)部分损失：

赔款=(实际损失－残值)×(1－20%)

5.新增加设备损失险

(1)损失金额与所负责任比例之积未超过保险金额：

赔款=损失金额×所负责任比例×(1－免赔率)

(2)损失金额与所负责任比例之积超过保险金额：

赔款=保险金额×(1－免赔率)

6.不计免赔特约险

赔款=车损险免赔金额+第三者责任险免赔金额

三、缮制赔款计算书

保险标的出险后，保险公司根据保户的索赔要求，按保险合同的约定条款，对保险标的损失核实后，决定给以经济补偿，同时计算出保险公司该负责的赔款金额。计算保险赔款金额的文书称为赔款计算书，是保险行业的一种专业文书。

赔款计算书(见表6-31)是支付赔款的正式凭证，业务人员要对赔款计算书中各栏的内容详细填写。赔款计算书应分险别、分项目计算，并列明计算公式。同时注意，免赔率也要分险种计算。赔款计算书一般是由计算机出单，应做到项目齐全、计算准确。业务负责人审核无误后，在赔款计算书上签署意见和日期，然后送交核赔人员审核。

表 6-31　机动车辆赔款计算书

保险单号：　　　　报案编号：　　　　立案编号：　　　　赔款计算书号：

被保险人		交强险保单号(批单号)			
		商业险保单号(批单号)			
厂牌型号		车辆购置价		事故类别	
号牌号码		出险地点		出险日期	年　月　日
商业险承保情况	车辆损失险保额		第三者责任险保额		
	车上人员责任险保额		全车盗抢险保额		
	自燃损失险保额		自负额		
保险期限	自　　年　月　日零时起至　　年　月　日二十四时止				
赔偿险别及责任			事故责任		
分险别赔款计算公式					
交强险 医疗费用赔偿 死亡伤残赔偿 财产损失赔偿					
支付抢救费用(人民币大写)：					元(￥：　元)
垫付抢救费用(人民币大写)：					元(￥：　元)
交强险赔款合计(人民币大写)：					元(￥：　元)
车辆损失险 第三者责任险 车上人员责任险 全车盗抢险 附加险					
鉴定费：　元		代查勘费：　元		诉讼、仲裁费：　元	
其他费用：　元		预付赔款：　元		损余物资/残值金额：　元	
商业保险赔款合计(人民币大写)：					元(￥：　元)
赔款总计(人民币大写)：					元(￥：　元)
理算人签字： 年　月　日		复核人签字： 年　月　日	主管签字： 年　月　日	经理签字： 年　月　日	
上级审批意见： 年　月　日					

【项目实施】

结合本学习单元项目一～项目五提供的案情信息，根据所学知识，完成如表 6-32 所示的任务实施工单。

表 6-32　任务实施工单

序号	任务实施对象	任务实施步骤	任务实施结果
1	单证收集	赔款理算所需单证	
2	单证审核	1. 形式审核	
		2. 实质审核	
3	赔款理算	填写赔款计算书	表 6-31

【想一想，练一练】

一、简答题

1. 什么是赔款理算？
2. 简述车辆损失分为哪几类？
3. 简述车险赔案的种类及相应需要收集的单证有哪些？
4. 简述交强险赔款理算的基本流程是什么？
5. 第三者责任险和车上人员责任险的人员伤亡费用如何确定？

二、计算题

1. 交强险赔款理算

A、B、C 三车发生碰撞事故，三车均投保交强险，A 车负权责，B 车无责任，C 车无责任，A 车损失 3000 元，B 车损失 1200 元，C 车损失 800 元，请进行各方交强险的赔款理算。

2. 机动车损失险赔款理算

一营运车辆投保机动车损失险，在保险期间与另一机动车辆发生碰撞事故，该车的新车购置价(含车辆购置税)为 10 万元，保险金额 8 万元，出险时的实际价值为 5 万元，驾驶人承担主要责任，责任比例为 70%，依据条款规定承担 15%的免赔率，约定免赔额 500 元。同时由于是第四次出险，加扣 10%的免赔率。车辆修理费用 4 万元，施救费用 1000 元，残值 100 元，对方机动车辆交强险应对车辆损失赔偿 2000 元。试进行机动车损失险赔款理算。

3. 第三者责任险赔款理算

一保险车辆投保了机动车辆第三者责任险和机动车辆交强险，在保险期限内发生交通事故，车辆在事故中负主要责任，事故责任比例为 70%。依据条款规定，被保险人承担 15%的免赔率。第三者责任险责任限额为10万元。此次交通事故第三方损失为35万元,其中财产损失8万元,医疗费用2万元,死亡伤残费用25万元。试进行第三者责任险赔款理算。

4.车上人员责任险赔款理算

A车与B车相撞,A车共5座,每座均投保了5万元的车上人员责任险。A车上共有驾驶员甲和乘客乙两人,甲经抢救无效死亡,乙残疾。甲的死亡补偿费为8万元,抢救费用1万元,乙的残疾赔偿金为5万元,医疗费用1万元。A车在事故中负70%的责任。试计算A车车上人员责任险赔偿金额。

项目八　核　赔

【项目描述】

核赔是指保险公司专业理赔人员对保险赔案进行审核,确认赔案是否应该赔、应该怎样赔或应该怎样拒赔的业务行为。核赔管理是通过对理赔过程中的定责、定损、理算等环节的审核和监控,发现可能出现的偏差和风险,通过一定制度加以控制和防范,以便主动、迅速、准确、合理地处理赔案,充分发挥保险的补偿职能。对于两核(核保、核赔)集中的管理模式来说,一般核损岗主要的任务是对查勘定损员的监督,而核赔岗主要的任务是对被保险人后期索赔应尽义务的跟踪。

【导入案例】

同本学习单元项目一。

【项目分析】

本项目通过介绍核赔的相关知识,使学生掌握核赔的主要工作内容、基本工作流程和相关单据的要求,具备把握赔案的真实性(查勘岗)、定量的把握性(定损岗)、定价的准确性(定损岗、核价岗)、审核的严密性(核损岗)、分类的合理性(缮制岗或理算岗)以及被保险人应尽的义务监督的基本能力。

【知识平台】

一、车险核赔的基础知识

(一)核赔的概念

核赔是在授权范围内独立负责理赔质量的人员,按照保险条款及保险公司内部有关规章制度对赔案进行审核的工作。

(二)核赔的依据

1.常用法律规范

(1)《中华人民共和国合同法》;

(2)《中华人民共和国保险法》(2009 年修订)；
(3)《中华人民共和国民法通则》；
(4)《中华人民共和国道路交通安全法》(2011 年修订)；
(5)《道路交通事故处理程序规定》；
(6)《机动车交通事故责任强制保险条例》(2012 年修订)；
(7)《最高人民法院关于审理人身损害赔偿案件适用法律若干问题的解释》(2003 年)；
(8)《中华人民共和国民事诉讼法》等相关法律法规。
2. 相关操作规范
(1)中国保险行业协会《机动车辆商业保险示范条款》(2012 年)；
(2)机动车交通事故责任强制保险条款；
(3)中国保险行业协会《机动车辆保险理赔管理指引》(2012 年)；
(4)保险公司的车辆保险条款及合同的特别约定；
(5)当地车辆维修工时标准；
(6)当地车辆配件价格标准；
(7)当地相关物损赔偿标准；
(8)当地保险理赔相关行业标准、管理等。

二、车险核赔的主要工作内容

(一)车险核赔人员的基本素质要求
(1)熟悉车辆构造及工作原理；
(2)熟悉车辆配件及维修价格标准；
(3)熟悉相关其他物损赔偿标准；
(4)掌握车辆保险相关法律、条款的基本知识；
(5)具备熟练的计算机操作技能；
(6)熟悉数据统计分析方法；
(7)具备良好的沟通能力。
(二)车险核赔的主要内容
1. 车险赔案赔偿的基本条件
(1)保险合同成立；
(2)索赔人具备索赔的权利；
(3)事故符合保险合同责任范围；
(4)标的确认无误；
(5)损失确认无误；
(6)赔付险别无误；
(7)依据条款理算无误；
(8)赔款支付无误。
2. 车险核赔的主要内容
车险核赔的主要内容如图 6-32 所示。
(1)保单的有效性
①出险时间是否在承保有效期限内。

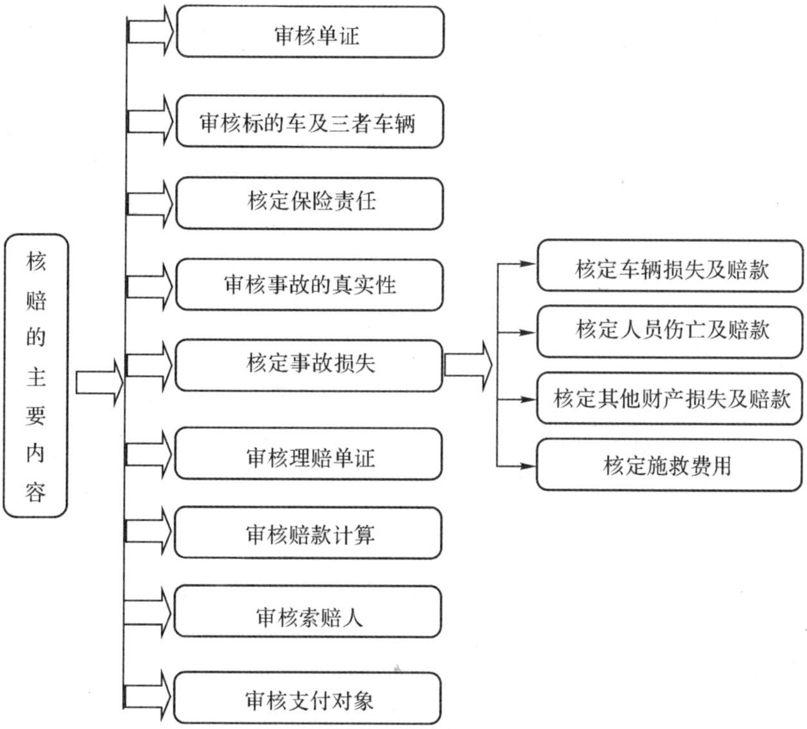

图 6-32　车险核赔的主要内容

②被保险人与出险车辆的行驶证车主是否一致。

③是否具有可保利益。

④保费是否到账(随着“见费出单”的规范,此类情况将被杜绝)。

(2)审核标的车及三者车辆

①标的车:核对车牌号、车架号、发动机号,确认出险车辆为保险标的车辆。

②三者车:三者车的外观、车架号、发动机号以及牌照号是否与客户报案、查勘照片、交警交通事故认定书一致。

③三者财物:三者损失物的外观、型号、数量是否与客户报案、查勘照片、交警证明一致。

(3)审核保险责任

①出险时间:是否在保险有效期内。

②出险地点:是否在保单载明的行驶范围内。

③出险原因:是否承保相应险种,是否属于保险事故。

④驾驶人及驾驶资质:驾驶员是否属于被保险人允许的人员,是否具备驾驶标的车的驾驶资格,出险时是否处于正常驾驶状态(以查勘、核损提供的信息为主)。

⑤车辆性质:出险车辆的合法性、年审情况及使用性质。

⑥保单特别约定:是否符合保单特别约定中明示的责任和义务。

(4)审核保险事故的真实性

①事故要素齐全:时间、地点、人物、原因、事故过程、损失结果等。

②事故表述的一致性:保险信息、查勘信息、核损信息、复勘信息、缮制信息等对于事故的描述完全一致。

③事故发生的合理性：事故时间、地点、经过、结果等需符合常理和逻辑关系。

④事故可再现：原则上任何一起事故根据实际情况的描述都可再现，导致的结果应与索赔原因一致。

(5)核定事故损失

①核定车辆损失及赔款

一是审核事故车辆车体的本身与受碰撞物的材料构成、颜色、运动轨迹、碰撞过程、碰撞点是否匹配，报损项目是否由本次事故所造成。

二是审核事故车辆定损项目、损失程度是否准确、合理。

三是审核更换零件是否按规定询价，定损项目与报价项目是否一致。

四是审核残值确定是否合理。

②核定人员伤亡及赔款

根据查勘记录、调查证明和被保险人提供的交警事故责任认定书、事故调解书及伤残证明，依照国家有关道路交通事故处理的法律、法规规定和其他有关规定进行审核。

一是核定伤亡人员数、伤残程度是否与调查情况和证明相符。

二是核定人员伤亡费用是否合理。

三是被扶养人、年龄是否真实，生活费计算是否合理、准确。

③核定其他财产损失

一是通过照片及相关单证审核物损是否属于保险事故造成。

二是根据照片和被保险人提供的有关货物、财产的原始发票等有关单证，核定财产损失、损余物资等有关项目损失金额和赔款计算是否正确、合理。

④核定施救费用

根据赔案情况和施救费用的有关规定，核定施救费用单证是否有效、金额确定是否合理。

(6)审核理赔单证

①审核确认被保险人按规定提供的单证、证明及材料是否齐全有效，有无涂改、伪造。

②经办人员是否规范填写赔案有关单证并签字，必备单证是否齐全。

③签章是否齐全。

④所有索赔单证是否严格按照单证填写规范认真、准确、全面地填写。

(7)审核赔款计算

①审核赔款理算是否正确。

②审核免赔率使用是否正确。

③是否扣除残值。

(8)审核索赔人

①索赔人原则上应为被保险人。

②当索赔人非被保险人时，应持有相应法律证明(法院判决书，被保险人死亡、失踪证明)或符合法律要求的被保险人委托办理索赔的授权委托书。

(9)审核支付对象

①根据赔案实际出险概况，确认赔款支付对象无误。

②原则上，赔款只能支付给被保险人或法定受益人。

③被保险人或法定受益人委托办理领款的，应提供齐全的委托手续。

④在某些特定情况下，收款人可以是交通事故受害人、医院、法院等。

(10)其他

根据相关文件规定处理。

三、车险核赔工作的主要程序

(一)车险核赔的基本工作流程

综合我国各大保险公司关于车险核赔的工作规范,归纳出车险核赔的基本工作流程如图 6-33 所示。

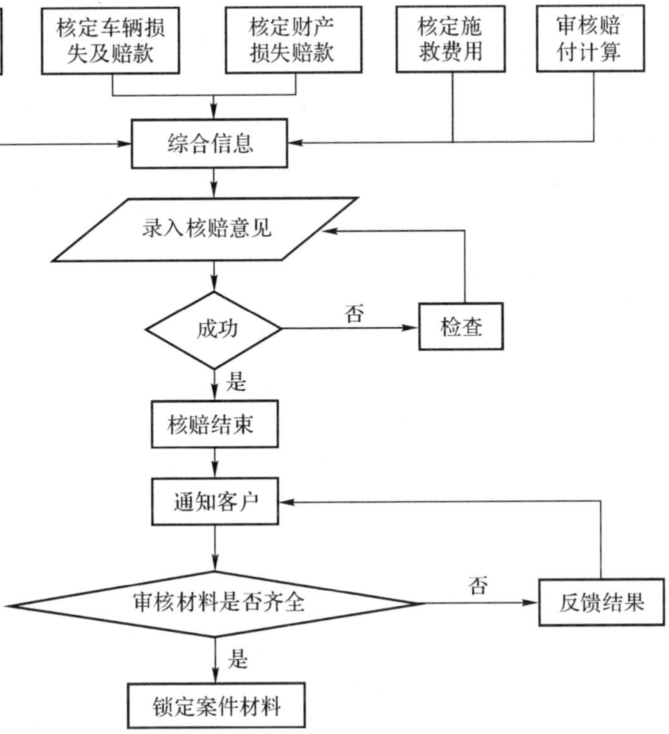

图 6-33　车险核赔的基本工作流程

(二)核赔流转程序

核赔流转程序如图 6-34 所示。

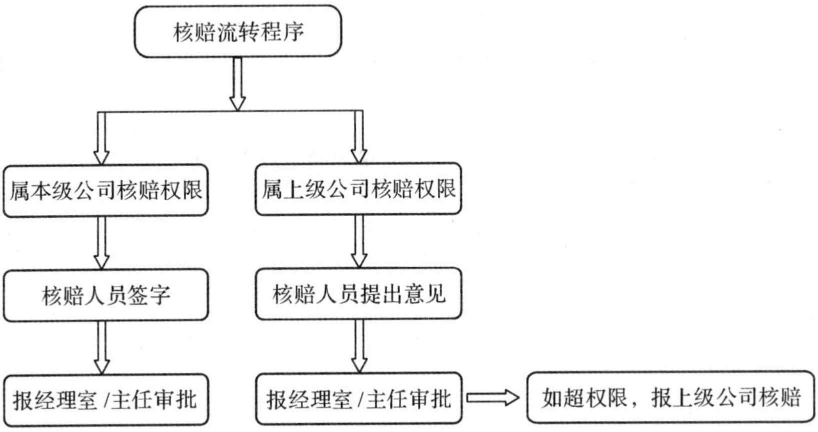

图 6-34　核赔流转程序

(1)属本级公司核赔权限的,经核赔人员签字后,报经理室/主任审批。

(2)属上级公司核赔权限的,核赔人员提出核赔意见,由经理室/主任签字后,报上级公司核赔。

上级公司核赔根据不同的赔案,侧重审核的内容如图 6-35 所示。

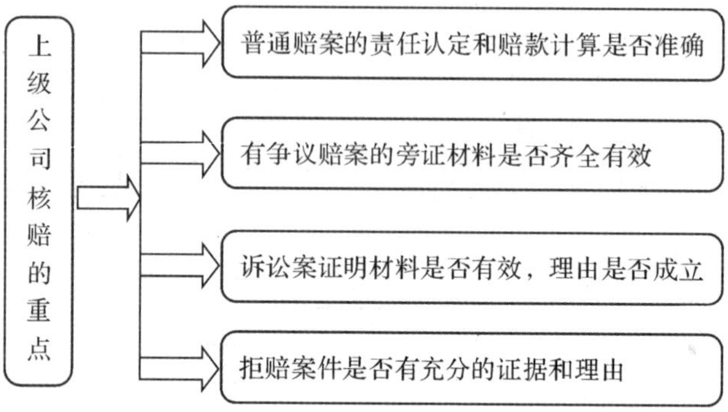

图 6-35　上级公司核赔的重点

中国保险监督管理委员会 2012 年印发的《机动车辆保险理赔管理指引》第十二节核赔第七十五条规定:“公司理赔时效标准不得低于法律法规以及行业关于理赔时效的规定。公司自收到索赔请求和有关证明、资料之日起 60 日内,对其赔偿数额不能确定的,应根据已有证明和资料可以确定的数额先予支付。最终确定赔偿数额后,支付相应差额。”第七十六条规定:“公司应对疑难案件会商,在充分尊重事实,准确适用法律,综合评定各方利益,并与客户有效沟通后,做出最终结论,并将结果及时反馈。”

(三)核赔的退回处理

核赔岗按照审核要求对赔案进行审核,重点审核相关环节是否按照要求进行赔案处理,结合各环节的赔案处理信息和承保情况综合考虑,给出最终赔付意见。

对于无异议的案件,核赔人核赔同意后,案件进入结案处理并转入支付环节。

如果核赔人对案件有异议,则应退回前端相应环节责任人进行进一步的处理。当核赔退回问题得到完全处理后,再发送给核赔岗审核,核赔确认处理无误后方可核赔通过,进行结案处理,转入支付环节。

核赔退回时,应说明问题原因,以便问题责任人处理。相关问题责任人要及时处理、回复核赔退回案件,回复时要对核赔退回的问题做处理说明。常见的退回问题及处理方式如表 6-33 所示。

表 6-33　常见核赔退回问题及处理方式示例

常见问题类型示例	责任人	退回用语示例	回复用语示例
单证不全	缮制人员	缺××单证	××单证已补
理算错误	缮制人员	××险种计算错误	计算错误已修改 (并上传错误计算公式)
验标信息不全	查勘定损人员	缺车架号(或车牌号、发动机号)	××已上传
损失项目异议	核损人员	××更换不合理	××已删除,做修复处理

续表

常见问题类型示例	责任人	退回用语示例	回复用语示例
项目价格异议	核损人员	××价格偏高	价格已修改
事故真实性异议	核损或查勘人员	对事故真实性有异议，请调查	事故已调查，调查报告已上传
保险责任异议	客服人员	驾驶证年审不合格，不属于保险责任	案件已拒赔

【项目实施】

结合本学习单元项目一～项目七提供的案情信息，根据所学知识，完成如表6-34所示的任务实施工单。

表6-34　任务实施工单

序号	任务实施对象	任务实施步骤	任务实施结果
1	保单	1.出险时间	
		2.被保险人	
		3.可保利益	
		4.保费是否到账	
2	标的车和三者车辆	1.标的车	
		2.三者车	
		3.三者财物	
3	保险责任	1.出险时间	
		2.出险地点	
		3.出险原因	
		4.驾驶人及驾驶资质	
		5.车辆性质	
		6.保单特别约定	
4	保险事故	1.事故要素齐全	
		2.事故表述的一致性	
		3.事故发生的合理性	
		4.事故可再现	
5	事故损失	1.核定车辆损失及赔款	
		2.核定人员伤亡及赔款	
		3.核定其他财产损失	
		4.核定施救费用	

续表

序号	任务实施对象	任务实施步骤	任务实施结果
6	理赔单证	1.被保险人提供单证	
		2.经办人员填写单证	
		3.签章	
		4.索赔单证	
7	赔款计算	1.赔款理算	
		2.免赔率	
		3.残值扣除	
8	索赔人		
9	支付对象		

【想一想，练一练】

简答题

1.核赔的概念及主要依据是什么？

2.核赔的主要内容有哪些？

3.核赔的基本工作流程有哪些？

4.核赔流转的基本程序是什么？

5.核赔退回的情况有哪些？处理方法是什么？

项目九　结案处理

【项目描述】

车险赔案核损通过后，即转入结案处理环节，包括赔款的支付、赔案单证的清分和理赔案卷整理等。

【导入案例】

同本教学单元项目一。

【项目分析】

本项目通过介绍结案处理的相关知识，使学生掌握保险公司车险赔案赔款支付的基本工作要求，把握车险赔案单证清分的基本原则，具备理赔案卷管理的基本业务能力。

【知识平台】

一、赔款支付

（一）通知被保险人领取赔款

（1）在完成各种核赔和审批手续后，签发《机动车辆保险领取赔款通知书》，同时生成赔案编号。赔案编号也填写到赔款计算书上，反映在赔案案卷中。在结案时，《机动车辆保险赔款计算书》上赔款的金额必须是最终审批金额。

（2）通知被保险人领取赔款。

（3）通知会计部门支付赔款。

（二）支付赔款

（1）审核领取赔款人的身份证和被保险人出具的授权委托书，支付赔款。

（2）被保险人领取赔款后，在系统中进行结案处理。业务人员按赔案编号输录《机动车辆保险已决赔案登记簿》。

（3）备注栏中注明赔案编号、赔案日期，作为续保时是否给付无赔款优待的依据。

（三）有关理赔单据清分

（1）一联赔款收据交被保险人。

（2）一联赔款收据连同一联《机动车保险赔款计算书》送财务部门留存。

（3）一联赔款收据和另一联《机动车保险赔款计算书》连同其他案件单证材料存入赔案案卷。

二、理赔案卷管理

（一）理赔单证分类

理赔单证是具有一定格式，凭以界定保险责任、确定保险标的损失项目和金额、规范赔款支付手续、维护保险公司追偿权益的各种赔案资料的总和。

1.按是否由业务系统生成和储存分为电子单证和非电子单证

（1）电子单证

电子单证既包括在理赔业务系统中按照预先设计的样式生成的单证，也包括纸质资料影像化形成的电子文档。

（2）非电子单证

非电子单证指无法在业务系统中生成，以纸质形式保存的单证。

2.按单证来源分为内部单证和外部单证

（1）内部单证

理赔处理过程中产生并流转的，记录各环节理赔过程和理赔信息的资料，由系统自动生成或理赔人员填写。

（2）外部单证

需要客户交付或填写的单证，对保险责任的认定、损失金额的确定以及赔款支付等提供证明或佐证。

3.按单证格式是否统一分为统颁单证和非统颁单证

我国各大保险公司主要的统颁单证和非统领单证详见图 6-36。

(1)统颁单证

统颁单证指由保险总公司提供统一格式的单证,如需进行格式调整或内容修改需事先向总公司书面报备。

(2)非统颁单证

非统颁单证指各保险分公司可根据实际需要自行设计、组合或调整的单证,不需要向总公司报备。但总公司提供单证参考格式的,自行设计的单证要素不应少于总公司提供的参考格式。

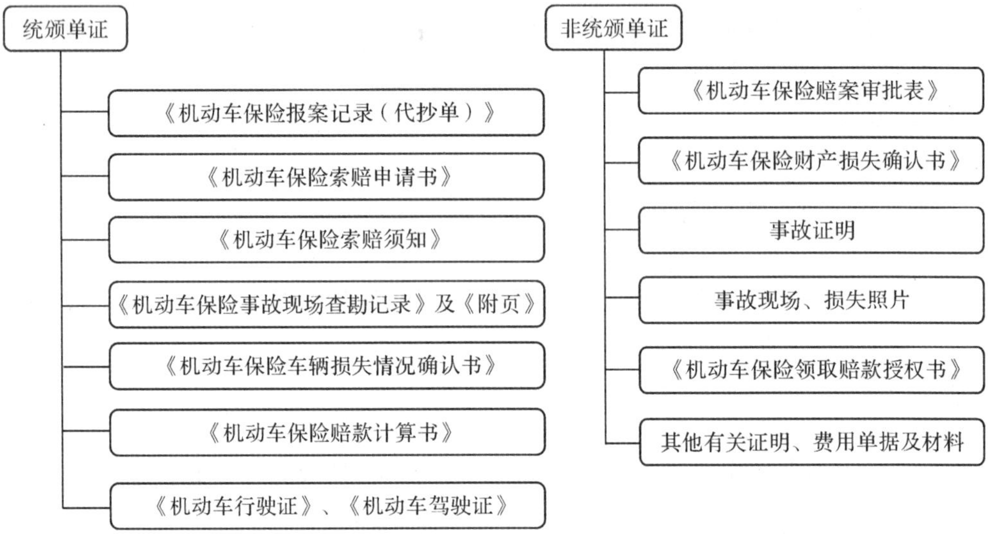

图 6-36 统颁单证和非统颁单证

(二)理赔单证目录

1.通用单证

(1)《机动车保险赔案审批表》

非统颁单证。记录车险案件审批流转过程和审批意见,根据各级分公司的赔案审批管理权限使用。

(2)《机动车保险报案记录(代抄单)》

统颁单证。系统自动生成,包含保险车辆报案信息、承保信息、保单批改信息、保险期限内历史出险信息等内容。

(3)《机动车保险索赔申请书》

统颁单证。是保险车辆发生事故经查勘后,由查勘人员交给被保险人用于办理索赔手续的单证。被保险人在保险事故处理完毕,单证材料齐全,确定应向保险公司索赔后,将《机动车辆保险索赔申请书》和相关材料提交保险公司办理索赔手续。

(4)《机动车保险索赔须知》

统颁单证。《索赔须知》是查勘人员查勘现场后,根据保险事故的性质,向被保险人或报案人书面说明理赔手续和需要提供的索赔资料的单证。

(5)《机动车保险事故现场查勘记录》及《附页》

统颁单证。记录查勘过程、事故车辆和处理信息、保险责任确认情况等内容。

(6)《机动车保险车辆损失情况确认书》(包括零部件更换项目清单、修理项目清单)

统颁单证。用于记录事故中,应予赔偿的标的车、三者车车辆损失。结合《零部件更换项目清单》、《零部件修理项目清单》使用。

(7)《机动车保险财产损失确认书》

非统颁单证。用于记录事故中,应予赔偿的被损毁的财产损失。如果财产损毁的数量较多,可增添该单证作为附表使用。

(8)《机动车保险赔款计算书》

统颁单证。缮制赔案时系统自动生成,记录保险赔款计算过程和结果等内容。

(9)事故证明

非统颁单证。包括公安交管部门出具的《事故责任认定书》、《事故调解书》,法院《判决书》、《调解书》或《裁定书》等证明文件。

(10)事故现场、损失照片

非统颁单证。由查勘、定损人员提供的,用于车险事故定责、定损、核损、核赔等环节的证明材料。各大保险公司对于事故现场损失照片的拍摄均提出了技术要求。

(11)《机动车行驶证》、《机动车驾驶证》

统颁单证。指保险车辆的《机动车行驶证》和肇事驾驶员的《机动车驾驶证》。

(12)《机动车保险领取赔款授权书》

非统颁单证。被保险人委托他人向保险公司索赔和领取赔款时提供的授权证明。

(13)其他有关证明、费用单据及材料

非统颁单位。包括车辆发生火灾、自燃事故由公安消防部门出具的火灾原因证明;遭受暴风、暴雨等自然灾害事故由气象部门出具的证明;非道路交通事故派出所或物业小区管理部门出具的事故证明;以及其他能确定事故性质、原因、损失程度的单据、材料。

2.小额简易案件涉及单证

(1)《机动车保险快捷案件处理单》

统颁单证。适用于5000元以下车险案件,为包含索赔申请、查勘报告、损失情况确认书三种单证功能的合并单证。

(2)《机动车保险车辆损失情况简易确认书》

统颁单证。适用于事故车辆零部件更换项目和修理项目均在6件以下,但不适用《机动车保险快捷案件处理单》的案件,为包含《机动车辆保险车辆损失情况确认书》中各种单证功能的合成单证。

3.重大、复杂案件涉及单证

(1)《机动车保险事故现场查勘草图》

非统颁单证。适用于出险情况复杂,需要辅助确认保险责任的事故。现场草图的绘制应反映出事故发生的起因、结果以及事故损失的真实情况。

(2)《机动车保险事故现场查勘询问笔录》

统颁单证。适用于盗抢险赔案、疑难赔案和没有第一现场的案件。

(3)《保险车辆增加修理项目申请单》

统颁单证。适用于在出具《损失情况确认书》后,确需增加修理、换件项目的情况。

4.人员伤亡案件涉及单证

(1)《机动车保险人员伤亡费用清单》或《机动车保险医疗费用审核表》

非统颁单证。记录医疗费用登记、审核过程和结果。

(2)《机动车保险伤残人员医疗跟踪调查表》

非统颁单证。记录医疗费用跟踪过程和跟踪情况等内容。

(3)医院诊断证明、医疗费用单据及明细

由县级以上医院出具。包括伤者诊断证明、出院通知书、医疗费报销凭证(须附处方及治疗、用药明细单据)。

(4)误工证明及收入情况证明

非统颁单证。包括伤者、护理人员、参加事故处理人员的误工证明及收入情况证明(收入超过纳税金额的应提交纳税证明)。

(5)伤残鉴定、死亡证明、家庭情况证明

残者由法医出具《伤残鉴定书》,亡者由相关部门出具《医学死亡证明》、《户籍注销证明》或《火化证明》,残者、亡者家庭情况证明、户籍证明、被扶养人丧失劳动能力证明。

(6)交通费报销凭证、住宿费报销凭证

由交通、住宿提供单位出具的人伤本人及其家属在伤者治疗期间发生的交通、住宿费用证明,用于交通费、住宿费赔偿。

5.盗抢案件涉及单证

(1)盗抢案件立案证明

由出险地县级以上公安刑侦部门出具的《立案证明》,或从公安部门盗抢信息平台打印的证明(加盖公章)。

(2)车辆停驶手续

指车辆管理所出具的《车辆停驶证明》及养路费征收部门养路费报停手续。2008 年 10 月 1 日施行的新《机动车登记规定》,取消了机动车停、复驶制度。燃油税实行后养路费收缴政策发生重大变化,理赔处理时应根据实际情况灵活掌握。

(3)机动车来历凭证(原件)

指新车的销售发票或二手车的交易发票,用于证明车辆的合法来历。

(4)《机动车行驶证》(原件)

由车辆管理所登记核发的《机动车行驶证》,是准予机动车上路行驶的法定证件。它标明一部车的归属,即所有权凭证,同时也记载了该车辆的基本状况,如颜色、载人数、车牌号、用途、是否检验合格等。

(5)《机动车登记证书》(原件)

由车辆管理所核发的《机动车登记证书》是车辆所有权的法律证明。

(6)车辆购置税完税证明或免税证明(原件)

由税务机关核发的《车辆购置税完税证明》或免税证明,是车辆登记转移等手续的重要组成部分。车辆购置税完税证明记载了车辆所有人信息、车辆信息以及缴税信息等。

(7)《机动车保险权益转让书》

非统颁单证。保险人赔偿后行使代位追偿权利的重要法律文书。

6.交强险支付、垫付抢救费用涉及单证

(1)《抢救费用支付/垫付通知书》

发生交通事故需要支付/垫付受害人抢救费时，由公安机关交通管理部门出具。

(2)《承诺支付/垫付抢救费用担保函》

统颁单证。收到《抢救费用支付/垫付通知书》，经核实属于交强险支付/垫付责任，在实际支付/垫付前向医院出具，承诺依法履行支付/垫付责任。

(3)《交强险抢救费用支付/垫付说明书》

非统颁单证。向医院说明交强险抢救费用支付/垫付标准和金额。

(4)《不予支付/垫付抢救费用通知书》

非统颁单证。向交管部门或医院说明不予支付/垫付抢救费用原因的书面文件。

(5)《交强险抢救费用通赔通知书》

统颁单证。交强险抢救费用通赔时使用，由出险地公司发至承保公司。

(6)《交强险抢救费用支付/垫付清单》

统颁单证。交强险抢救费用通赔时使用，由出险地公司发至承保公司。

(7)《交强险抢救费用追偿通知书》

非统颁单证。交强险抢救费用追偿时使用。

7.救助案件涉及单证

(1)《机动车特约救助书》

非统颁单证。保险车辆需要救助时，用于通知救助单位，及与救助单位结算费用。分为保险公司救助通知、被保险人对救助项目和费用确认、被保险人救助费用索赔授权书三部分。

(2)《机动车救助调度记录清单》

非统颁单证。根据《机动车辆特约救助书》由系统自动生成，统计各救助协作单位的救助记录清单，以便于与救助协作单位的救助明细进行核定。

(2)《机动车救助特约条款赔款结算书》

非统颁单证。根据与救助单位的协议，按期汇总救助案件项目及费用，便于与救助单位进行结算。

8.其他单证

(1)《机动车保险理算报告书》

非统颁单证。系统自动生成，记录保险车辆承保情况、事故经过、事故涉及的险种、造成的各项损失和金额、保险赔款金额等内容，仅在需要时打印。

(2)《机动车交强险赔款统计明细表》

非统颁单证。系统自动生成，仅在需要时打印。

(3)《机动车(商业)保险赔款统计明细表》

非统颁单证。系统自动生成，仅在需要时打印。

(4)《机动车保险拒赔案件报告书》

非统颁单证。适用于拒赔案件，说明事故概况及事故责任，被保险人的索赔理由和意见，以及拒赔意见和理由，报省级分公司进行审批。

(5)《机动车保险拒赔通知书》

非统颁单证。《机动车辆保险拒赔案件报告书》经审批同意后，打印《机动车辆保险拒赔通知书》，加盖公章后，送交被保险人。

(6)《机动车保险结案催告、注销通知书》

非统颁单证。对于自保险事故发生时起二年内未索赔的被保险人进行书面催告通知或注销通知时使用。

(7)《机动车保险预付赔款申请书》

非统颁单证。符合预付赔款条件，申请预付赔款时使用。

(8)《机动车保险预付赔款审批表》

非统颁单证。计算预付赔款时由系统自动生成，根据权限逐级审批。

(9)《机动车保险损余物资回收处理单》

非统颁单证。用于登记回收、处理损余物资。

(10)《车辆损失要求赔偿通知书》

非统颁单证。保险车辆发生保险责任范围内的损失应当由第三方负责赔偿的，被保险人要求第三方赔偿的书面通知。

索赔单证获取渠道和相关要求如表 6-35 所示。

表 6-35　索赔单证获取渠道和相关要求

<table>
<tr><th></th><th colspan="2">单证名称</th><th>涉及财产损失赔案</th><th>涉及人员伤亡赔案</th><th>获取渠道</th><th>相关要求和适用范围</th></tr>
<tr><td rowspan="9">共用单证</td><td colspan="2">保险单正本</td><td>√</td><td>√</td><td>被保险人提供</td><td>查验原件</td></tr>
<tr><td colspan="2">索赔申请书</td><td>√</td><td>√</td><td>保险公司提供，被保险人填写</td><td>须由被保险人签字确认（被保险人为个人），或加盖单位公章（被保险人为单位）</td></tr>
<tr><td rowspan="4">事故证明（不同事故对应不同证明）</td><td>事故证明</td><td rowspan="4">√</td><td>/</td><td>路政、交管、气象、消防等部门</td><td>未经保险公司查勘核实的单方事故</td></tr>
<tr><td>事故责任认定书、调解书</td><td rowspan="3">√</td><td>公安交管部门</td><td>通过交警处理的事故</td></tr>
<tr><td>自行协商处理协议书</td><td>当事人填写</td><td>双方当事人依法自行协商处理的事故</td></tr>
<tr><td>判决书、裁决书、调解书或仲裁书</td><td>法院、仲裁机构</td><td>法院审理的诉讼案件或仲裁机构审理的仲裁案件</td></tr>
<tr><td colspan="2">驾驶员驾驶证、营运客车驾驶员资格证、专用机械车/特种车驾驶员操作证</td><td>√</td><td>√</td><td>当事驾驶人提供</td><td>查看原件，留存复印件或照片</td></tr>
<tr><td colspan="2">机动车行驶证</td><td>√</td><td>√</td><td>被保险人提供</td><td>查看原件，留存复印件或照片</td></tr>
<tr><td colspan="2">向第三方支付赔偿费用的过款凭证或法院执行凭证</td><td>√</td><td>√</td><td>公安交管部门、法院、仲裁机构</td><td>涉及第三方赔偿时，须由事故处理部门签章确认</td></tr>
</table>

续表

	单证名称	涉及财产损失赔案	涉及人员伤亡赔案	获取渠道	相关要求和适用范围
车辆/财产损失	车辆修理发票	√	/	修理厂(二类以上修理资质)	涉及车辆损失时
	施救费(拖车、吊车费用)发票及清单	√	/	拖车、吊车提供机构	涉及车辆施救时
	财产损失清单(设备总体造价及损失程度证明或工程预算等)	√	/	被保险人和专业机构提供	涉及财产损失时
	购置、修复受损财产的费用单据	√	/	公安、路政管理等部门	
医疗及其他费用	伤者住院、出院证明(住院病历)	/	√	医疗机构	须由县级(含)以上医院出具
	伤者医院诊断证明	/	√	医疗机构	须由县级(含)以上医院出具
	伤者医疗费报销凭证及费用明细	/	√	医疗机构	须附处方及检查、治疗、用药明细清单
	伤者需要护理的证明、护理人员误工及收入证明	/	√	护理证明:医疗机构;收入证明:护理人单位	涉及护理费赔偿时,收入超过纳税起征点的应提交纳税证明
	伤、残人员,亡者处理事故人员误工证明及收入情况证明、纳税证明	/	√	误工证明:医疗机构或有资质的医疗鉴定机构和所在单位;收入证明:伤者单位	涉及误工费赔偿时,有固定工作单位的,应加盖单位公章或人事劳资部门印章,证明收入实际减少数额。收入超过纳税起征点的应提交纳税证明
	残者法医伤残鉴定书	/	√	有资格的伤残鉴定机构	涉及残疾补助费赔偿时
	残者、亡者家庭情况证明、户籍证明、被扶养人丧失劳动能力证明	/	√	户籍证明:公安机关;丧失劳动能力证明:民政部门、司法鉴定机构	涉及被扶养人生活费赔偿时
	亡者医学死亡证明、户籍注销证明、尸检报告或火化证明	/	√	死亡证明:医疗机构;户籍证明:公安机关;尸检报告:公安机关;火化证明:殡葬机构	涉及死亡补偿时,须提供其中一项证明
	交通费、住宿费用报销凭证	/	√	交通、住宿提供单位	涉及住宿费、交通费赔偿时
领取赔款	被保险人身份证明	√	√	被保险人提供	查看原件,留存复印件
	领款人身份证明	√	√	领款人提供	查看原件,留存复印件
	领取赔款授权书	√	√	保险公司提供,被保险人填写	被保险人委托他人领取赔款时
	赔款收据	√	√	保险公司提供	由被保险人签字或签章

涉及机动车辆盗抢赔案需提供的材料:
①保险单正本;②《机动车行驶证》;③《机动车登记证书》;④机动车来历凭证(车辆销售或交易发票);⑤车辆购置税完税证明(车辆购置附加费缴费证明)或免税证明;⑥车辆管理所出具的车辆停驶手续;⑦出险当地县级以上公安刑侦部门出具的盗抢立案证明;⑧被保险人出具的权益转让书;⑨车辆修理发票(涉及车辆修复时)。

（三）理赔案卷管理的基本流程

理赔案卷管理的基本流程如图6-37所示。

单证清分 → 案卷整理与归档 → 案卷登记与保管

图6-37　理赔案卷管理的基本流程

1.单证清分

(1)被保险人单证：赔款收据。

(2)财务部门单证：赔款收据、赔款计算书。

(3)存入赔案案卷单证：赔款收据、赔款计算书、赔案其他单证。

2.案卷整理与归档

赔案的理赔单证整理与归档要求有：

(1)理赔案卷按分级审批、分级留存的原则管理，并按档案管理规定进行保管，一单一卷。

(2)按理赔案件目录要求整理。应做到单证齐全，编排有序，目录清楚，装订整齐。并按结案号顺序归档。

(3)能够实现赔案单证电子化流转、存储的，电子单证可不打印，非电子单证应按赔案号顺序集中归档保管。

一般来说，我国各大保险公司总公司均鼓励和支持各省级分公司积极开展理赔单证电子化工作，充分借助车险理赔系统的功能在确保电子化单证存储安全、影像清晰、查阅便利的前提下最大限度地减少案卷中传统纸质材料的归档保管，有效提高理赔效率，减少相关理赔费用支出，理赔电子化单证管理的具体办法和实施细则由各省级分公司根据总公司相关要求制定后报总公司备案。

未实现赔案处理电子化的，纸质案卷归档要求如表6-36所示。

表6-36　纸质案卷归档要求

性质	单证名称	来源	归档要求
确定责任类	报案记录(代抄单)	内部	必备
	索赔申请书	外部	必备，被保险人签章
	保险事故现场查勘记录	内部	必备(5000元以下案件使用《快捷案件处理单》，为索赔申请、查勘报告、损失情况确认书三证合一)
	事故照片	内部	必备(可不打印)
	事故责任认定书、事故调解书、法院判决书等证明文件	外部	必备(单方事故经查勘可免提供)
	机动车行驶证、肇事人驾驶证	外部	必备(复印或拍照)

续表

性质		单证名称	来源	归档要求
确定损失类	车辆损失	损失情况确认书及修换件清单	内部	必备，被保险人签章(5000 元以下案件使用《快捷案件处理单》)
		保险车辆增加修理项目申请单	内部	增补定损时必备
		车辆修理发票	外部	必备(5000 元以下可按车险简易案件要求或根据当地相关部门的要求处理)
		施救费用发票	外部	必备(需要施救时)
	财产损失	财产损失确认书	内部	必备(至少两者之一)
		购置、修复受损财产的费用单据或路政、交管部门的过款凭证	外部	
	人员伤亡	伤残人员医疗跟踪调查表	内部	医疗跟踪用，可不打印
		人员伤亡费用清单或医疗费用审核表	内部	必备。医疗审核用，可不打印
		伤者入院、出院证明，医院诊断证明	外部	涉及人员伤亡案件相关赔偿时必备
		医疗费用报销凭证及费用明细(处方及检查、治疗、用药明细单)	外部	
		伤者需要护理的医院证明，护理人员误工及收入证明	外部	
		伤、残人员，亡者处理事故人员误工证明、收入损失情况证明	外部	
		交通费、住宿费用报销凭证	外部	
		残者法医伤残鉴定书	外部	
		亡者医学死亡证明/户籍注销证明/火化证明	外部	
		残者、亡者家庭情况证明、户籍证明、被扶养人丧失劳动能力证明	外部	
	盗抢	县级公安刑侦部门盗抢案件立案证明	外部	必备
		车辆停驶手续	外部	
		机动车来历凭证	外部	必备(原件，缺项加扣免赔率)
		机动车行驶证	外部	
		机动车登记证书	外部	
		车辆购置税完税证明或免税证明	外部	
赔款理算类		赔款计算书	内部	必备
		其他有关证明、费用单据、过款凭证及材料	外部	涉及相关赔偿时必备
预付赔款类		预付赔款申请书	外部	预付赔款时必备
		预付赔款审批表	内部	

续表

性质	单证名称	来源	归档要求
交强险支付/垫付类	抢救费用支付/垫付通知书	外部	支付/垫付抢救费用必备
赔款手续类	被保险人身份证明	外部	必备(复印件)
	赔款收据	外部	必备(被保险人签章)
	领取赔款授权书,被委托人身份证明	外部	代索赔、代领款时必备
	权益转让书	外部	盗抢险、推定全损等涉及追偿案件必备

3.案卷登记与保管

(1)理赔案卷应做到一案一档,防止一档多案。理赔案卷在入档之前,理赔内勤人员要在“理赔档案保管登记簿”中认真进行登记。

(2)登记的主要内容有归档日期、案卷序号、赔案编号、被保险人姓名等。登记簿要指定内勤人员专人管理,便于查找调阅案卷。

(3)案卷管理是一项长期、细致的工作,应指定专人负责管理。通常当案卷整理、装订完毕并分类编号登记后,应按类号装盒归档,有序陈放,并按业务档案的管理规定进行妥善管理。

【项目实施】

结合本学习单元六项目一～项目八提供的案情信息,根据所学知识,完成如表6-37所示的任务实施工单。

表6-37 任务实施工单

序号	任务实施对象	任务实施步骤		任务实施结果
1	单证清分	1.被保险人单证		
		2.财务部门单证		
		3.存入赔案案卷单证		
2	案卷整理与归档	1.确定责任类		
		2.确定损失类	①车辆损失	
			②财产损失	
			③人员伤亡	
			④盗抢	
		3.赔款理算类		
		4.预付赔款类		
		5.交强险支付/垫付类		
		6.赔款手续类		
2	案卷登记与保管			

【想一想，练一练】

简答题

1.结案处理的基本流程是什么？

2.赔款支付的基本流程是什么？

3.车险赔案单证清分的基本要求是什么？

4.车险赔案案卷目录是什么？

5.车险理赔案卷管理的基本内容是什么？

附　录

附录一　机动车交通事故责任强制保险条例

（2006 年 3 月 21 日中华人民共和国国务院令第 462 号公布，根据 2012 年 3 月 30 日《国务院关于修改〈机动车交通事故责任强制保险条例〉的决定》第一次修订，根据 2012 年 12 月 17 日《国务院关于修改〈机动车交通事故责任强制保险条例〉的决定》第二次修订）

第一章　总　则

第一条　为了保障机动车道路交通事故受害人依法得到赔偿，促进道路交通安全，根据《中华人民共和国道路交通安全法》、《中华人民共和国保险法》，制定本条例。

第二条　在中华人民共和国境内道路上行驶的机动车的所有人或者管理人，应当依照《中华人民共和国道路交通安全法》的规定投保机动车交通事故责任强制保险。

机动车交通事故责任强制保险的投保、赔偿和监督管理，适用本条例。

第三条　本条例所称机动车交通事故责任强制保险，是指由保险公司对被保险机动车发生道路交通事故造成本车人员、被保险人以外的受害人的人身伤亡、财产损失，在责任限额内予以赔偿的强制性责任保险。

第四条　国务院保险监督管理机构（以下称保监会）依法对保险公司的机动车交通事故责任强制保险业务实施监督管理。

公安机关交通管理部门、农业（农业机械）主管部门（以下统称机动车管理部门）应当依法对机动车参加机动车交通事故责任强制保险的情况实施监督检查。对未参加机动车交通事故责任强制保险的机动车，机动车管理部门不得予以登记，机动车安全技术检验机构不得予以检验。

公安机关交通管理部门及其交通警察在调查处理道路交通安全违法行为和道路交通事故时，应当依法检查机动车交通事故责任强制保险的保险标志。

第二章　投　保

第五条　保险公司经保监会批准，可以从事机动车交通事故责任强制保险业务。

为了保证机动车交通事故责任强制保险制度的实行，保监会有权要求保险公司从事机动车交通事故责任强制保险业务。

未经保监会批准，任何单位或者个人不得从事机动车交通事故责任强制保险业务。

第六条 机动车交通事故责任强制保险实行统一的保险条款和基础保险费率。保监会按照机动车交通事故责任强制保险业务总体上不盈利不亏损的原则审批保险费率。

保监会在审批保险费率时，可以聘请有关专业机构进行评估，可以举行听证会听取公众意见。

第七条 保险公司的机动车交通事故责任强制保险业务，应当与其他保险业务分开管理，单独核算。

保监会应当每年对保险公司的机动车交通事故责任强制保险业务情况进行核查，并向社会公布；根据保险公司机动车交通事故责任强制保险业务的总体盈利或者亏损情况，可以要求或者允许保险公司相应调整保险费率。

调整保险费率的幅度较大的，保监会应当进行听证。

第八条 被保险机动车没有发生道路交通安全违法行为和道路交通事故的，保险公司应当在下一年度降低其保险费率。在此后的年度内，被保险机动车仍然没有发生道路交通安全违法行为和道路交通事故的，保险公司应当继续降低其保险费率，直至最低标准。被保险机动车发生道路交通安全违法行为或者道路交通事故的，保险公司应当在下一年度提高其保险费率。多次发生道路交通安全违法行为、道路交通事故，或者发生重大道路交通事故的，保险公司应当加大提高其保险费率的幅度。在道路交通事故中被保险人没有过错的，不提高其保险费率。降低或者提高保险费率的标准，由保监会会同国务院公安部门制定。

第九条 保监会、国务院公安部门、国务院农业主管部门以及其他有关部门应当逐步建立有关机动车交通事故责任强制保险、道路交通安全违法行为和道路交通事故的信息共享机制。

第十条 投保人在投保时应当选择具备从事机动车交通事故责任强制保险业务资格的保险公司，被选择的保险公司不得拒绝或者拖延承保。

保监会应当将具备从事机动车交通事故责任强制保险业务资格的保险公司向社会公示。

第十一条 投保人投保时，应当向保险公司如实告知重要事项。

重要事项包括机动车的种类、厂牌型号、识别代码、牌照号码、使用性质和机动车所有人或者管理人的姓名(名称)、性别、年龄、住所、身份证或者驾驶证号码(组织机构代码)、续保前该机动车发生事故的情况以及保监会规定的其他事项。

第十二条 签订机动车交通事故责任强制保险合同时，投保人应当一次支付全部保险费；保险公司应当向投保人签发保险单、保险标志。保险单、保险标志应当注明保险单号码、车牌号码、保险期限、保险公司的名称、地址和理赔电话号码。

被保险人应当在被保险机动车上放置保险标志。

保险标志式样全国统一。保险单、保险标志由保监会监制。任何单位或者个人不得伪造、变造或者使用伪造、变造的保险单、保险标志。

第十三条 签订机动车交通事故责任强制保险合同时，投保人不得在保险条款和保险费率之外，向保险公司提出附加其他条件的要求。

签订机动车交通事故责任强制保险合同时，保险公司不得强制投保人订立商业保险合同以及提出附加其他条件的要求。

第十四条 保险公司不得解除机动车交通事故责任强制保险合同；但是，投保人对重要事项未履行如实告知义务的除外。

投保人对重要事项未履行如实告知义务，保险公司解除合同前，应当书面通知投保人，投保人应当自收到通知之日起 5 日内履行如实告知义务；投保人在上述期限内履行如实告知义务的，保险公司不得解除合同。

第十五条 保险公司解除机动车交通事故责任强制保险合同的，应当收回保险单和保险标志，并书面通知机动车管理部门。

第十六条 投保人不得解除机动车交通事故责任强制保险合同，但有下列情形之一的除外：

（一）被保险机动车被依法注销登记的；

（二）被保险机动车办理停驶的；

（三）被保险机动车经公安机关证实丢失的。

第十七条 机动车交通事故责任强制保险合同解除前，保险公司应当按照合同承担保险责任。

合同解除时，保险公司可以收取自保险责任开始之日起至合同解除之日止的保险费，剩余部分的保险费退还投保人。

第十八条 被保险机动车所有权转移的，应当办理机动车交通事故责任强制保险合同变更手续。

第十九条 机动车交通事故责任强制保险合同期满，投保人应当及时续保，并提供上一年度的保险单。

第二十条 机动车交通事故责任强制保险的保险期间为 1 年，但有下列情形之一的，投保人可以投保短期机动车交通事故责任强制保险：

（一）境外机动车临时入境的；

（二）机动车临时上道路行驶的；

（三）机动车距规定的报废期限不足 1 年的；

（四）保监会规定的其他情形。

第三章　赔　偿

第二十一条 被保险机动车发生道路交通事故造成本车人员、被保险人以外的受害人人身伤亡、财产损失的，由保险公司依法在机动车交通事故责任强制保险责任限额范围内予以赔偿。

道路交通事故的损失是由受害人故意造成的，保险公司不予赔偿。

第二十二条 有下列情形之一的，保险公司在机动车交通事故责任强制保险责任限额范围内垫付抢救费用，并有权向致害人追偿：

（一）驾驶人未取得驾驶资格或者醉酒的；

（二）被保险机动车被盗抢期间肇事的；

（三）被保险人故意制造道路交通事故的。

有前款所列情形之一，发生道路交通事故的，造成受害人的财产损失，保险公司不承担赔偿责任。

第二十三条 机动车交通事故责任强制保险在全国范围内实行统一的责任限额。责任限额分为死亡伤残赔偿限额、医疗费用赔偿限额、财产损失赔偿限额以及被保险人在道路交通事故中无责任的赔偿限额。

机动车交通事故责任强制保险责任限额由保监会会同国务院公安部门、国务院卫生主管部门、国务院农业主管部门规定。

第二十四条 国家设立道路交通事故社会救助基金(以下简称救助基金)。有下列情形之一时，道路交通事故中受害人人身伤亡的丧葬费用、部分或者全部抢救费用，由救助基金先行垫付，救助基金管理机构有权向道路交通事故责任人追偿：

(一)抢救费用超过机动车交通事故责任强制保险责任限额的；

(二)肇事机动车未参加机动车交通事故责任强制保险的；

(三)机动车肇事后逃逸的。

第二十五条 救助基金的来源包括：

(一)按照机动车交通事故责任强制保险的保险费的一定比例提取的资金；

(二)对未按照规定投保机动车交通事故责任强制保险的机动车的所有人、管理人的罚款；

(三)救助基金管理机构依法向道路交通事故责任人追偿的资金；

(四)救助基金孳息；

(五)其他资金。

第二十六条 救助基金的具体管理办法，由国务院财政部门会同保监会、国务院公安部门、国务院卫生主管部门、国务院农业主管部门制定试行。

第二十七条 被保险机动车发生道路交通事故，被保险人或者受害人通知保险公司的，保险公司应当立即给予答复，告知被保险人或者受害人具体的赔偿程序等有关事项。

第二十八条 被保险机动车发生道路交通事故的，由被保险人向保险公司申请赔偿保险金。保险公司应当自收到赔偿申请之日起 1 日内，书面告知被保险人需要向保险公司提供的与赔偿有关的证明和资料。

第二十九条 保险公司应当自收到被保险人提供的证明和资料之日起 5 日内，对是否属于保险责任作出核定，并将结果通知被保险人；对不属于保险责任的，应当书面说明理由；对属于保险责任的，在与被保险人达成赔偿保险金的协议后 10 日内，赔偿保险金。

第三十条 被保险人与保险公司对赔偿有争议的，可以依法申请仲裁或者向人民法院提起诉讼。

第三十一条 保险公司可以向被保险人赔偿保险金，也可以直接向受害人赔偿保险金。但是，因抢救受伤人员需要保险公司支付或者垫付抢救费用的，保险公司在接到公安机关交通管理部门通知后，经核对应当及时向医疗机构支付或者垫付抢救费用。

因抢救受伤人员需要救助基金管理机构垫付抢救费用的，救助基金管理机构在接到公安机关交通管理部门通知后，经核对应当及时向医疗机构垫付抢救费用。

第三十二条 医疗机构应当参照国务院卫生主管部门组织制定的有关临床诊疗指南，抢救、治疗道路交通事故中的受伤人员。

第三十三条 保险公司赔偿保险金或者垫付抢救费用，救助基金管理机构垫付抢救费用，需要向有关部门、医疗机构核实有关情况的，有关部门、医疗机构应当予以配合。

第三十四条 保险公司、救助基金管理机构的工作人员对当事人的个人隐私应当保密。

第三十五条 道路交通事故损害赔偿项目和标准依照有关法律的规定执行。

第四章 罚 则

第三十六条 未经保监会批准，非法从事机动车交通事故责任强制保险业务的，由保监会予以取缔；构成犯罪的，依法追究刑事责任；尚不构成犯罪的，由保监会没收违法所得，违法所得 20 万元以上的，并处违法所得 1 倍以上 5 倍以下罚款；没有违法所得或者违法所得不足 20 万元的，处 20 万元以上 100 万元以下罚款。

第三十七条 保险公司未经保监会批准从事机动车交通事故责任强制保险业务的，由保监会责令改正，责令退还收取的保险费，没收违法所得，违法所得 10 万元以上的，并处违法所得 1 倍以上 5 倍以下罚款；没有违法所得或者违法所得不足 10 万元的，处 10 万元以上 50 万元以下罚款；逾期不改正或者造成严重后果的，责令停业整顿或者吊销经营保险业务许可证。

第三十八条 保险公司违反本条例规定，有下列行为之一的，由保监会责令改正，处 5 万元以上 30 万元以下罚款；情节严重的，可以限制业务范围、责令停止接受新业务或者吊销经营保险业务许可证：

（一）拒绝或者拖延承保机动车交通事故责任强制保险的；

（二）未按照统一的保险条款和基础保险费率从事机动车交通事故责任强制保险业务的；

（三）未将机动车交通事故责任强制保险业务和其他保险业务分开管理，单独核算的；

（四）强制投保人订立商业保险合同的；

（五）违反规定解除机动车交通事故责任强制保险合同的；

（六）拒不履行约定的赔偿保险金义务的；

（七）未按照规定及时支付或者垫付抢救费用的。

第三十九条 机动车所有人、管理人未按照规定投保机动车交通事故责任强制保险的，由公安机关交通管理部门扣留机动车，通知机动车所有人、管理人依照规定投保，处依照规定投保最低责任限额应缴纳的保险费的 2 倍罚款。

机动车所有人、管理人依照规定补办机动车交通事故责任强制保险的，应当及时退还机动车。

第四十条 上道路行驶的机动车未放置保险标志的，公安机关交通管理部门应当扣留机动车，通知当事人提供保险标志或者补办相应手续，可以处警告或者 20 元以上 200 元以下罚款。

当事人提供保险标志或者补办相应手续的，应当及时退还机动车。

第四十一条 伪造、变造或者使用伪造、变造的保险标志，或者使用其他机动车的保险标志，由公安机关交通管理部门予以收缴，扣留该机动车，处 200 元以上 2000 元以下罚款；构成犯罪的，依法追究刑事责任。

当事人提供相应的合法证明或者补办相应手续的，应当及时退还机动车。

第五章 附 则

第四十二条 本条例下列用语的含义：

（一）投保人，是指与保险公司订立机动车交通事故责任强制保险合同，并按照合同负有支付保险费义务的机动车的所有人、管理人。

（二）被保险人，是指投保人及其允许的合法驾驶人。

（三）抢救费用，是指机动车发生道路交通事故导致人员受伤时，医疗机构参照国务院卫生主管部门组织制定的有关临床诊疗指南，对生命体征不平稳和虽然生命体征平稳但如果不采取处理措施会产生生命危险，或者导致残疾、器官功能障碍，或者导致病程明显延长的受伤人员，采取必要的处理措施所发生的医疗费用。

第四十三条 挂车不投保机动车交通事故责任强制保险。发生道路交通事故造成人身伤亡、财产损失的，由牵引车投保的保险公司在机动车交通事故责任强制保险责任限额范围内予以赔偿；不足的部分，由牵引车方和挂车方依照法律规定承担赔偿责任。

第四十四条 机动车在道路以外的地方通行时发生事故，造成人身伤亡、财产损失的赔偿，比照适用本条例。

第四十五条 中国人民解放军和中国人民武装警察部队在编机动车参加机动车交通事故责任强制保险的办法，由中国人民解放军和中国人民武装警察部队另行规定。

第四十六条 机动车所有人、管理人自本条例施行之日起3个月内投保机动车交通事故责任强制保险；本条例施行前已经投保商业性机动车第三者责任保险的，保险期满，应当投保机动车交通事故责任强制保险。

第四十七条 本条例自2006年7月1日起施行。

附录二　中国保险行业协会机动车辆商业保险示范条款

总　则

第一条　本保险条款分为主险、附加险。

主险包括机动车损失保险、机动车第三者责任保险、机动车车上人员责任保险、机动车全车盗抢保险共四个独立的险种，投保人可以选择投保全部险种，也可以选择投保其中部分险种。

附加险不能独立投保。附加险条款与主险条款相抵触之处，以附加险条款为准，附加险条款未尽之处，以主险条款为准。

保险人按照承保险种分别承担保险责任。

第二条　本保险合同中的被保险机动车是指在中华人民共和国境内（不含港、澳、台地区）行驶，以动力装置驱动或者牵引，上道路行驶的供人员乘用或者用于运送物品以及进行专项作业的轮式车辆（含挂车）、履带式车辆和其他运载工具，但不包括摩托车、拖拉机、特种车。

第三条　本保险合同中的第三者是指因被保险机动车发生意外事故遭受人身伤亡或者财产损失的人，但不包括被保险机动车本车车上人员、被保险人。

第四条　本保险合同中的车上人员是指发生意外事故的瞬间，在被保险机动车车体内或车体上的人员，包括正在上下车的人员。

第五条　除本保险合同另有约定外，投保人应在保险合同成立时一次交清保险费。保险费未交清前，本保险合同不生效。

第一章　机动车损失保险

保险责任

第六条　保险期间内，被保险人或其允许的合法驾驶人在使用被保险机动车过程中，因下列原因造成被保险机动车的直接损失，保险人依照本保险合同的约定负责赔偿：

（一）碰撞、倾覆、坠落；

（二）火灾、爆炸；

（三）外界物体坠落、倒塌；

（四）雷击、暴风、暴雨、洪水、龙卷风、冰雹、台风、热带风暴；

（五）地陷、崖崩、滑坡、泥石流、雪崩、冰陷、暴雪、冰凌、沙尘暴；

（六）受到被保险机动车所载货物、车上人员意外撞击；

（七）载运被保险机动车的渡船遭受自然灾害（只限于驾驶人随船的情形）。

第七条　发生保险事故时，被保险人或其允许的合法驾驶人为防止或者减少被保险机动车的损失所支付的必要的、合理的施救费用，由保险人承担；施救费用数额在被保险机动车损失赔偿金额以外另行计算，最高不超过保险金额的数额。

责任免除

第八条　在上述保险责任范围内，下列情况下，不论任何原因造成被保险机动车的任何损失和费用，保险人均不负责赔偿：

（一）事故发生后，被保险人或其允许的驾驶人在未依法采取措施的情况下驾驶被保险机动车或者遗弃被保险机动车逃离事故现场，或故意破坏、伪造现场、毁灭证据；

（二）驾驶人有下列情形之一者：

1.饮酒、吸食或注射毒品、服用国家管制的精神药品或者麻醉药品；

2.无驾驶证，驾驶证被依法扣留、暂扣、吊销、注销期间；

3.驾驶与驾驶证载明的准驾车型不相符合的机动车；

4.实习期内驾驶公共汽车、营运客车或者执行任务的警车、载有危险物品的机动车或牵引挂车的机动车；

5.驾驶出租机动车或营业性机动车无交通运输管理部门核发的许可证书或其他必备证书；

6.学习驾驶时无合法教练员随车指导；

7.非被保险人允许的驾驶人；

（三）被保险机动车有下列情形之一者：

1.发生保险事故时被保险机动车行驶证、号牌被注销的，或未按规定检验或检验不合格；

2.被扣押、收缴、没收、政府征用期间；

3.在竞赛、测试期间，在营业性场所维修、保养、改装期间；

4.被利用从事犯罪行为。

第九条　下列原因导致的被保险机动车的损失和费用，保险人不负责赔偿：

（一）地震及其次生灾害；

（二）战争、军事冲突、恐怖活动、暴乱、污染（含放射性污染）、核反应、核辐射；

（三）人工直接供油、高温烘烤、自燃、不明原因火灾；

（四）被保险机动车被转让、改装、加装或改变使用性质等，导致被保险机动车危险程度显著增加，且被保险人、受让人未及时通知保险人；

（五）被保险人或其允许的驾驶人的故意行为。

第十条　下列损失和费用，保险人不负责赔偿：

（一）因市场价格变动造成的贬值、修理后因价值降低引起的减值损失；

（二）被保险机动车全车被盗窃、被抢劫、被抢夺、下落不明，以及在此期间受到的损坏，或被盗窃、被抢劫、被抢夺未遂受到的损坏，或车上零部件、附属设备丢失；

（三）自然磨损、朽蚀、腐蚀、故障、本身质量缺陷；

（四）车轮单独损坏，玻璃单独破碎，无明显碰撞痕迹的车身划痕，以及新增设备的损失；

（五）发动机进水后导致的发动机损坏；

（六）遭受保险责任范围内的损失后，未经必要修理并检验合格继续使用，致使损失扩大的部分；

（七）投保人、被保险人或其允许的驾驶人知道保险事故发生后，故意或者因重大过失未及时通知，致使保险事故的性质、原因、损失程度等难以确定的，保险人对无法确定的部分，不承担赔偿责任，但保险人通过其他途径已经及时知道或者应当及时知道保险事故发生的除外；

（八）因被保险人违反本条款第十六条规定，导致无法确定的损失。

第十一条 保险人在依据本保险合同约定计算赔款的基础上，按照下列方式免赔：

（一）被保险机动车一方负次要事故责任的，实行5%的事故责任免赔率；负同等事故责任的，实行10%的事故责任免赔率；负主要事故责任的，实行15%的事故责任免赔率；负全部事故责任或单方肇事事故的，实行20%的事故责任免赔率；

（二）被保险机动车的损失应当由第三方负责赔偿，无法找到第三方的，实行30%的绝对免赔率；

（三）因违反安全装载规定导致保险事故发生的，保险人不承担赔偿责任；违反安全装载规定但不是事故发生的直接原因的，增加10%的绝对免赔率；

（四）投保时指定驾驶人，保险事故发生时为非指定驾驶人使用被保险机动车的，增加10%的绝对免赔率；

（五）投保时约定行驶区域，保险事故发生在约定行驶区域以外的，增加10%的绝对免赔率；

（六）对于投保人与保险人在投保时协商确定绝对免赔额的，本保险在实行免赔率的基础上增加每次事故绝对免赔额。

保险金额

第十二条 保险金额按投保时被保险机动车的实际价值确定。

投保时被保险机动车的实际价值由投保人与保险人根据投保时的新车购置价减去折旧金额后的价格协商确定或其他市场公允价值协商确定。

折旧金额可根据本保险合同列明的参考折旧系数表确定。

赔偿处理

第十三条 发生保险事故时，被保险人或其允许的合法驾驶人应当及时采取合理的、必要的施救和保护措施，防止或者减少损失，并在保险事故发生后48小时内通知保险人。被保险人或其允许的合法驾驶人根据有关法律法规规定选择自行协商方式处理交通事故的，应当立即通知保险人。

第十四条 被保险人或其允许的合法驾驶人根据有关法律法规规定选择自行协商方式处理交通事故的，应当协助保险人勘验事故各方车辆、核实事故责任，并依照《道路交通事故处理程序规定》签订记录交通事故情况的协议书。

第十五条 被保险人索赔时，应当向保险人提供与确认保险事故的性质、原因、损失程度等有关的证明和资料。

被保险人应当提供保险单、损失清单、有关费用单据、被保险机动车行驶证和发生事故时驾驶人的驾驶证。

属于道路交通事故的，被保险人应当提供公安机关交通管理部门或法院等机构出具的事故证明、有关的法律文书（判决书、调解书、裁定书、裁决书等）及其他证明。被保险人或其允许的合法驾驶人根据有关法律法规规定选择自行协商方式处理交通事故的，被保险人应当提供依照《道路交通事故处理程序规定》签订记录交通事故情况的协议书。

第十六条　因保险事故损坏的被保险机动车，应当尽量修复。修理前被保险人应当会同保险人检验，协商确定修理项目、方式和费用。对未协商确定的，保险人可以重新核定。

第十七条　被保险机动车遭受损失后的残余部分由保险人、被保险人协商处理。如折归被保险人的，由双方协商确定其价值并在赔款中扣除。

第十八条　因第三方对被保险机动车的损害而造成保险事故，被保险人向第三方索赔的，保险人应积极协助；被保险人也可以直接向本保险人索赔，保险人在保险金额内先行赔付被保险人，并在赔偿金额内代位行使被保险人对第三方请求赔偿的权利。

被保险人已经从第三方取得损害赔偿的，保险人进行赔偿时，相应扣减被保险人从第三方已取得的赔偿金额。

保险人未赔偿之前，被保险人放弃对第三方请求赔偿的权利的，保险人不承担赔偿责任。

被保险人故意或者因重大过失致使保险人不能行使代位请求赔偿的权利的，保险人可以扣减或者要求返还相应的赔款。

保险人向被保险人先行赔付的，保险人向第三方行使代位请求赔偿的权利时，被保险人应当向保险人提供必要的文件和所知道的有关情况。

第十九条　机动车损失赔款按以下方法计算：

（一）全部损失

赔款＝（保险金额－被保险人已从第三方获得的赔偿金额）×（1－事故责任免赔率）×（1－绝对免赔率之和）－绝对免赔额

（二）部分损失

被保险机动车发生部分损失，保险人按实际修复费用在保险金额内计算赔偿：

赔款＝（实际修复费用－被保险人已从第三方获得的赔偿金额）×（1－事故责任免赔率）×（1－绝对免赔率之和）－绝对免赔额

（三）施救费

施救的财产中，含有本保险合同未保险的财产，应按本保险合同保险财产的实际价值占总施救财产的实际价值比例分摊施救费用。

第二十条　保险人受理报案、现场查勘、核定损失、参与诉讼、进行抗辩、要求被保险人提供证明和资料、向被保险人提供专业建议等行为，均不构成保险人对赔偿责任的承诺。

第二十一条　被保险机动车发生本保险事故，导致全部损失，或一次赔款金额与免赔金额之和（不含施救费）达到保险金额，保险人按本保险合同约定支付赔款后，本保险责任终止，保险人不退还机动车损失保险及其附加险的保险费。

第二章　机动车第三者责任保险

保险责任

第二十二条　保险期间内，被保险人或其允许的合法驾驶人在使用被保险机动车过程中发生意外事故，致使第三者遭受人身伤亡或财产直接损毁，依法应当对第三者承担的损害赔偿责任，保险人依照本保险合同的约定，对于超过机动车交通事故责任强制保险各分项赔偿限额的部分负责赔偿。

第二十三条 保险人依据被保险机动车一方在事故中所负的事故责任比例，承担相应的赔偿责任。

被保险人或被保险机动车一方根据有关法律法规规定选择自行协商或由公安机关交通管理部门处理事故未确定事故责任比例的，按照下列规定确定事故责任比例：

被保险机动车一方负主要事故责任的，事故责任比例为70%；

被保险机动车一方负同等事故责任的，事故责任比例为50%；

被保险机动车一方负次要事故责任的，事故责任比例为30%。

涉及司法或仲裁程序的，以法院或仲裁机构最终生效的法律文书为准。

责任免除

第二十四条 在上述保险责任范围内，下列情况下，不论任何原因造成的人身伤亡、财产损失和费用，保险人均不负责赔偿：

(一)事故发生后，被保险人或其允许的驾驶人在未依法采取措施的情况下驾驶被保险机动车或者遗弃被保险机动车逃离事故现场，或故意破坏、伪造现场、毁灭证据；

(二)驾驶人有下列情形之一者：

1.饮酒、吸食或注射毒品、服用国家管制的精神药品或者麻醉药品；

2.无驾驶证，驾驶证被依法扣留、暂扣、吊销、注销期间；

3.驾驶与驾驶证载明的准驾车型不相符合的机动车；

4.实习期内驾驶公共汽车、营运客车或者执行任务的警车、载有危险物品的机动车或牵引挂车的机动车；

5.驾驶出租机动车或营业性机动车无交通运输管理部门核发的许可证书或其他必备证书；

6.学习驾驶时无合法教练员随车指导；

7.非被保险人允许的驾驶人；

(三)被保险机动车有下列情形之一者：

1.发生保险事故时被保险机动车行驶证、号牌被注销的，或未按规定检验或检验不合格；

2.被扣押、收缴、没收、政府征用期间；

3.在竞赛、测试期间，在营业性场所维修、保养、改装期间；

4.全车被盗窃、被抢劫、被抢夺、下落不明期间。

第二十五条 下列原因导致的人身伤亡、财产损失和费用，保险人不负责赔偿：

(一)地震及其次生灾害、战争、军事冲突、恐怖活动、暴乱、污染(含放射性污染)、核反应、核辐射；

(二)被保险机动车在行驶过程中翻斗突然升起，或没有放下翻斗，或自卸系统(含机件)失灵；

(三)第三者、被保险人或其允许的驾驶人的故意行为、犯罪行为，第三者与被保险人或其他致害人恶意串通的行为；

(四)被保险机动车被转让、改装、加装或改变使用性质等,导致被保险机动车危险程度显著增加,且被保险人、受让人未及时通知保险人。

第二十六条 下列人身伤亡、财产损失和费用,保险人不负责赔偿:

(一)被保险机动车发生意外事故,致使任何单位或个人停业、停驶、停电、停水、停气、停产、通讯或网络中断、电压变化、数据丢失造成的损失以及其他各种间接损失;

(二)第三者财产因市场价格变动造成的贬值,修理后因价值降低引起的减值损失;

(三)被保险人及其家庭成员、被保险人允许的驾驶人及其家庭成员所有、承租、使用、管理、运输或代管的财产的损失,以及本车上财产的损失;

(四)被保险人及其家庭成员、被保险人允许的驾驶人及其家庭成员、本车车上人员的人身伤亡;

(五)停车费、保管费、扣车费、罚款、罚金或惩罚性赔款;

(六)超出《道路交通事故受伤人员临床诊疗指南》和国家基本医疗保险标准的医疗费用;

(七)精神损害抚慰金;

(八)律师费,未经保险人事先书面同意的诉讼费、仲裁费;

(九)投保人、被保险人或其允许的驾驶人知道保险事故发生后,故意或者因重大过失未及时通知,致使保险事故的性质、原因、损失程度等难以确定的,保险人对无法确定的部分,不承担赔偿责任,但保险人通过其他途径已经及时知道或者应当及时知道保险事故发生的除外;

(十)因被保险人违反本条款第三十四条规定,导致无法确定的损失;

(十一)应当由机动车交通事故责任强制保险赔偿的损失和费用。

保险事故发生时,被保险机动车未投保机动车交通事故责任强制保险或机动车交通事故责任强制保险合同已经失效的,对于机动车交通事故责任强制保险责任限额以内的损失和费用,保险人不负责赔偿。

第二十七条 保险人在依据本保险合同约定计算赔款的基础上,在保险单载明的责任限额内,按照下列方式免赔:

(一)被保险机动车一方负次要事故责任的,实行5%的事故责任免赔率;负同等事故责任的,实行10%的事故责任免赔率;负主要事故责任的,实行15%的事故责任免赔率;负全部事故责任的,实行20%的事故责任免赔率;

(二)违反安全装载规定的,实行10%的绝对免赔率;

(三)投保时指定驾驶人,保险事故发生时为非指定驾驶人使用被保险机动车的,增加10%的绝对免赔率;

(四)投保时约定行驶区域,保险事故发生在约定行驶区域以外的,增加10%的绝对免赔率。

责任限额

第二十八条 每次事故的责任限额,由投保人和保险人在签订本保险合同时协商确定。

第二十九条 主车和挂车连接使用时视为一体,发生保险事故时,在主车和挂车责任限额之和内承担赔偿责任。

主车保险人和挂车保险人按照保险单上载明的机动车第三者责任保险责任限额的比例分摊赔款。

赔偿处理

第三十条 发生保险事故时，被保险人或其允许的合法驾驶人应当及时采取合理的、必要的施救和保护措施，防止或者减少损失，并在保险事故发生后48小时内通知保险人。被保险人或其允许的合法驾驶人根据有关法律法规规定选择自行协商方式处理交通事故的，应当立即通知保险人。

第三十一条 被保险人或其允许的合法驾驶人根据有关法律法规规定选择自行协商方式处理交通事故的，应当协助保险人勘验事故各方车辆、核实事故责任，并依照《道路交通事故处理程序规定》签订记录交通事故情况的协议书。

第三十二条 被保险人索赔时，应当向保险人提供与确认保险事故的性质、原因、损失程度等有关的证明和资料。

被保险人应当提供保险单、损失清单、有关费用单据、被保险机动车行驶证和发生事故时驾驶人的驾驶证。

属于道路交通事故的，被保险人应当提供公安机关交通管理部门或法院等机构出具的事故证明、有关的法律文书（判决书、调解书、裁定书、裁决书等）及其他证明。被保险人或其允许的合法驾驶人根据有关法律法规规定选择自行协商方式处理交通事故的，被保险人应当提供依照《道路交通事故处理程序规定》签订记录交通事故情况的协议书。

第三十三条 保险人对被保险人给第三者造成的损害，可以直接向该第三者赔偿。

被保险人给第三者造成损害，被保险人对第三者应负的赔偿责任确定的，根据被保险人的请求，保险人应当直接向该第三者赔偿。被保险人怠于请求的，第三者有权就其应获赔偿部分直接向保险人请求赔偿。

被保险人给第三者造成损害，被保险人未向该第三者赔偿的，保险人不得向被保险人赔偿。

第三十四条 因保险事故损坏的第三者财产，应当尽量修复。修理前被保险人应当会同保险人检验，协商确定修理项目、方式和费用。对未协商确定的，保险人可以重新核定。

第三十五条 赔款计算

1. 当（依合同约定核定的第三者损失金额－机动车交通事故责任强制保险的分项赔偿限额）×事故责任比例等于或高于每次事故赔偿限额时：

赔款＝每次事故赔偿限额×（1－事故责任免赔率）×（1－绝对免赔率之和）

2. 当（依合同约定核定的第三者损失金额－机动车交通事故责任强制保险的分项赔偿限额）×事故责任比例低于每次事故赔偿限额时：

赔款＝（依合同约定核定的第三者损失金额－机动车交通事故责任强制保险的分项赔偿限额）×事故责任比例×（1－事故责任免赔率）×（1－绝对免赔率之和）

第三十六条 保险人按照《道路交通事故受伤人员临床诊疗指南》和国家基本医疗保险的同类医疗费用标准核定医疗费用的赔偿金额。

未经保险人书面同意，被保险人自行承诺或支付的赔偿金额，保险人有权重新核定。不属于保险人赔偿范围或超出保险人应赔偿金额的，保险人不承担赔偿责任。

第三十七条 保险人受理报案、现场查勘、核定损失、参与诉讼、进行抗辩、要求被保险人提供证明和资料、向被保险人提供专业建议等行为，均不构成保险人对赔偿责任的承诺。

第三章 机动车车上人员责任保险

保险责任

第三十八条 保险期间内，被保险人或其允许的合法驾驶人在使用被保险机动车过程中发生意外事故，致使车上人员遭受人身伤亡，依法应当对车上人员承担的损害赔偿责任，保险人依照本保险合同的约定负责赔偿。

第三十九条 保险人依据被保险机动车一方在事故中所负的事故责任比例，承担相应的赔偿责任。

被保险人或被保险机动车一方根据有关法律法规规定选择自行协商或由公安机关交通管理部门处理事故未确定事故责任比例的，按照下列规定确定事故责任比例：

被保险机动车一方负主要事故责任的，事故责任比例为70%；

被保险机动车一方负同等事故责任的，事故责任比例为50%；

被保险机动车一方负次要事故责任的，事故责任比例为30%。

涉及司法或仲裁程序的，以法院或仲裁机构最终生效的法律文书为准。

责任免除

第四十条 在上述保险责任范围内，下列情况下，不论任何原因造成的人身伤亡，保险人均不负责赔偿：

(一)事故发生后，被保险人或其允许的驾驶人在未依法采取措施的情况下驾驶被保险机动车或者遗弃被保险机动车逃离事故现场，或故意破坏、伪造现场、毁灭证据；

(二)驾驶人有下列情形之一者：

1.饮酒、吸食或注射毒品、服用国家管制的精神药品或者麻醉药品；

2.无驾驶证，驾驶证被依法扣留、暂扣、吊销、注销期间；

3.驾驶与驾驶证载明的准驾车型不相符合的机动车；

4.实习期内驾驶公共汽车、营运客车或者执行任务的警车、载有危险物品的机动车或牵引挂车的机动车；

5.驾驶出租机动车或营业性机动车无交通运输管理部门核发的许可证书或其他必备证书；

6.学习驾驶时无合法教练员随车指导；

7.非被保险人允许的驾驶人；

(三)被保险机动车有下列情形之一者：

1.发生保险事故时被保险机动车行驶证、号牌被注销的，或未按规定检验或检验不合格；

2.被扣押、收缴、没收、政府征用期间；

3.在竞赛、测试期间，在营业性场所维修、保养、改装期间；

4.全车被盗窃、被抢劫、被抢夺、下落不明期间。

第四十一条 下列原因导致的人身伤亡，保险人不负责赔偿：

（一）地震及其次生灾害、战争、军事冲突、恐怖活动、暴乱、污染（含放射性污染）、核反应、核辐射；

（二）被保险机动车被转让、改装、加装或改变使用性质等，导致被保险机动车危险程度显著增加，且被保险人、受让人未及时通知保险人。

第四十二条 下列人身伤亡、损失和费用，保险人不负责赔偿：

（一）被保险人或驾驶人的故意行为造成的人身伤亡；

（二）被保险人及驾驶人以外的其他车上人员的故意、重大过失行为造成的自身伤亡；

（三）车上人员因疾病、分娩、自残、斗殴、自杀、犯罪行为造成的自身伤亡；

（四）违法、违章搭乘人员的人身伤亡；

（五）罚款、罚金或惩罚性赔款；

（六）超出《道路交通事故受伤人员临床诊疗指南》和国家基本医疗保险标准的医疗费用；

（七）精神损害抚慰金；

（八）律师费，未经保险人事先书面同意的诉讼费、仲裁费；

（九）投保人、被保险人或其允许的驾驶人知道保险事故发生后，故意或者因重大过失未及时通知，致使保险事故的性质、原因、损失程度等难以确定的，保险人对无法确定的部分，不承担赔偿责任，但保险人通过其他途径已经及时知道或者应当及时知道保险事故发生的除外；

（十）应当由机动车交通事故责任强制保险赔付的损失和费用。

第四十三条 保险人在依据本保险合同约定计算赔款的基础上，在保险单载明的责任限额内，按照下列方式免赔：

（一）被保险机动车一方负次要事故责任的，实行5%的事故责任免赔率；负同等事故责任的，实行10%的事故责任免赔率；负主要事故责任的，实行15%的事故责任免赔率；负全部事故责任或单方肇事事故的，实行20%的事故责任免赔率；

（二）投保时指定驾驶人，保险事故发生时为非指定驾驶人使用被保险机动车的，实行10%的绝对免赔率；

（三）投保时约定行驶区域，保险事故发生在约定行驶区域以外的，增加10%的绝对免赔率。

责任限额

第四十四条 驾驶人每次事故责任限额和乘客每次事故每人责任限额由投保人和保险人在投保时协商确定。投保乘客座位数按照被保险机动车的核定载客数（驾驶人座位除外）确定。

赔偿处理

第四十五条 发生保险事故时，被保险人或其允许的合法驾驶人应当及时采取合理的、必要的施救和保护措施，防止或者减少损失，并在保险事故发生后48小时内通知保险人。被保险人或其允许的合法驾驶人根据有关法律法规规定选择自行协商方式处理交通事故的，应当立即通知保险人。

第四十六条 被保险人或其允许的合法驾驶人根据有关法律法规规定选择自行协商方式处理交通事故的，应当协助保险人勘验事故各方车辆、核实事故责任，并依照《道路交通事故处理程序规定》签订记录交通事故情况的协议书。

第四十七条　被保险人索赔时，应当向保险人提供与确认保险事故的性质、原因、损失程度等有关的证明和资料。

被保险人应当提供保险单、损失清单、有关费用单据、被保险机动车行驶证和发生事故时驾驶人的驾驶证。

属于道路交通事故的，被保险人应当提供公安机关交通管理部门或法院等机构出具的事故证明、有关的法律文书（判决书、调解书、裁定书、裁决书等）和通过机动车交通事故责任强制保险获得赔偿金额的证明材料。被保险人或其允许的合法驾驶人根据有关法律法规规定选择自行协商方式处理交通事故的，被保险人应当提供依照《道路交通事故处理程序规定》签订记录交通事故情况的协议书和通过机动车交通事故责任强制保险获得赔偿金额的证明材料。

第四十八条　赔款计算

（一）对每座的受害人，当（依合同约定核定的每座车上人员人身伤亡损失金额－应由机动车交通事故责任强制保险赔偿的金额）×事故责任比例高于或等于每次事故每座赔偿限额时：

赔款＝每次事故每座赔偿限额×（1－事故责任免赔率）×（1－绝对免赔率之和）

（二）对每座的受害人，当（依合同约定核定的每座车上人员人身伤亡损失金额－应由机动车交通事故责任强制保险赔偿的金额）×事故责任比例低于每次事故每座赔偿限额时：

赔款＝（依合同约定核定的每座车上人员人身伤亡损失金额－应由机动车交通事故责任强制保险赔偿的金额）×事故责任比例×（1－事故责任免赔率）×（1－绝对免赔率之和）

第四十九条　保险人按照《道路交通事故受伤人员临床诊疗指南》和国家基本医疗保险的同类医疗费用标准核定医疗费用的赔偿金额。

未经保险人书面同意，被保险人自行承诺或支付的赔偿金额，保险人有权重新核定。因被保险人原因导致损失金额无法确定的，保险人有权拒绝赔偿。

第五十条　保险人受理报案、现场查勘、核定损失、参与诉讼、进行抗辩、要求被保险人提供证明和资料、向被保险人提供专业建议等行为，均不构成保险人对赔偿责任的承诺。

第四章　机动车全车盗抢保险

保险责任

第五十一条　保险期间内，被保险机动车的下列损失和费用，保险人依照本保险合同的约定负责赔偿：

（一）被保险机动车被盗窃、抢劫、抢夺，经出险当地县级以上公安刑侦部门立案证明，满60天未查明下落的全车损失；

（二）被保险机动车全车被盗窃、抢劫、抢夺后，受到损坏或车上零部件、附属设备丢失需要修复的合理费用；

（三）被保险机动车在被抢劫、抢夺过程中，受到损坏需要修复的合理费用。

责任免除

第五十二条　在上述保险责任范围内，下列情况下，不论任何原因造成被保险机动车的任何损失和费用，保险人均不负责赔偿：

（一）被保险人索赔时未能提供出险地县级以上公安刑侦部门出具的盗抢立案证明；

（二）驾驶人、被保险人、投保人故意破坏现场、伪造现场、毁灭证据；

（三）被保险机动车被扣押、罚没、查封、政府征用期间；

（四）被保险机动车在竞赛、测试期间，在营业性场所维修、保养、改装期间，被运输期间。

第五十三条 下列损失和费用，保险人不负责赔偿：

（一）地震及其次生灾害导致的损失和费用；

（二）战争、军事冲突、恐怖活动、暴乱导致的损失和费用；

（三）因诈骗引起的任何损失；因投保人、被保险人与他人的民事、经济纠纷导致的任何损失；

（四）被保险人或其允许的驾驶人的故意行为、犯罪行为导致的损失和费用；

（五）非全车遭盗窃，仅车上零部件或附属设备被盗窃或损坏；

（六）新增设备的损失；

（七）遭受保险责任范围内的损失后，未经必要修理并检验合格继续使用，致使损失扩大的部分；

（八）被保险机动车被转让、改装、加装或改变使用性质等，导致被保险机动车危险程度显著增加而发生保险事故，且被保险人、受让人未及时通知保险人；

（九）投保人、被保险人或其允许的驾驶人知道保险事故发生后，故意或者因重大过失未及时通知，致使保险事故的性质、原因、损失程度等难以确定的，保险人对无法确定的部分，不承担赔偿责任，但保险人通过其他途径已经及时知道或者应当及时知道保险事故发生的除外；

（十）因被保险人违反本条款第五十八条规定，导致无法确定的损失。

第五十四条 保险人在依据本保险合同约定计算赔款的基础上，按照下列方式免赔：

（一）发生全车损失的，绝对免赔率为20%；

（二）发生全车损失，被保险人未能提供《机动车登记证书》、机动车来历凭证的，每缺少一项，增加1%的绝对免赔率；

（三）投保时约定行驶区域，保险事故发生在约定行驶区域以外的，增加10%的绝对免赔率。

保险金额

第五十五条 保险金额在投保时被保险机动车的实际价值内协商确定。

投保时被保险机动车的实际价值由投保人与保险人根据投保时的新车购置价减去折旧金额后的价格协商确定或其他市场公允价值协商确定。

折旧金额可根据本保险合同列明的参考折旧系数表确定。

赔偿处理

第五十六条 被保险机动车全车被盗抢的，被保险人知道保险事故发生后，应在24小时内向出险当地公安刑侦部门报案，并通知保险人。

第五十七条 被保险人索赔时，须提供保险单、损失清单、有关费用单据、《机动车登记证书》、机动车来历凭证以及出险当地县级以上公安刑侦部门出具的盗抢立案证明。

第五十八条　因保险事故损坏的被保险机动车，应当尽量修复。修理前被保险人应当会同保险人检验，协商确定修理项目、方式和费用。对未协商确定的，保险人可以重新核定。

第五十九条　保险人按下列方式赔偿：

(一)被保险机动车全车被盗抢的，按以下方法计算赔款：

赔款＝保险金额×(1－绝对免赔率之和)

(二)被保险机动车发生本条款第五十一条第(二)款、第(三)款列明的损失，保险人按实际修复费用在保险金额内计算赔偿：

赔款＝实际修复费用×(1－绝对免赔率)

第六十条　保险人确认索赔单证齐全、有效后，被保险人签具权益转让书，保险人赔付结案。

第六十一条　被保险机动车发生本保险事故，导致全部损失，或一次赔款金额与免赔金额之和达到保险金额，保险人按本保险合同约定支付赔款后，本保险责任终止，保险人不退还机动车全车盗抢保险及其附加险的保险费。

第五章　通用条款

保险期间

第六十二条　除另有约定外，保险期间为一年，以保险单载明的起讫时间为准。

其他事项

第六十三条　保险人按照本保险合同的约定，认为被保险人索赔提供的有关证明和资料不完整的，应当及时一次性通知被保险人补充提供。

第六十四条　保险人收到被保险人的赔偿请求后，应当及时作出核定；情形复杂的，应当在三十日内作出核定。保险人应当将核定结果通知被保险人；对属于保险责任的，在与被保险人达成赔偿协议后十日内，履行赔偿义务。保险合同对赔偿期限另有约定的，保险人应当按照约定履行赔偿义务。

保险人未及时履行前款规定义务的，除支付赔款外，应当赔偿被保险人因此受到的损失。

第六十五条　保险人依照本条款第六十四条的规定作出核定后，对不属于保险责任的，应当自作出核定之日起三日内向被保险人发出拒绝赔偿通知书，并说明理由。

第六十六条　保险人自收到赔偿请求和有关证明、资料之日起六十日内，对其赔偿数额不能确定的，应当根据已有证明和资料可以确定的数额先予支付；保险人最终确定赔偿数额后，应当支付相应的差额。

第六十七条　在保险期间内，被保险机动车转让他人的，受让人承继被保险人的权利和义务。被保险人或者受让人应当及时书面通知保险人。

因被保险机动车转让导致被保险机动车危险程度发生显著变化的，保险人自收到前款规定的通知之日起三十日内，可以相应调整保险费或者解除本保险合同。

第六十八条　保险责任开始前，投保人要求解除本保险合同的，应当向保险人支付应交保险费金额3%的退保手续费，保险人应当退还保险费。

保险责任开始后，投保人要求解除本保险合同的，自通知保险人之日起，本保险合同解除。保险人按日收取自保险责任开始之日起至合同解除之日止期间的保险费，并退还剩余部分保险费。

第六十九条 保险双方有关本保险合同的争议可通过协商进行解决。协商不成的，提交保险单载明的仲裁机构仲裁。保险单未载明仲裁机构且争议发生后未达成仲裁协议的，可向人民法院起诉。发生与保险赔偿有关的仲裁或者诉讼时，被保险人应当及时书面通知保险人。

本保险合同适用中华人民共和国境内(不含港、澳、台地区)法律。

附加险

附加险条款的法律效力优于主险条款。附加险条款未尽事宜，以主险条款为准。除附加险条款另有约定外，主险中的责任免除、免赔规则、双方义务同样适用于附加险。

1.玻璃单独破碎险

2.自燃损失险

3.新增设备损失险

4.车身划痕损失险

5.发动机涉水损失险

6.修理期间费用补偿险

7.车上货物责任险

8.精神损害抚慰金责任险

9.不计免赔险

10.机动车损失保险无法找到第三方特约险

11.指定修理厂险

玻璃单独破碎险

投保了机动车损失保险的机动车，可投保本附加险。

第一条 保险责任

保险期间内，被保险机动车挡风玻璃或车窗玻璃的单独破碎，保险人按实际损失金额赔偿。

第二条 投保方式

投保人与保险人可协商选择按进口或国产玻璃投保。保险人根据协商选择的投保方式承担相应的赔偿责任。

第三条 责任免除

安装、维修机动车过程中造成的玻璃单独破碎。

第四条 本附加险不适用主险中的各项免赔规定。

自燃损失险

投保了机动车损失保险的机动车，可投保本附加险。

第一条 保险责任

(一)保险期间内，指在没有外界火源的情况下，由于本车电器、线路、供油系统、供气系统等被保险机动车自身原因或所载货物自身原因起火燃烧造成本车的损失；

(二)发生保险事故时，被保险人为防止或者减少被保险机动车的损失所支付的必要的、合理的施救费用，由保险人承担；施救费用数额在被保险机动车损失赔偿金额以外另行计算，最高不超过本附加险保险金额的数额。

第二条 责任免除

(一)自燃仅造成电器、线路、油路、供油系统、供气系统的损失；

(二)由于擅自改装、加装电器及设备导致被保险机动车起火造成的损失；

(三)被保险人在使用被保险机动车过程中，因人工直接供油、高温烘烤等违反车辆安全操作规则造成的损失；

(四)本附加险每次赔偿实行 20%的绝对免赔率，不适用主险中的各项免赔规定。

第三条 保险金额

保险金额由投保人和保险人在投保时被保险机动车的实际价值内协商确定。

第四条 赔偿处理

全部损失，在保险金额内计算赔偿；部分损失，在保险金额内按实际修理费用计算赔偿。

新增加设备损失险

投保了机动车损失保险的机动车，可投保本附加险。

第一条 保险责任

保险期间内，投保了本附加险的被保险机动车因发生机动车损失保险责任范围内的事故，造成车上新增加设备的直接损毁，保险人在保险单载明的本附加险的保险金额内，按照实际损失计算赔偿。

第二条 责任免除

本附加险每次赔偿的免赔规定以机动车损失保险条款规定为准。

第三条 保险金额

保险金额根据新增加设备投保时的实际价值确定。新增加设备的实际价值是指新增加设备的购置价减去折旧金额后的金额。

车身划痕损失险

投保了机动车损失保险的机动车，可投保本附加险。

第一条 保险责任

保险期间内，投保了本附加险的机动车在被保险人或其允许的合法驾驶人使用过程中，发生无明显碰撞痕迹的车身划痕损失，保险人按照保险合同约定负责赔偿。

第二条 责任免除

(一)被保险人及其家庭成员、驾驶人及其家庭成员的故意行为造成的损失；

(二)因投保人、被保险人与他人的民事、经济纠纷导致的任何损失；

(三)车身表面自然老化、损坏，腐蚀造成的任何损失；

(四)本附加险每次赔偿实行 15%的绝对免赔率，不适用主险中的各项免赔规定。

第三条 保险金额

保险金额为 2000 元、5000 元、10000 元或 20000 元，由投保人和保险人在投保时协商确定。

第四条 赔偿处理

(一)在保险金额内按实际修理费用计算赔偿。

(二)在保险期间内,累计赔款金额达到保险金额,本附加险保险责任终止。

发动机涉水损失险

本附加险仅适用于家庭自用汽车、党政机关、事业团体用车、企业非营业用车,且只有在投保了机动车损失保险后,方可投保本附加险。

第一条 保险责任

保险期间内,投保了本附加险的被保险机动车在使用过程中,因发动机进水后导致的发动机的直接损毁,保险人负责赔偿;

发生保险事故时,被保险人为防止或者减少被保险机动车的损失所支付的必要的、合理的施救费用,由保险人承担;施救费用数额在被保险机动车损失赔偿金额以外另行计算,最高不超过保险金额的数额。

第二条 责任免除

本附加险每次赔偿均实行15%的绝对免赔率,不适用主险中的各项免赔规定。

第三条 赔偿处理

在发生保险事故时被保险机动车的实际价值内计算赔偿。

修理期间费用补偿险

只有在投保了机动车损失保险的基础上方可特约本条款,机动车损失保险责任终止时,本保险责任同时终止。

第一条 保险责任

保险期间内,特约了本条款的机动车在使用过程中,发生机动车损失保险责任范围内的事故,造成车身损毁,致使被保险机动车停驶,保险人按保险合同约定,在保险金额内向被保险人补偿修理期间费用,作为代步车费用或弥补停驶损失。

第二条 责任免除

下列情况下,保险人不承担修理期间费用补偿:

1.因机动车损失保险责任范围以外的事故而致被保险机动车的损毁或修理;

2.非在保险人指定的修理厂修理时,因车辆修理质量不合要求造成返修;

3.被保险人或驾驶人拖延车辆送修期间;

4.本保险每次事故的绝对免赔额为1天的赔偿金额,不适用主险中的各项免赔规定。

第三条 保险金额

本附加险保险金额=补偿天数×日补偿金额。补偿天数及日补偿金额由投保人与保险人协商确定并在保险合同中载明,保险期间内约定的补偿天数最高不超过90天。

第四条 赔偿处理

全车损失,按保险单载明的保险金额计算赔偿;部分损失,在保险金额内按约定的日赔偿金额乘以从送修之日起至修复之日止的实际天数计算赔偿,实际天数超过双方约定修理天数的,以双方约定的修理天数为准。

保险期间内,累计赔款金额达到保险单载明的保险金额,本附加险保险责任终止。

车上货物责任险

投保了机动车第三者责任保险的机动车，可投保本附加险。

第一条　保险责任

保险期间内，发生意外事故致使被保险机动车所载货物遭受直接损毁，依法应由被保险人承担的损害赔偿责任，保险人负责赔偿。

第二条　责任免除

（一）偷盗、哄抢、自然损耗、本身缺陷、短少、死亡、腐烂、变质、串味、生锈，动物走失、飞失、货物自身起火燃烧或爆炸造成的货物损失；

（二）违法、违章载运造成的损失；

（三）因包装、紧固不善，装载、遮盖不当导致的任何损失；

（四）车上人员携带的私人物品的损失；

（五）保险事故导致的货物减值、运输延迟、营业损失及其他各种间接损失；

（六）法律、行政法规禁止运输的货物的损失；

（七）本附加险每次赔偿实行20％的绝对免赔率，不适用主险中的各项免赔规定。

第三条　责任限额

责任限额由投保人和保险人在投保时协商确定。

第四条　赔偿处理

被保险人索赔时，应提供运单、起运地货物价格证明等相关单据。保险人在责任限额内按起运地价格计算赔偿。

精神损害抚慰金责任险

只有在投保了机动车第三者责任保险或机动车车上人员责任保险的基础上方可投保本附加险。

在投保人仅投保机动车第三者责任保险的基础上附加本附加险时，保险人只负责赔偿第三者的精神损害抚慰金；在投保人仅投保机动车车上人员责任保险的基础上附加本附加险时，保险人只负责赔偿车上人员的精神损害抚慰金。

第一条　保险责任

保险期间内，被保险人或其允许的合法驾驶人在使用被保险机动车的过程中，发生投保的主险约定的保险责任内的事故，造成第三者或车上人员的人身伤亡，受害人据此提出精神损害赔偿请求，保险人依据法院判决及保险合同约定，对应由被保险人或被保险机动车驾驶人支付的精神损害抚慰金，在扣除机动车交通事故责任强制保险应当支付的赔款后，在本保险赔偿限额内负责赔偿。

第二条　责任免除

（一）根据被保险人与他人的合同协议，应由他人承担的精神损害抚慰金；

（二）未发生交通事故，仅因第三者或本车人员的惊恐而引起的损害；

（三）怀孕妇女的流产发生在交通事故发生之日起30天以外的；

（四）本附加险每次赔偿实行20％的绝对免赔率，不适用主险中的各项免赔规定。

第三条　赔偿限额

本保险每次事故赔偿限额由保险人和投保人在投保时协商确定。

第四条 赔偿处理

本附加险赔偿金额依据人民法院的判决在保险单所载明的赔偿限额内计算赔偿。

不计免赔险

投保了任一主险及其他设置了免赔率的附加险后，均可投保本附加险。

第一条 保险责任

经特别约定，保险事故发生后，按照对应投保的险种规定的免赔率计算的、应当由被保险人自行承担的免赔金额部分，保险人负责赔偿。

第二条 责任免除

下列情况下，应当由被保险人自行承担的免赔金额，保险人不负责赔偿：

一、机动车损失保险中应当由第三方负责赔偿而无法找到第三方的；

二、因违反安全装载规定而增加的；

三、投保时指定驾驶人，保险事故发生时为非指定驾驶人使用被保险机动车而增加的；

四、投保时约定行驶区域，保险事故发生在约定行驶区域以外而增加的；

五、发生机动车全车盗抢保险规定的全车损失保险事故时，被保险人未能提供《机动车登记证书》、机动车来历凭证的，每缺少一项而增加的；

六、机动车损失保险中约定的每次事故绝对免赔额；

七、可附加本条款但未选择附加本条款的险种规定的；

八、不可附加本条款的险种规定的。

机动车损失保险无法找到第三方特约险

投保了机动车损失保险后，可投保本附加险。

投保了本附加险后，对于机动车损失保险第十一条第(二)款列明的，被保险机动车损失应当由第三方负责赔偿，但因无法找到第三方而增加的由被保险人自行承担的免赔金额，保险人负责赔偿。

指定修理厂险

投保了机动车损失保险的机动车，可投保本附加险。

投保人在投保时选择本附加险，并增加支付本附加险的保险费的，机动车损失保险事故发生后，被保险人可指定修理厂进行修理。

释义

【碰撞】指被保险机动车或其符合装载规定的货物与外界固态物体之间发生的、产生撞击痕迹的意外撞击。

【倾覆】指被保险机动车由于自然灾害或意外事故，造成本被保险机动车翻倒，车体触地，失去正常状态和行驶能力，不经施救不能恢复行驶。

【坠落】指被保险机动车在行驶中发生意外事故，整车腾空后下落，造成本车损失的情况。非整车腾空，仅由于颠簸造成被保险机动车损失的，不属于坠落。

【外界物体倒塌】指被保险机动车自身以外的物体倒下或陷下。

【自燃】指在没有外界火源的情况下，由于本车电器、线路、供油系统、供气系统等被保险机动车自身原因或所载货物自身原因起火燃烧。

【火灾】指被保险机动车本身以外的火源引起的、在时间或空间上失去控制的燃烧(即有热、有光、有火焰的剧烈的氧化反应)所造成的灾害。

【次生灾害】指地震造成工程结构、设施和自然环境破坏而引发的火灾、爆炸、瘟疫、有毒有害物质污染、海啸、水灾、泥石流、滑坡等灾害。

【暴风】指风速在28.5米/秒(相当于11级大风)以上的大风。风速以气象部门公布的数据为准。

【暴雨】指每小时降雨量达16毫米以上，或连续12小时降雨量达30毫米以上，或连续24小时降雨量达50毫米以上。

【洪水】指山洪暴发、江河泛滥、潮水上岸及倒灌。但规律性的涨潮、自动灭火设施漏水以及在常年水位以下或地下渗水、水管爆裂不属于洪水责任。

【玻璃单独破碎】指未发生被保险机动车其他部位的损坏，仅发生被保险机动车前后挡风玻璃和左右车窗玻璃的损坏。

【车轮单独损坏】指未发生被保险机动车其他部位的损坏，仅发生轮胎、轮辋、轮毂罩的分别单独损坏，或上述三者之中任意二者的共同损坏，或三者的共同损坏。

【车身划痕损失】仅发生被保险机动车车身表面油漆的损坏，且无明显碰撞痕迹。

【新增设备】指被保险机动车出厂时原有设备以外的，另外加装的设备和设施。

【新车购置价】指本保险合同签订地购置与被保险机动车同类型新车的价格，无同类型新车市场销售价格的，由投保人与保险人协商确定。

【单方肇事事故】指不涉及与第三者有关的损害赔偿的事故，但不包括自然灾害引起的事故。

【家庭成员】指配偶、子女、父母。

【市场公允价值】指熟悉市场情况的买卖双方在公平交易的条件下和自愿的情况下所确定的价格，或无关联的双方在公平交易的条件下一项资产可以被买卖或者一项负债可以被清偿的成交价格。

【参考折旧系数表】

车辆种类	月折旧系数			
	家庭自用	非营业	营业	
			出租	其他
9座以下客车	0.60%	0.60%	1.10%	0.90%
10座以上客车	0.90%	0.90%	1.10%	0.90%
微型载货汽车	/	0.90%	1.10%	1.10%
带拖挂的载货汽车	/	0.90%	1.10%	1.10%
低速货车和三轮汽车	/	1.10%	1.40%	1.40%
其他车辆	/	0.90%	1.10%	0.90%

折旧按月计算，不足一个月的部分，不计折旧。最高折旧金额不超过投保时被保险机动车新车购置价的80％。

折旧金额＝新车购置价×被保险机动车已使用月数×月折旧系数

【饮酒】指驾驶人饮用含有酒精的饮料，驾驶机动车时血液中的酒精含量大于等于20mg/100mL的。

【全部损失】指被保险机动车发生事故后灭失，或者受到严重损坏完全失去原有形体、效用，或者不能再归被保险人所拥有的，为实际全损；或被保险机动车发生事故后，认为实际全损已经不可避免，或者为避免发生实际全损所需支付的费用超过实际价值的，为推定全损。

参考文献

[1] 李景芝，赵长利. 汽车保险与理赔. 北京：机械工业出版社，2012.
[2] 陈文均，刘资媛. 汽车保险与理赔. 北京：人民交通出版社，2011.
[3] 曾鑫. 汽车保险与理赔. 北京：人民邮电出版社，2010.
[4] 石社轩. 汽车保险与理赔. 武汉：武汉理工大学出版社，2008.
[5] 祁翠琴. 汽车保险与理赔. 北京：机械工业出版社，2008.
[6] 张彤. 汽车保险与理赔. 北京：清华大学出版社，2010.
[7] 付铁军，杨学坤. 汽车保险与理赔. 北京：北京理工大学出版社，2008.
[8] 伍静. 汽车保险与理赔. 北京：化学工业出版社，2009.
[9] 贾喜君. 汽车保险与理赔. 哈尔滨：哈尔滨工业大学出版社，2013.
[10] 王永盛，李景芝. 汽车保险与理赔. 南京：江苏科学技术出版社，2010.
[11] 贺展开，张岸杨. 机动车保险与理赔实务. 北京：机械工业出版社，2009.
[12] 荆叶平. 事故汽车核损与理赔. 北京：人民交通出版社，2012.
[13] 李景芝，赵长利. 汽车碰撞事故查勘与定损实务. 北京：人民交通出版社，2009.
[14] 晋海东. 汽车服务企业管理实务——运营制胜篇. 北京：机械出版社，2011.
[15] 中国保险监督管理委员会. http://www.circ.gov.cn/web/site0/tab5168/.
[16] 中国人民保险集团股份有限公司. http://www.picc.com/.